职业教育公共素质系列教材

新编口才训练教程

主　编　杨现钦
副主编　王　昕　赵玉芬　赵淑芳　赵秀莲　李欣辛

公共素质教育

北京师范大学出版集团
BEIJING NORMAL UNIVERSITY PUBLISHING GROUP
北京师范大学出版社

图书在版编目(CIP)数据

新编口才训练教程/杨现钦主编. —北京：北京师范大学出版社，2018.9(2020.9重印)
(职业教育公共素质系列教材)
ISBN 978-7-303-22689-4

Ⅰ. ①新… Ⅱ. ①杨… Ⅲ. ①口才学—高等职业教育—教材 Ⅳ. ①H019

中国版本图书馆CIP数据核字(2017)第213007号

营 销 中 心 电 话 010-57654738 57654736
北师大出版社职业教育与教师教育分社网 http://zjfs.bnup.com
电 子 信 箱 zhijiao@bnupg.com

出版发行：北京师范大学出版社 www.bnup.com
北京市西城区新街口外大街12—3号
邮政编码：100088
印 刷：北京溢漾印刷有限公司
经 销：全国新华书店
开 本：787 mm×1092 mm 1/16
印 张：15
字 数：359千字
版 次：2018年9月第1版
印 次：2020年9月第3次印刷
定 价：35.00元

策划编辑：王云英 责任编辑：王艳平
美术编辑：高 霞 装帧设计：中通设计
责任校对：陈 民 责任印制：陈 涛

编写委员会

主　编　杨现钦

副主编　王　昕　赵玉芬　赵淑芳　赵秀莲　李欣辛

参　编　许丽萍　常春巧　窦　捷　张广玲

前　言

语言是人们日常交流和沟通的重要工具，对于现代的高职院校学生来说，仅仅掌握语言是不够的，还要让自己的语言表达准确、得体、生动，给人以精辟、睿智、风趣之感，这就需要他们掌握说话的艺术和技巧，即口才。

从古至今，口才都被人们所崇尚，刘勰在《文心雕龙·论说》中写道：一人之辩，重于九鼎之宝，三寸之舌，强于百万之师，六印磊落以佩，五都隐赈而封。口才的重要性不言而喻。时至今日，交际能力与表达能力已经成为衡量现代人基本素质的重要依据之一。每一个领域，小到个人交流，大到商务谈判乃至国家形象的塑造，无不体现出口才的意义。对于高职高专学生来说，口才训练不仅可以提升个人形象，更能进一步增强自身的竞争实力，因此从入学初就应该重视普通话和口才的训练。但是很多地区的学生会囿于方言的限制，说不好普通话，口才的训练更是缺乏。

鉴于此，我们组织了具备多年教学经验的一线教师，以高职教育学习领域课程开发与实施理论为指导，本着“进一步转变高职院校的办学指导思想，把人文素质教育与教育教学、生产实践、社会服务、技术推广结合起来，推广素质型人才培养模式，树立以能力教育为中心”的理念，编写了本书。我们从教学实际出发，以项目为载体，将主要内容分为基础模块、进阶模块和实战模块。重点突出实用性、趣味性、训练性、新颖性的特点；在充分占有资料的基础上，做到论述精练、结构严谨、训练经典、守正出新。本书的主要特点如下：

第一，整体思路由基础到提高，由理论到实战，力求系统、完整、有梯度，能够对学生的实际生活和将来的工作有一定的指导意义。

第二，淡化理论知识讲授，重视实际案例分析。所用案例新颖别致、形式多样、浅显易懂，贴近社会生活和学生实际，保证趣味性和可读性。

第三，知识讲解与实操训练相结合，精讲多练。拓展训练为理论基础服务，训练形式多样，实现“学中练、练中学”的统一。

本书由河南农业职业学院杨现钦教授担任主编，王昕、赵玉芬、赵淑芳、赵秀莲、李欣辛、许丽萍、常春巧、窦捷、张广玲等老师共同担任编写任务。在编写过程中参考了大量相关著作，采用、引用了许多专家学者的观点，因为时间关系未能一一取得联系，在此表示深深的歉意，并致以诚挚的感谢。

因时间仓促、水平有限，书中不足和疏漏之处在所难免，敬请各位专家学者、同仁好友批评指正，也恳请广大读者提出宝贵意见。

编者

目　录

基础模块

进阶模块

实战模块

基 础 模 块

项目一

认识普通话

【导入案例】

案例一：某部队按照惯例要对新兵进行训练，一天，来自四川农村的连队指导员对刚集合好的两个新兵班大声而严肃地布置了训练任务：一班杀鸡，二班偷蛋，三班自杀，现在我来给大家做稀饭！话音刚落，战士们面面相觑，大眼瞪小眼，不知所措，只好在原地站着不敢动。无奈，指导员又大声说了两三次，大家才弄明白他的意思：一班(练)射击，二班(练)投弹(手榴弹)，三班(练)刺杀，现在由他先来给大家做一下示范。

案例二：一位美国记者在采访周总理的过程中，无意中看到总理桌子上有一支美国产的派克钢笔，便以带有几分讥讽的口吻问道："请问总理阁下，你们堂堂的中国人，为什么还要用我们美国产的钢笔呢?"周总理听后，风趣地回答道："谈起这支钢笔，说来话长，这是一位朝鲜朋友的抗美战利品，作为礼物赠送给我的。我无功不受禄，就拒收。朝鲜朋友说，留下做个纪念吧。我觉得有意义，就留下了这支贵国的钢笔。"美国记者一听，顿时哑口无言。这位记者的本意是想挖苦周总理：你们中国人怎么连好一点的钢笔都不能生产，还要从我们美国进口。结果周总理说这是朝鲜战场的战利品，反而使这位记者丢尽颜面，搬起石头砸了自己的脚。

【案例思考】

上面两个案例说明了什么？普通话和口才的作用分别是什么？

任务一　什么是普通话

普通话是"以北京语音为标准音，以北方话为基础方言，以典范的现代白话文著作为语法规范的现代汉民族共同语"。这是在 1955 年的全国文字改革会议和现代汉语规范问题学术会议上确定的，它从语音、词汇、语法三个方面对普通话的标准提出了要求。

一、语音标准

普通话的语音是“以北京语音为标准音”。以北京话的语音系统为标准，并不是把北京话的一切读音全部照搬。普通话并不等于北京话，北京话有许多土音是不被普通话采用的。普通话之所以以北京语音为标准音，这是因为：第一，自辽金以后，北京几乎一直是我国首都，是全国政治、经济、文化的中心，北京语音早已随着政治、经济和文化的不断发展，传播并普及到了全国各地。第二，20 世纪 30 年代以后，话剧、电影、广播等均采用较为纯正的北京语音为标准发音，北京语音客观上已经成了普通话的语音标准。第三，北京语音音系简明易学。它只有 32 个音素、400 个常用音节、四种声调形式，而发音方法和发音部位又都是普通的、常见的。与一些方言、少数民族语言和外来语相比，它清晰度高，容易辨析，说来易学，听来易懂。第四，北京语音表达力强。通畅、响亮的元音在音节组合中占优势，元音多，使北京语音显得清爽、明朗、悦耳、饱满，便于吟咏和入乐；阴平、阳平、上、去四种声调使北京语音具有了或平、或升、或降、或曲的显著区别，显示出其高扬、婉转、舒展、晓畅、亲切的特点；而构词中双声、叠韵、叠字等手法，配合以四种声调又使其具有节奏明快、抑扬交替、顿挫有致、富有律动感的特点；特殊的“轻声”“儿化”“变调”等，使北京语音的表现力更加精微、细腻、丰富、生动。总之，北京语音既清越又柔和，节奏明快洒脱，韵律婉转跌宕，连续说时，轻松灵动，活泼自然，可如行云流水，娓娓动听，亦可大气磅礴、铿锵激越。日常交际中，如能表现出北京语音的特色和魅力，就可以使口语表达锦上添花，声情并茂。

普通话的语音标准，当前应该以 1985 年公布、2016 年修订的《普通话异读词审音表》以及最新版的《现代汉语词典》为规范。

二、词汇标准

这是普通话的词汇标准和主要采词范围；指的是以北方方言区普遍通行的说法为准，同时也要从其他方言中吸取所需要的词语。

第一，普通话词汇采用的是北方方言中的通用词汇。现代汉语有七大方言区：北方方言(官话区)、吴方言(吴语)、湘方言(湘语)、赣方言(赣语)、客家方言(客家话)、粤方言(粤语)、闽方言(闽语)。北方方言区主要分布在长江以北地区，以及长江以南的湖北南部、湖南北部、江西沿江、江苏大部、安徽大部、云南、贵州和四川，使用人口约占汉族人口的 73%，是现代汉语中分布地域最广、使用人口最多的一种方言；以北京话、西安话、成都话、南京话为代表。

第二，普通话还在不断吸收方言词。如，“尴尬、垃圾”是吸收吴方言，“发廊、炒鱿鱼”是吸收粤方言，等等。这类词语现在已经进入了普通话词汇系统。

第三，普通话词汇系统还要吸收一些有生命力的外来词。如“葡萄、菠萝、狮子”等(西域语言)；“佛、魔、僧、塔、菩萨、罗汉”等(古梵语)，“胡同、站、蘑菇”等(蒙古语)，“苏维埃、拖拉机、布拉吉(连衣裙)”等(俄语)，“哲学、经验、经济、主观”等

（日语），“吉普、酒吧、的士、保龄球、丁克”等（英语）。

三、语法标准

语法标准是指句子中词与词的搭配、次序等方面的标准。典范的现代白话文著作是指：第一，区别于文言文；第二，区别于早期白话文；第三，区别于不规范的现代白话文；第四，区别于用方言写的作品。

任务二　为什么要说普通话

首先，说普通话是生活的需要。中国地域辽阔，民族众多，各地语音差异甚大。随着经济的发展，人们的交往越来越多，语言不通会给生活带来诸多不便。

其次，说普通话是工作的需要。根据形势的发展，异地工作、多地工作成为一种趋势，要和多个地方的人做同事，方言的差异自然会给工作带来很多麻烦。除此之外，较高的普通话水平是一些行业选择人才的第一道门槛，例如电台、电视台的播音员、主持人，教师和窗口行业等。

最后，说普通话是提高文化素养的需要。今天，普通话已经成为文化素养的代名词，大凡受过高等教育的人普通话说得都不错，说好普通话已经成为一种观念和审美趋向。

任务三　怎样说好普通话

第一，掌握普通话语音知识。读准声母、韵母和声调，这是学好普通话的基础；读准常用字，这是学好普通话的一条捷径；掌握语流音变规律，这是学好普通话必不可少的条件。只有牢固地掌握了这些基础知识，才能顺利地进行语音辨正，才能在正确理念的指导下进行卓有成效的训练和实践。

第二，了解本地方言与普通话的差异。了解了本地语音与普通话的差异，掌握了难读易错字的标准读音，才能把它们放在具体的语言环境中进行“环境记忆”。在此基础之上，吟咏和背诵一些古今中外的名篇佳作是一条可靠和有效的途径，它不仅可以帮助学习者长时间记住字词的标准音，还能提高文学素养，可谓一举两得。此外，还要经常收听广播、电视，听语音标准的人说话，用这些手段为自己创造一个学习普通话的特殊的小环境，不断纠正自己不规范的发音。

第三，克服心理障碍，多练多说。有的人怕自己说不好被人笑话，想说而不好意思说，岂不知普通话学习的关键就在“练”，不开口不练习，所有的理论知识都会沦为纸上谈兵。只要大家一齐努力，养成讲普通话的习惯，就一定能把普通话说好。

第四，积极参加语言艺术实践活动。通过讲故事、朗诵、演讲、歌唱等艺术训练和实践，培养和提高普通话的运用能力。

总之，学习普通话，理论原则是指导，更重要的是要在此基础上掌握方法，全面地进行听、说、读、记的训练，养成勤于动脑记、动口说、动耳听、动手查的良好学习习惯，从而切实地提高自己的口语表达能力，练就一口标准、流利、令人羡慕的普通话。

项目二

普通话声韵语音训练

【导入案例】

曾经有位广东人在大会上讲话，“女士们，先生们……”在他嘴里总是“女婿们，先生们”，当时人们笑称，全场男士都成了他女婿。而“政治”和“经济”两词在他嘴里永远是一种发音，搞得人们闹不清他到底是谈“经济问题”还是“政治问题”。

【案例思考】

这位广东人为什么会闹出这样的笑话？对比下自己家乡所在地区，容易读错的语音还有哪些？

任务一　认识语音

一、语音的性质

语音是由人的发音器官发出来的、用来表示一定意义的声音。语音是语言的物质外壳，是语言的表现形式。语言只有通过声波才能传递到听话者的耳内，刺激听觉神经，使人听到声音，从而达到交际的目的。学习语言首先要了解这种形成语言的语音系统。

语音不同于自然界的风声、雨声等声音。这些自然界的声音不是由生理器官发出的，也不能表示意义，它们只有物理属性，而没有生理属性和社会属性。语音也不同于其他动物发出的叫声。动物的叫声虽然具有物理属性和生理属性，但没有社会属性。语音也不同于人类发出的咳嗽声、鼾声等声音。咳嗽声和鼾声虽然是由人类的发音器官发出的，但不能表达意义，不能进行交际。语音的社会属性是它区别于其他声音的本质属性。

人的发音器官及其活动情况是语音产生的生理基础，发音器官的活动部位和活动方式的不同，发出的语音就不同。人的发音器官如图 2-1 所示，可以分为三部分，即呼吸器官、发声器官和共鸣器官。

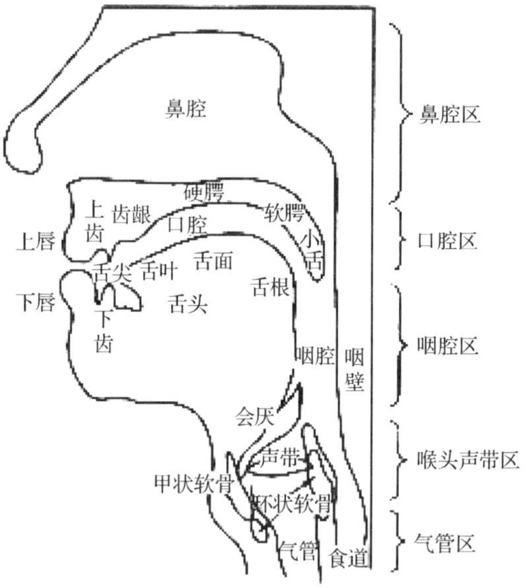

图 2-1　发声器官示意图

（一）生理属性

1. 呼吸器官——肺和气管

肺是重要的呼吸器官，同时也作为发音器官，通过呼出和吸入气流为发音提供原动力。气管和支气管是气流经过的通道，起着输送气流的作用。人类发出的声音一般是通过呼出气流完成的，也有极少的语言中有吸气音，即通过吸入气流发音。汉语中没有吸气音。

2. 发声器官——喉头和声带

喉头由甲状软骨、环状软骨和两块杓状软骨组成，呈圆筒形，下接气管，上通咽腔。声带是两片富有弹性的薄膜，长 13～17 毫米，前后两端黏附在软骨上，中间的通路叫声门。

3. 共鸣器官——口腔和鼻腔

口腔和鼻腔是发音的共鸣器。不同的声音都是气流在口腔和鼻腔受到节制形成不同共鸣的结果。口腔部位很多，其中最灵活的部位是舌头。口腔与鼻腔之间有上颚相隔。软腭上升贴住咽壁，让气流冲出口腔，可发口音；软腭下垂堵住口腔通道，让气流从鼻腔冲出，可发鼻音；若软腭不动，让气流同时从口腔和鼻腔冲出，可发口鼻音，也叫鼻化音，或叫半鼻音。

（二）物理属性

发音体振动，作用于空气或其他介质，形成音波，并通过耳膜的接收、听觉神经的传导到达人的大脑，就形成了声音的感觉。语音属于一种物理的运动，所以具有物理属性。任何一个声音都具有四个方面的基本特征：

1. 音高

音高指声音音调的高低。

(1)音高取决于发音体振动的快慢。振动得快，音高就高；反之，音高就低。

(2)物体振动快慢由发音体的形状决定。其表现如下：

大的、粗的、厚的、长的、松的物体：振动慢，音高低。

小的、细的、薄的、短的、紧的物体：振动快，音高高。

一般来说，儿童和女性的声带比较短、比较薄，所以发音比较高；而成年男性的声带比较长、比较厚，所以发音比较低。

(3)音高是由频率决定的。频率是指单位时间内物体振动的次数，其单位是赫兹。1秒振动1次是1赫兹，而1秒振动100次是100赫兹。频率越高则音高越高，频率越低则音高越低。人耳朵能够感知的声音频率约为20～20000赫兹，低于或者高于这一范围的声音，我们都不能感知到。一块黑板，我们敲击它可以让它发出声音，无论我们怎么敲，黑板发音的频率都相同，即音高相同。歌唱家能发出很高的音，除了他们声带的先天条件之外，还因为他们受过控制声带松紧的专业训练。

(4)人可以通过调节声带的松紧改变音高。人的声带可以发出不同频率的声音，原因就在于人具有调节声带松紧的能力。声带松时发音较低，而声带紧时发音较高。但是，发音时如果用力不当，可能会造成声带的损伤。所以，我们发高音时，喉部肌肉不要过于用力，以免导致声带拉伤。

2. 音强

音强指声音的强弱，取决于发音体发音时振幅的大小。振幅越大，声音越强，反之则越弱。振幅是指发音时物体振动的幅度。振幅的单位是分贝。同一个发音体，用大小不同的力量去敲击，则发音的振幅不一样。因此，声音的强弱由发音时用力大小所决定：用力大，则振幅大，音强就强；用力小，则振幅小，音强就弱。振幅小的音不能对人的听觉器官造成损害，而振幅大的音则容易造成对听觉器官的损害。

音强有时可以用来区别词语意义。汉语中的轻重音就是以音强作为其主要特征来区别意义的，例如，“孙子”重音在前，轻声在后，则表示是“儿子的儿子”；而前后都读重音，则指古代的军事家孙武(或孙膑)。

3. 音长

音长是指声音的长短，由发音时物体振动持续时间的长短所决定。发音体振动时间长，音长就长，否则就短。汉语中一般不用音长作为主要的区别意义的手段，但音长作为发音中的一个自然属性，经常以伴随性的特征出现。例如重读音节以音强作为主要特征，音强较强，音长也比较长，而轻声音节音强较弱，音长也比较短。例如，“不辨东西”中“西”的发音音长较长，而“不是东西”中“西”的发音音长较短。汉语中的音长也与音高有着一定的联系。普通话的声调以音高为主要特征，音长只作为伴随性特征出现。上声调值为214，音长较长，去声调值为51，音长较短。

4. 音质

音质也叫音色，指声音的本质特征，是一个音与其他音互相区别的最根本的特征。

音质取决于发音时的音波形式，音波形式不同，音质就不同；而音波形式取决于以下三个方面：发音体、发音方法、共鸣器形状。

（三）社会属性

语音都是含有一定意义、作为意义的载体而起交际作用的，这就决定了语音具有社会属性。这也是语音区别于自然界其他声音的最根本的性质。

语音与意义的结合是由社会决定的。语音作为一种符号与它所代表的意义相联系着，但这种联系并不是必然的。一个语音表达一个什么样的意义，是由使用这种语言的社会在使用中约定俗成地固定下来的。所以，一个意义可以用不同的语音形式表示。例如："太阳"，汉语中有的方言叫 tàiyang（太阳），有的方言叫 rìtou（日头），有的方言叫 lǎoyézi（老爷子），英语叫 sun，日语叫 hi（日）。同一个音也可以表示不同的意义。例如：[i]，汉语中表示"衣""医""一""依"等多种意义，日语则表示"胃""井""意"等意义。同时，语音与意义的结合由社会约定俗成之后，个人不能任意更改，这也是语音具有社会属性的表现。

语音的系统也是由社会决定的。任何语言或方言都有其独特的语音系统，比如有哪些音或没有哪些音，音与音之间的组合关系，等等。这些语音系统上的特点没有生理的、物理的或其他方面的原因，只是由使用这种语言的社会约定俗成的。比如汉语中有 zh、ch、sh 等卷舌音，而英语中没有；英语中有 b、d、g 等浊塞音，而汉语大部分方言中没有。这并不是因为使用汉、英两种语言的民族的发音器官有什么不同，也不是由于地理的原因，而仅仅是由于使用汉、英两种语言的民族各自约定俗成地选择了自己的语音系统。

由于自幼受特定语音系统的熏陶，一个人在听觉上往往对母语中具有的语音特征比较敏感，发起来也容易，对母语中所没有的语音特征则不易听出，也不容易发出。如西方人对汉语的四声和汉族人对西方语言的颤音、浊塞音都是不易分辨和难以准确发音的。但是，经过训练，一个人可以掌握各种语音系统。这说明语音系统与生理和地理等非社会因素无关，而只是社会习惯的产物。

语音以人的发音器官为其必不可缺的生理基础，又同其他声音一样具有物理属性，但最根本的是它具有社会属性。它与意义紧密结合，成为语言的物质存在形式。

二、语音的单位

（一）音素

1. 音素的定义

音素是按照音质的不同划分出的最小的语音单位。音素与音高、音长和音强没有关系。音素是最小的语音单位，不能再加以分解。例如，"汉语"中"汉"的读音[han]是由三个单位组成的：[h]、[a]、[n]。这三个单位各自具有不同的音质，并且不能再划分成更小的单位，这就是三个音素。"汉"的声调（去声）属于音高范畴，不能作为音素。如表 2-1 所示。

表 2-1　普通话音素表

书写方法	音素符号
一个字母代表一个音素	a o e i u ü b p m f d t n l g k h j q x r z c s
一个字母加一个符号代表两个音素	-i(zi 的 i、zhi 的 i)
两个字母代表一个音素	er ng zh ch sh
一个字母加一个符号代表一个音素	ê ü

2. 音素的分类

音素可以分为元音和辅音两类。

(1)元音

气流振动声带，在口腔、咽腔不受阻碍而形成的音叫元音。现代汉语拼音方案中一共有 10 个元音：a、o 、e、ê 、i 、u 、ü、-i[ʅ]、-i[ʅ]、er。

元音的发音有以下特点：

第一，发元音时，气流由咽腔到口腔自由流出，不受阻碍。发元音时，可以通过舌和唇位置、形状的变化，改变口腔共鸣的大小、形状，从而发出不同的元音。如舌头可前可后、可高可低；嘴唇可开可闭、可展可圆。例如：发[a]时，舌头位置较低，口较开；发[i]时，舌头位置较高，口较闭。即使在发舌位较高、口形较闭的元音时，尽管气流通道较为狭窄，但仍没有形成阻碍的部位，气流可以自由地流出。

第二，发元音时，发音器官的各部位肌肉均衡紧张。

第三，发元音时，声带颤动。所以元音都比较响亮。

第四，发元音时，由于气流主要用于冲击声带并使之振动，所以流出的气流较弱。

(2)辅音

辅音又叫“子音”，是发音时气流受到阻碍形成的音。现代汉语拼音方案中一共有 22 个辅音：b、p、m、f、z、c、s、d、t、n、l、zh、ch、sh、r、ng、g、k、h、j、q、x。

辅音的发音有以下特点。

第一，发辅音时，气流在发音器官的某一部分受到明显的阻碍。人们可以通过调整口腔内的牙、舌、小舌以及唇、喉壁、声带等器官的相对位置形成对气流的阻碍。有的相互接触，堵塞气流通道，使气流受到阻碍；有的相互靠拢但不接触，使气流通道变窄，气流受阻后摩擦而出；有的则以其他方式对气流加以阻碍，气流需要冲破阻碍或摩擦阻碍的部位才能冲出。

第二，发辅音时，发音器官各部分肌肉紧张程度不均衡，构成阻碍的部分特别紧张，而其他部分则比较松弛。例如：发[p]时，双唇构成阻碍，特别紧张，其他部分，如舌则不紧张；发[t]时，舌尖上抵上齿龈，舌尖紧张，而其他部分，如唇、舌面、舌根不紧张。

第三，发辅音时，有的颤动声带，有的不颤动声带。声带不颤动的辅音不响亮，如[p]；声带颤动的辅音响亮，如[m]。

第四，与元音相比，发辅音时气流比较强。不同的辅音之间也有气流强弱的区别，气流强的如送气辅音，气流弱的如不送气辅音。但一般而言，辅音比元音的气流强。

(二)音节

音节是说话时自然发出、听话时自然感到的最小的语音片断。一般来说，汉语中用一个汉字来代表一个音节。只有“花儿”之类的儿化韵常在后面加一个“儿”表示儿化，其实“花儿”[huar]两个汉字只记录一个音节。汉语的音节可由几个音素组合而成，例如：“屋”[u]，一个音素；“大”[da]，两个音素；“半”[ban]，三个音素；“交”[jiao]，四个音素。汉语的音节最少有一个音素，如“阿”“俄”；最多由四个音素组成，如“庄”，虽然使用了“z、h、u、a、n、g”六个字母，但是仍然只有四个音素，即“zh、u、a、ng”。类似的例子还有“创”“双”“黄”等。

(三)声母、韵母、声调

传统的语音学研究把汉语的一个音节分成声母、韵母和声调三个部分。

1. 声母

声母指音节开头的辅音，如果音节开头没有辅音，则称为零声母。例如，汉语的“村庄”cūnzhuāng，其声母分别是“c”和“zh”，而“昂”ang则没有开头辅音，即为零声母。

辅音和声母是从不同的角度分析得出来的，是两个不同的概念。辅音经常充当声母，它也可以充当韵尾，如“难”nan中，n在前充当声母，在后充当韵尾。

2. 韵母

韵母是指音节中声母后边的音素，它可以是一个元音，也可以是元音的组合，也可以是元音和辅音的组合。例如：“八”bā韵母是a，为单元音；“叫”jiào韵母是iao，为元音的组合；“行”xíng韵母是ing，为元音和辅音的组合。

3. 声调

声调指音节的高低升降变化。声调的变化，附着于整个音节。普通话中“闪”shǎn是上声调，调值是214，即先降后升，由2降到1，再上升到4。

任务二　声母发音与辨正训练

一、声母的发音和分类

普通话里有21个辅音声母和1个零声母。辅音声母的发音是由发音部位和发音方法决定的。下面将根据不同的发音部位和发音方法来对它们进行分类和描述。

(一)发音部位

发辅音时一般表现为发音器官局部紧张，气流在口腔内受到阻碍。形成阻碍、特别紧张的位置就是发音部位。按发音部位分，普通话声母可以分为七类。

1. 双唇音 b、p、m

上唇和下唇紧闭，形成阻碍，然后除阻。如：步兵、批评、迷茫。

2. 唇齿音 f

下唇接近上齿，留一条细缝，气流从细缝擦出。如：非凡。

3. 舌尖前音 z、c、s

舌尖顶住上齿背或形成细缝造成阻碍，然后除阻。如：自尊、参差、思索。

4. 舌尖中音 d、t、n、l

舌尖抵住上齿龈，形成阻碍，然后除阻。如：探讨、道德、牛奶。

5. 舌尖后音 zh、ch、sh、r

舌尖翘起，抵住或接近硬腭前部，形成阻碍，然后除阻或气流擦出。如：长城、山水、茁壮、荣辱。

6. 舌面音 j、q、x

舌面前部抵住或接近硬腭前部，形成阻碍，然后除阻或气流擦出。如：铅球、雄心、积极。

7. 舌根音 g、k、h

舌根顶住或接近软腭，形成阻碍，然后除阻或气流擦出。如：刻苦、欢呼、改革。

（二）发音方法

发音方法指发音时气流在喉头、口腔和鼻腔内受到节制的情况，可从三个方面来区分。

1. 阻碍方式

声母发音，气流通过发音器官受阻，一般可以分为三个阶段：成阻——发音部位开始闭合或接近，形成阻碍，是作势阶段；持阻——发音器官紧张，气流受到不同程度的阻碍，阻碍持续，是持阻阶段；除阻——发音器官恢复原来的位置，阻碍解除，是结束阶段。

根据成阻、持阻和除阻方式的不同，可把普通话的声母分成塞音、擦音、塞擦音、鼻音、边音。

(1)塞音 b、p、d、t、g、k

发音时，发音部位闭住，小舌和软腭上升，堵住气流通往鼻腔的通路，气流冲破阻碍，从口腔中爆破而出，又称爆破音。

(2)擦音 f、h、x、s、sh、r

发音时，形成阻碍的发音器官相互接近，形成一条缝隙，软腭和小舌上升，堵住气流通往鼻腔的通路，气流从缝隙中流出，摩擦成声，又称摩擦音。

(3)塞擦音 j、q、zh、ch、z、c

发音时，发音部位先闭住，软腭和小舌上升，堵住通往鼻腔的气流，然后，形成阻碍的发音器官中间张开，形成一条缝隙，气流从缝隙中摩擦而出，形成一个前半部分像塞音，后半部分像擦音的音，但它只有一个成阻、持阻、除阻的过程，是一个单辅音。

(4)鼻音 m、n

发音时，口腔闭住，软腭和小舌下降，气流从鼻腔流出，一般的鼻音发音时声带要颤动。

(5)边音 l

发音时，舌尖顶住上齿龈，软腭和小舌上升，堵住气流通往鼻腔的通路，气流从舌头的两边流出，一般的边音发音时声带要颤动。

2. 声带颤动

按照声带是否颤动，辅音可以分为两种，即清音和浊音。

(1) 清音 b、p、f、d、t、g、k、h、j、q、x、zh、ch、sh、z、c、s

发音时，声带不颤动的音。

(2) 浊音 m、n、l、r

发音时，声带颤动的音。

现代汉语普通话中，鼻音、边音 m、n、ng、l 都是浊音，另有一个擦音 r 也是浊音，其余的塞音、塞擦音、擦音都是清音。

3. 气流强弱

按照发音时气流的强弱，可把塞音和塞擦音分成送气音和不送气音，鼻音、边音、擦音等没有送气不送气的区别。

(1)送气音 p、t、k、q、ch、c

发音时，气流比较强的塞音和塞擦音。

(2)不送气音 b、d、g、j、zh、z

发音时，气流比较弱的塞音和塞擦音。

总的说来，普通话声母的类别可以用表 2-2 来概括。

表 2-2　普通话声母表

发音方法 / 发音部位		塞音		塞擦音		擦音		鼻音	边音
		清音		清音		清音	浊音	浊音	浊音
		不送气音	送气音	不送气音	送气音				
双唇音	上唇 下唇	b	p					m	
唇齿音	上齿 下唇					f			
舌尖前音	舌尖 上齿背			z	c	s			
舌尖中音	舌尖 上齿龈	d	f					n	l
舌尖后音	舌尖 硬腭前			zh	ch	sh	r		
舌面音	舌面硬腭			j	q	x			
舌根音	舌根软腭	g	k			h		(ng)	

（三）零声母的分类和发音

零声母是指没有声母只有韵母的音节。普通话的零声母大致可分为两类，一类是以 a、o、e 开头的。有的人发这类零声母的音时，前面带有不同程度的喉塞音，而有的人的发音则没有喉塞音。当以 a、o、e 开头的音节连接在其他音节后面的时候，如果有发生混淆的可能，书写时中间可用隔音符号“'”隔开。例如，皮袄(pi'ao)、西安(xi'an)。另一类是以 i、u、ü 开头的。通常，这些以 i、u、ü 开头的声母发音时，舌面离上颚的距离比发平常的元音 i、u、ü 时更近，带有轻微的摩擦。语音学上把这种带有轻微摩擦的 i、u、ü 叫作半元音，并分别用 y 和 w 来代替它们：用 y 代表 i 和 ü，用 w 代表 u。同时，y 和 w 还有隔音符号的作用。在书写时，当这些以 i、u、ü 起头的音节跟在 i、u 结尾的音节后面的时候，使用 y 和 w 隔开，就可以避免音节之间的混淆。例如，实验(shíyàn)、意义(yìyì)、无雨(wúyǔ)、异域(yìyù)等。

二、声母辨正与辨音

（一）双唇音

b　双唇紧闭，声带不振动，较弱的气流冲破双唇的阻塞，爆发成声。

p　发音的情况同 b 大体相同，只是用一股较强的气流冲破双唇的阻塞。

m　双唇紧闭，软腭下降，声带振动，气流从鼻腔流出。

1. 词语练习

偏旁 piānpáng	澎湃 péngpài	壁报 bìbào	背包 bēibāo
奔波 bēnbō	冰雹 bīngbáo	明媚 míngmèi	麦苗 màimiáo
盲目 mángmù	秘密 mìmì		

2. 绕口令练习

巴老爷和芭蕉树

巴老爷有八十八棵芭蕉树，
来了八十八个把式要在巴老爷八十八棵芭蕉树下住。
巴老爷拔了八十八棵芭蕉树，
不让八十八个把式在八十八棵芭蕉树下住。
八十八个把式烧了八十八棵芭蕉树，
巴老爷在八十八棵芭蕉树边哭。

八百标兵奔北坡

八百标兵奔北坡，
炮兵并排北边跑。
炮兵怕把标兵碰，
标兵怕碰炮兵炮。

妹妹美

妹妹美，美妹妹，
妹妹面上落煤灰。
煤灰弄黑美妹面，
妹妹洗面洗煤灰，
又是一个美妹妹。

(二)唇齿音和舌根音

f　上齿挨着下唇内缘，形成窄缝，声带不振动，气流从唇齿形成的窄缝中挤出，摩擦成声。

h　舌根靠近软腭，留出窄缝，声带不振动，气流从窄缝中挤出，摩擦成声。

g　舌根抵住软腭，声带不振动，较弱的气流冲破舌根的阻碍，爆发成声。

k　发音情况同 g 大体相同，只是冲出的气流较强。

1. 词语练习

方法 fāngfǎ	芬芳 fēnfāng	肺腑 fèifǔ	发愤 fāfèn
航海 hánghǎi	辉煌 huīhuáng	绘画 huìhuà	黄河 huánghé
巩固 gǒnggù	灌溉 guàngài	国歌 guógē	骨干 gǔgàn
宽阔 kuānkuò	开垦 kāikěn	可靠 kěkào	坎坷 kǎnkě

2. 绕口令练习

说凤凰

凤凰山上凤花香，
凤凰台上落凤凰。
红凤凰，蓝凤凰，
粉红凤凰黄凤凰。
凤凰落在凤凰台，
凤凰山上凤花香。

黑化肥和灰化肥

黑化肥发灰，
灰化肥发黑。
黑化肥发黑不发灰，
灰化肥发灰不发黑。

哥哥和怪狗

哥挎瓜筐过宽沟，
赶快过沟看怪狗。
光看怪狗瓜筐扣，
瓜滚筐空哥怪狗。

（三）舌尖前音和舌尖后音

z　舌尖抵住上齿背，声带不振动，较弱的气流冲开阻塞，形成一条窄缝，摩擦成声。

c　发音情况同 z 大体相同，只是冲出的气流较强。

s　舌尖靠近上齿背，留出窄缝，声带不振动，气流从窄缝中挤出，摩擦成声。

zh　舌尖后缩，抵住硬腭前部，声带不振动，较弱的气流冲开阻塞，形成一窄缝，摩擦成声。

ch　发音情况同 zh 大体相同，只是冲出的气流较强。

sh　舌尖后缩，靠近硬腭前部，留出窄缝，声带不振动，气流从窄缝中挤出，摩擦成声。

r　发音情况同 sh 大体相同，只是声带要振动。

1. 词语练习

总则 zǒngzé	走卒 zǒuzú	曾祖 zēngzǔ	宗族 zōngzú
苍翠 cāngcuì	粗糙 cūcāo	参差 cēncī	催促 cuīcù
琐碎 suǒsuì	诉讼 sùsòng	松散 sōngsǎn	色素 sèsù
正直 zhèngzhí	壮志 zhuàngzhì	转折 zhuǎnzhé	住宅 zhùzhái
驰骋 chíchěng	车床 chēchuáng	出产 chūchǎn	春潮 chūncháo
神圣 shénshèng	闪烁 shǎnshuò	时事 shíshì	说书 shuōshū
仍然 réngrán	荣辱 róngrǔ	闰日 rùnrì	融入 róngrù

2. 绕口令练习

崔粗腿和崔腿粗

山前有个崔粗腿，
山后有个崔腿粗。
二人山前来比腿，
不知是崔粗腿比崔腿粗的腿粗，
还是崔腿粗比崔粗腿的腿粗。

撕字纸

隔着窗户撕字纸，
一撕横字纸，
再撕竖字纸。
横横竖竖撕字纸，
撕了四十四张湿字纸。

蚕和蝉

这是蚕，那是蝉，
蚕常在叶里藏，蝉常在林里唱。

狮子和柿子

山前有四十四只石狮子，
山后有四十四个野柿子，
结了四百四十四个涩柿子。
涩柿子涩不到山前的四十四只石狮子，
石狮子也吃不到山后的四十四个涩柿子。

日

夏日无日日亦热，
冬日有日日亦寒，
春日日出天渐暖，
晒衣晒被晒褥单，
秋日天高复云淡，
遥看红日迫西山。

（四）舌尖中音

d　舌尖抵住上齿龈，声带不振动，较弱的气流冲破舌尖的阻塞，迸裂而出，爆发成声。

t　发音情况同 d 大体相同，只是冲出的气流较强。

n　舌尖抵住上齿龈，软腭下降，开放鼻腔通道，声带振动，气流从鼻腔出来。

l　舌尖抵住上齿龈，软腭上升，堵住鼻腔通道，声带振动，气流从舌头两边出来。

1. 词语练习

道德 dàodé	大豆 dàdòu	点灯 diǎndēng	等待 děngdài
梯田 tītián	贪图 tāntú	团体 tuántǐ	弹跳 tántiào
牛奶 niúnǎi	恼怒 nǎonù	袅娜 niǎonuó	男女 nánnǚ
罗列 luóliè	理论 lǐlùn	力量 lìliàng	玲珑 línglóng

2. 绕口令练习

断头台倒吊短单刀

断头台倒吊短单刀，
歹徒登台偷短刀。
断头台塌盗跌倒，
对对短刀叮当掉。

牛郎和刘娘

牛郎恋刘娘，
刘娘念牛郎。
牛郎连连恋刘娘，

刘娘连连恋牛郎。
牛郎年年念刘娘，
刘娘年年念牛郎。
郎恋娘来娘恋郎，
念娘恋娘念郎恋郎。

老农和老龙

老龙恼怒闹老农，
老农恼怒闹老龙。
农怒龙恼农更怒，
龙恼农怒龙怕农。

（五）舌面音

j 舌面前部抵住硬腭前部，声带不振动，较弱的气流冲开阻塞，形成一条窄缝，摩擦成声。

q 发音情况同 j 大体相同，只是冲出的气流较强。

x 舌面前部靠近硬腭前部，留出窄缝，声带不振动，气流从窄缝中挤出，摩擦成声。

1. 词语练习

坚决 jiānjué	经济 jīngjì	交际 jiāojì	积极 jījí
崎岖 qíqū	确切 quèqiè	蜷曲 quánqū	强权 qiángquán
学习 xuéxí	形象 xíngxiàng	相信 xiāngxìn	新鲜 xīnxiān

2. 绕口令练习

娇娇嫁金桥

娇娇嫁金桥，
起轿请舅瞧。
清酒鸡鱼齐，
七姐九舅到。
紧衣裙，俏襟袄，
娇娇娇又俏。
喜鹊叫，喜气绕，
轿过斜街，巧过桥。

漆匠和锡匠

七巷一个漆匠，西巷一个锡匠。
七巷漆匠用了西巷锡匠的锡，
西巷锡匠拿了七巷漆匠的漆，
七巷漆匠气西巷锡匠用了漆，
西巷锡匠讥七巷漆匠拿了锡。

（六）零声母

1. 词语练习

（1）a、o、e开头的零声母字

a 艾叶 àiyè	傲骨 àogǔ	棉袄 miánǎo
o 偶然 ǒurán	藕粉 ǒufěn	耦合 ǒuhé
e 定额 dìng'é	扼要 èyào	恩爱 ēn'ài

（2）i、u、ü开头的零声母字

i（y、yi）	严寒 yánhán	遗物 yíwù	移用 yíyòng
u（w）	味精 wèijīng	尾巴 wěiba	文艺 wényì
ü（yu）	语言 yǔyán	元月 yuányuè	岳父 yuèfù

2. 朗读下面这首诗

咬定青山不放松，Yǎo dìng qīng shān bú fàng sōng，
立根原在破岩中。Lì gēn yuán zài pò yán zhōng。
千磨万击还坚韧，Qiān mó wàn jī hái jiān rèn，
任尔东西南北风。Rèn ěr dōng xī nán běi fēng。

（清・郑燮）

【拓展训练】

1. 给下列词语注上拼音。

中层	铡刀	专横	自重
奏折	姿势	罪案	阻挠
琢磨	最初	子女	增长
颤抖	产量	衬衫	乘客
茶匙	冲刺	财会	辞职
磋商	葱绿	簇拥	彩绸
输入	商务	舢板	受难
湿疹	枢纽	鼠窜	扫除
素质	搜查	奶粉	柠檬
暖和	逆转	隆重	廉洁
冷饮	泪珠	龙灯	履历
番茄	烦恼	废墟	抚恤
环境	海螺	怀疑	黑暗
酗酒	黑暗	辉煌	画展
花费	泥巴	年龄	仓储
褴褛	绮丽	拗口	催促

2. 平翘音词语练习。

Z

灾情 zaiqing	栽植 zāizhí	载体 zàitǐ	在场 zàichǎng
在握 zàiwò	暂行 zànxíng	灾星 zāixīng	栽种 zāizhòng
再审 zàishěn	在行 zàiháng	在先 zàixiān	赞颂 zànsòng
栽绒 zāiróng	载波 zàibō	再生 zàishēng	在即 zàijí
在心 zàixīn	赞许 zànxǔ	栽赃 zāizāng	载荷 zàihè
再造 zàizào	在世 zàishì	在职 zàizhí	脏物 zāngwù
脏土 zāngtǔ	藏青 zàngqīng	遭劫 zāojié	造次 zàocì
造孽 zàoniè	皂白 zàobái	贼心 zéixīn	曾祖 zēngzǔ
赠言 zèngyán	姿容 zīróng	滋生 zīshēng	脏字 zāngzì
藏族 zàngzú	遭罪 zāozuì	造福 zàofú	造物 zàowù
责成 zéchéng	贼星 zéixīng	增订 zēngdìng	赠阅 zèngyuè
姿色 zīsè	滋事 zīshì	葬身 zàngshēn	脏腑 zàngfǔ
灶神 zàoshén	造就 zàojiù	造诣 zàoyì	责令 zélìng
曾孙 zēngsūn	增刊 zēngkān	资产 zīchǎn	滋补 zībǔ
辎重 zīzhòng	葬送 zàngsòng	糟粕 zāopò	躁动 zàodòng
造林 zàolín	造作 zàozuò	择交 zéjiāo	憎恶 zèngwù
增生 zēngshēng	资历 zīlì	滋润 zīrùn	字迹 zìjì

C

藏掖 cángyē	漕河 cáohé	测绘 cèhuì	侧目 cèmù
策反 cèfǎn	糍粑 cíbā	磁性 cíxìng	辞赋 cífù
词类 cílèi	祠堂 cítáng	刺杀 cìshā	葱翠 cōngcuì
从速 cóngsù	丛书 cóngshū	藏拙 cángzhuó	槽床 cáochuáng
测字 cèzì	侧翼 cèyì	策应 cèyìng	慈善 císhàn
雌蕊 círuǐ	辞书 císhū	词素 císù	刺耳 cìěr
刺绣 cìxiù	葱绿 cōnglǜ	丛刊 cóngkān	凑数 còushù
糙米 cāomǐ	槽头 cáotóu	恻隐 cèyǐn	侧泳 cèyǒng
参差 cēncī	磁场 cíchǎng	雌雄 cíxióng	辞岁 císuì
词缀 cízhuì	刺骨 cìgǔ	赐予 cìyǔ	从师 cóngshī
丛林 cónglín	粗劣 cūliè	操持 cāochí	测度 cèdù
侧摆 cèbǎi	侧重 cèzhòng	瓷砖 cízhuān	磁石 císhí
辞呈 cíchéng	词法 cífǎ	词组 cízǔ	刺客 cìkè
聪颖 cōngyǐng	从属 cóngshǔ	丛生 cóngshēng	粗略 cūlüè
粗浅 cūqiǎn	促成 cùchéng	篡位 cuànwèi	脆骨 cuìgǔ
粗俗 cūsú	攒聚 cuánjù	催促 cuīcù	村落 cūnluò
粗壮 cūzhuàng	窜犯 cuànfàn	淬火 cuìhuǒ	存档 cúndàng

簇拥 cùyōng	篡夺 cuànduó	翠鸟 cuìniǎo	存身 cúnshēn

S

速成 sùchéng	宿舍 sùshè	算术 suànshù	随即 suíjí
速度 sùdù	诉讼 sùsòng	算数 suànshù	随时 suíshí
塑料 sùliào	肃清 sùqīng	虽然 suīrán	随手 suíshǒu
塑造 sùzào	算是 suànshì	虽说 suīshuō	岁月 suìyuè

Zh

支持 zhīchí	蜘蛛 zhīzhū	直接 zhíjiē	执法 zhífǎ
志愿 zhìyuàn	致使 zhìshǐ	制造 zhìzào	智力 zhìlì
治安 zhì'ān	中旬 zhōngxún	诸位 zhūwèi	嘱托 zhǔtuō
助理 zhùlǐ	支出 zhīchū	脂肪 zhǐfáng	直径 zhíjìng
值勤 zhíqín	至少 zhìshǎo	制裁 zhìcái	制止 zhìzhǐ
质变 zhìbiàn	治理 zhìlǐ	中药 zhōngyào	逐步 zhúbù
著名 zhùmíng	助手 zhùshǒu	支柱 zhīzhù	职称 zhíchēng
直至 zhízhì	值班 zhíbān	至于 zhìyú	制订 zhìdìng
制作 zhìzuò	质量 zhìliàng	治疗 zhìliáo	忠诚 zhōngchéng
逐渐 zhújiàn	著作 zhùzuò	铸造 zhùzào	知觉 zhījué
职业 zhíyè	植物 zhíwù	志气 zhìqì	致词 zhìcí
制约 zhìyuē	智慧 zhìhuì	质朴 zhìpǔ	中学 zhōngxué
忠实 zhōngshí	逐年 zhúnián	助长 zhùzhǎng	住房 zhùfáng
住所 zhùsuǒ	注目 zhùmù	市府 shìfǔ	专长 zhuāncháng
住院 zhùyuàn	注射 zhùshè	祝贺 zhùhè	专人 zhuānrén
住宅 zhùzhái	注释 zhùshì	驻扎 zhùzhā	专题 zhuāntí
注册 zhùcè	注视 zhùshì	抓紧 zhuājǐn	专业 zhuānyè

Ch

成人 chéngrén	程序 chéngxù	成熟 chéngshú	惩办 chéngbàn
乘客 chéngkè	惩罚 chéngfá	程度 chéngdù	澄清 chéngqīng
诚恳 chéngkěn	承认 chéngrèn	吃亏 chīkuī	池塘 chítáng
赤字 chìzì	充实 chōngshí	重叠 chóngdié	崇拜 chóngbài
抽象 chōuxiàng	仇恨 chóuhèn	插座 chāzuò	察觉 chájué
茶色 cháse	茶砖 cházhuān	诚实 chéngshí	承受 chéngshòu
吃力 chīlì	迟缓 chíhuǎn	翅膀 chìbǎng	充足 chōngzú
重复 chóngfù	崇高 chónggāo	稠密 chóumì	初步 chūbù
叉车 chāchē	察看 chákàn	茶水 cháshuǐ	茶座 cházuò
诚意 chéngyì	吃惊 chījīng	持久 chíjiǔ	迟疑 chíyí
充当 chōngdāng	冲锋 chōngfēng	重申 chóngshēn	崇敬 chóngjìng
筹备 chóubèi	初级 chūjí	叉腰 chāyāo	茬口 chákǒu

查禁 chájìn	诚挚 chéngzhì	吃苦 chīkǔ	持续 chíxù
赤道 chìdào	充分 chōngfèn	冲击 chōngjī	重新 chóngxīn
抽空 chōukòng	筹建 chóujiàn	初期 chūqī	察访 cháfǎng
茶匙 cháshí	茶锈 cháxiù	查勘 chákān	茶汤 chátāng
查收 cháshōu	差劲 chàjìn	岔口 chàkǒu	岔流 chàliú

Sh

伸手 shēnshǒu	神情 shénqíng	生殖 shēngzhí	施展 shīzhǎn
深奥 shēn'ào	肾炎 shènyán	盛开 shèngkāi	尸体 shītǐ
深入 shēnrù	生人 shēngrén	师范 shīfàn	时而 shí'ér
身体 shēntǐ	甚至 shènzhì	盛大 shèngdà	诗人 shīrén
深情 shēnqíng	声音 shēngyīn	胜利 shènglì	石油 shíyóu
神秘 shénmì	生物 shēngwù	失约 shīyuē	身材 shēncái
深切 shēnqiè	生词 shēngcí	剩余 shèngyú	石灰 shíhuī
神经 shénjīng	生态 shēngtài	失业 shīyè	身边 shēnbiān
神圣 shénshèng	升学 shēngxué	湿润 shīrùn	深浅 shēnqiǎn
绅士 shēnshì	生疏 shēngshū	失学 shīxué	伸展 shēnzhǎn
神色 shénsè	牲畜 shēngchù	湿度 shīdù	深刻 shēnkè
声誉 shēngyù	盛情 shèngqíng	十分 shífēn	深信 shēnxìn

J

焦炭 jiāotàn	介绍 jièshào	尽量 jìnliàng	进化 jìnhuà
进修 jìnxiū	精华 jīnghuá	精密 jīngmì	精通 jīngtōng
净化 jìnghuà	就餐 jiùcān	就算 jiùsuàn	歼灭 jiānmiè
将近 jiāngjìn	奖金 jiǎngjīn	酱油 jiàngyóu	借鉴 jièjiàn
津贴 jīntiē	进步 jìnbù	将军 jiāngjūn	进展 jìnzhǎn
精简 jīngjiǎn	精确 jīngquè	精细 jīngxì	酒店 jiǔdiàn
就地 jiùdì	就业 jiùyè	尖端 jiānduān	将要 jiāngyào
奖励 jiǎnglì	焦点 jiāodiǎn	借口 jièkǒu	尽管 jǐnguǎn
进程 jìnchéng	进入 jìnrù	晋升 jìnshēng	精力 jīnglì
精神 jīngshén	精心 jīngxīn	酒会 jiǔhuì	就近 jiùjìn
就职 jiùzhí	尖锐 jiānruì	将来 jiānglái	奖品 jiǎngpǐn
焦急 jiāojí	借助 jièzhù	尽快 jǐnkuài	进而 jìnér
进行 jìnxíng	精彩 jīngcǎi	精美 jīngměi	精深 jīngshēn

Q

前程 qiánchéng	前景 qiánjǐng	前人 qiánrén	前往 qiánwǎng
枪毙 qiāngbì	悄悄 qiāoqiāo	侵略 qīnlüè	亲爱 qīn'ài
亲热 qīnrè	亲手 qīnshǒu	青菜 qīngcài	凄惨 qīcǎn
千瓦 qiānwǎ	签发 qiānfā	签字 qiānzì	前方 qiánfāng

前列 qiánliè	前提 qiántí	前线 qiánxiàn	墙壁 qiángbì
且慢 qiěmàn	侵入 qīnrù	亲笔 qīnbǐ	亲人 qīnrén
亲眼 qīnyǎn	青春 qīngchūn	凄凉 qīliáng	千万 qiānwàn
签名 qiānmíng	前辈 qiánbèi	前后 qiánhòu	前年 qiánnián
前天 qiántiān	潜伏 qiánfú	抢劫 qiǎngjié	侵犯 qīnfàn
侵蚀 qīnshí	亲密 qīnmì	亲身 qīnshēn	亲友 qīnyǒu
青年 qīngnián	齐全 qíquán	迁就 qiānjiù	签署 qiānshǔ
前边 qiánbiān	前进 qiánjìn	前期 qiánqī	前途 qiántú
潜力 qiánlì	抢救 qiǎngjiù	侵害 qīnhài	侵占 qīnzhàn
亲切 qīnqiè	亲生 qīnshēng	亲自 qīnzì	青蛙 qīngwā
蜻蜓 qīngtíng	清查 qīngchá	晴朗 qínglǎng	晴天 qíngtiān
情报 qíngbào	情感 qínggǎn	情节 qíngjié	情景 qíngjǐng
情况 qíngkuàng	清理 qīnglǐ	情绪 qíngxù	请假 qǐngjià

X

细菌 xìjūn	细小 xìxiǎo	细心 xìxīn	先锋 xiānfēng
先后 xiānhòu	先进 xiānjìn	先前 xiānqián	仙女 xiānnǚ
鲜红 xiānhóng	鲜花 xiānhuā	鲜明 xiānmíng	鲜血 xiānxuè
鲜艳 xiānyàn	纤维 xiānwéi	羡慕 xiànmù	线路 xiànlù
线索 xiànsuǒ	相比 xiāngbǐ	相差 xiāngchà	相当 xiāngdāng
相等 xiāngděng	相对 xiāngduì	相反 xiāngfǎn	相符 xiāngfú
相关 xiāngguān	相互 xiānghù	相继 xiāngjì	相识 xiāngshí
相似 xiāngsì	相通 xiāngtōng	相同 xiāngtóng	相信 xiāngxìn
相应 xiāngyìng	详细 xiángxì	想法 xiǎngfǎ	想念 xiǎngniàn
信贷 xìndài	信念 xìnniàn	信任 xìnrèn	信息 xìnxī
信心 xìnxīn	信仰 xìnyǎng	信用 xìnyòng	信誉 xìnyù
星期 xīngqī	性别 xìngbié	性格 xìnggé	性命 xìngmìng
性能 xìngnéng	性情 xìngqíng	性质 xìngzhì	姓名 xìngmíng
修订 xiūdìng	修复 xiūfù	修改 xiūgǎi	修建 xiūjiàn
修理 xiūlǐ	修养 xiūyǎng	修正 xiūzhèng	修筑 xiūzhù
羞耻 xiūchǐ	需求 xūqiú	需要 xūyào	须知 xūzhī
徐徐 xúxú	叙谈 xùtán	序言 xùyán	宣布 xuānbù
宣称 xuānchēng	宣传 xuānchuán	宣读 xuāndú	宣告 xuāngào
宣誓 xuānshì	宣言 xuānyán	宣扬 xuānyáng	旋律 xuánlǜ
旋转 xuánzhuǎn	选拔 xuǎnbá	选定 xuǎndìng	选集 xuǎnjí
选举 xuǎnjǔ	选民 xuǎnmín	选取 xuǎnqǔ	选手 xuǎnshǒu
选修 xuǎnxiū	选用 xuǎnyòng	选择 xuǎnzé	循环 xúnhuán
询问 xúnwèn	巡逻 xúnluó	寻求 xúnqiú	寻找 xúnzhǎo

迅速 xùnsù	想象 xiǎngxiàng	消费 xiāofèi	消灭 xiāomiè
销售 xiāoshòu	小时 xiǎoshí	小型 xiǎoxíng	笑话 xiàohuà
新房 xīnfáng	新娘 xīnniáng	新闻 xīnwén	新颖 xīnyǐng
心理 xīnlǐ	心事 xīnshì	心意 xīnyì	橡胶 xiàngjiāo
象征 xiàngzhēng	消耗 xiāohào	消失 xiāoshī	小鬼 xiǎoguǐ
小数 xiǎoshù	小学 xiǎoxué	笑容 xiàoróng	新近 xīnjìn
新人 xīnrén	新鲜 xīnxiān	薪金 xīnjīn	心灵 xīnlíng
心疼 xīnténg	心愿 xīnyuàn	橡皮 xiàngpí	消除 xiāochú

3. 绕口令练习。

白伯伯和白婆婆

白须白伯伯，白发白婆婆。
雄鸡喔喔喔，太阳出山窝。
白须白伯伯搀着白发白婆婆，
白发白婆婆扶着白须白伯伯，
两人一起爬山坡。

四和十

四是四，十是十，
要想说对四，
舌头碰牙齿。
要想说对十，
舌头别伸直。
要想说对四和十，
多多练习十和四，
常常说说四和十。

四老师

石、斯、施、史四老师。
石老师教我大公无私，
斯老师给我精神粮食，
施老师叫我遇事三思，
史老师送我知识钥匙。
我感谢石、斯、施、史四老师。

日头热

日头热，晒人肉，
晒得心里好难受。
晒人肉，好难受，
晒得头皮直发皱。

学捏泥

盘里放着一个梨，
桌上放块橡皮泥。
小丽小奇学捏泥，
眼看梨，手捏泥，
一会儿捏成一个梨。
比一比，真梨假梨差不离。

女婿旅居旅顺

吕菊的女婿旅居旅顺，
旅居旅顺的女婿忘带雨具，
忘记带雨具的女婿去邮局，
去邮局的女婿须臾淋了一身雨。

任务三 韵母发音与辨正训练

一、韵母的构成与分类

韵母是汉字音节声母后面的部分，普通话韵母共有 39 个。普通话的韵母主要是由元音构成的，但是元音并不等于韵母，因为元音都是最小的语音单位，是不能再分割的，而韵母有的是由一个元音构成，有的则是由两个甚至三个元音构成，有的是元音加上辅音构成，所以对韵母的结构还可以进行进一步分析。

根据构成韵母的音素的位置特点，一般把韵母分为韵头、韵腹和韵尾三个组成部分。只有 i、u、ü 三个元音可以充当韵头。所有的元音都可以充当韵腹，但是在一个韵母有几个元音的情况下，只有开口度最大的那个元音是韵腹，辅音不能充当韵腹。韵尾出现在韵腹的后面，元音中充当韵尾的有两个高元音 i 和 ü，此外还有两个鼻辅音 n 和 ng。例如：韵母 uai，其中 u 是韵头，a 是韵腹，i 是韵尾。韵母可以从两个不同角度进行分类：第一，按照韵母结构来划分单韵母、复韵母、鼻韵母三类；第二，按韵母开头元音的发音口形韵母可分为开口呼、齐齿呼、合口呼、撮口呼，简称“四呼”，如表 2-3 所示。

表 2-3 普通话韵母表

韵母结构	开口呼	齐齿呼	合口呼	撮口呼
单韵母	a	i	u	ü
	o			
	e			
	ê			
	er			
	-i[ʅ] -i[ɿ]			
复韵母	ai	ia	uai	üe
	ei	ie	uei	
	ao	iao	ua	
	ou	iou	uo	
鼻韵母	an	ian	uan	üan
	en	in	uen	ün
	ang	iang	uang	
	eng	ing	ueng	
	ong	iong		

韵母发音时要注意口腔、舌位及唇形的配合。舌位的前、央、后，是指发音时舌头隆起部分在口腔中所居的前后位置。舌位的高、半高、半低、低，是指发音时舌头隆起部分的最高点同上颚距离的大小而言。舌位的降低或抬高与口腔的开合有关，舌位越高，开口度越小；舌位越低，开口度越大。

二、单韵母发音

单韵母的发音，除 er 外，都是一个单纯的动作，即舌位、唇形及开口度按发音要求维持发音状态，始终不变，没有动程。普通话单韵母有 10 个，根据发音时舌头的部位和状态可分为三类：舌面韵母、舌尖韵母、卷舌韵母。

（一）舌面韵母

1. a 舌面、中、低、不圆唇元音。发音时，口腔大开，舌头居中，舌位低，唇呈自然状态

(1)词语练习

发芽 fāyá　大妈 dàmā　喇嘛 lǎma　马达 mǎdá

蛤蟆 hāma　邋遢 lāta　刹那 chànà　大厦 dàshà

(2)绕口令练习

南边的哑巴和北边的喇嘛

打南边来了个哑巴，腰里别了个喇叭。

打北边来了个喇嘛，手里提了个獭犸。
提着獭犸的喇嘛要拿獭犸换别着喇叭的哑巴的喇叭，
别着喇叭的哑巴不愿拿喇叭换提着獭犸的喇嘛的獭犸。
不知是别着喇叭的哑巴打了提着獭犸的喇嘛一喇叭；
还是提着獭犸的喇嘛打了别着喇叭的哑巴一獭犸。
喇嘛回家炖獭犸，哑巴滴滴答答吹喇叭。

2. o　舌面、后、半高、圆唇元音。发音时，口腔半闭，舌位半高，舌头后缩，嘴唇拢圆

(1)词语练习

磨破 mópò　泼墨 pōmò　伯伯 bóbo　薄膜 bómó
勃勃 bóbó　默默 mòmò　摸佛 mōfó　伯婆 bópó

(2)绕口令练习

拔萝卜

白须白伯伯，白发白婆婆。
伯伯扶婆婆，婆婆扶伯伯，上了山坡拔萝卜。
白萝卜，红萝卜，红、白萝卜营养多。

3. e　舌面、后、半高、不圆唇元音。发音状况大体与 o 相同，只是双唇自然展开成扁形

(1)词语练习

客车 kèchē　合格 hégé　色泽 sèzé　折合 zhéhé
野鸽 yěgē　割舍 gēshě　隔夜 géyè　车辙 chēzhé

(2)绕口令练习

鹅

坡上立着一只鹅，坡下就是一条河。
宽宽的河，肥肥的鹅，鹅要过河，河要渡鹅。
不知是鹅过河，还是河渡鹅。

4. i　舌面、前、半低、不圆唇元音。发音时，口腔开度很小，舌头前伸，前舌面上升接近硬腭，气流通路狭窄，但不发生摩擦，嘴角向两边展开，呈扁平状

(1)词语练习

激励 jīlì　寄递 jìdì　立即 lìjí　离奇 líqí
迟疑 chíyí　谜底 mídǐ　集体 jítǐ　利益 lìyì

(2)绕口令练习

编细席

一席地里编细席，编得细席细又密。
编好细席戏细席，细席脏了洗细席。

5. u　舌面、后、高、圆唇元音。发音时，口腔开度很小，舌头后缩，后舌面上升

接近硬腭，气流通路狭窄，但不发生摩擦，嘴唇拢圆成一小孔

(1)词语练习

出租 chūzū	瀑布 pùbù	姑苏 gūsū	幕府 mùfǔ
督促 dūcù	初步 chūbù	互助 hùzhù	古物 gǔwù

(2)绕口令练习

老爷堂上一面鼓

老爷堂上一面鼓，
鼓上一只皮老虎，
皮老虎抓破了鼓，
就拿块破布往上补，
只见过破布补破裤，
哪见过破布补破鼓。

6. ü　舌面、前、高、圆唇元音。发音时，口腔开度很小，舌头前伸，前舌面上升接近硬腭，但气流通过时不发生摩擦，嘴唇拢圆成一小孔。发音情况和 i 基本相同，区别是 ü 嘴唇是圆的，i 嘴唇是扁的

(1)词语练习

雨具 yǔjù	区域 qūyù	絮语 xùyǔ	旅居 lǚjū
曲剧 qǔjù	须臾 xūyú	豫剧 yùjù	女婿 nǚxù

(2)绕口令练习

大鱼小鱼

大渠养大鱼，小渠养小鱼，
大渠大鱼吃小鱼，小渠小鱼怕大鱼。
有一天，下大雨，小渠流进大渠水，
小渠里有大鱼，大渠里没小鱼。

7. ê　舌面、前、半低、不圆唇元音。发音时，口腔半开，舌位半低，舌头前伸，舌尖抵住下齿背，嘴角向两边自然展开，唇形不圆。在普通话里，ê 很少单独使用，经常出现在 i、ü 的后面，在 i、ü 后面时，书写要省去符号“ˆ”

(1)词语练习

灭绝 mièjué	决裂 juéliè	喋血 diéxuè	猎猎 lièliè
姐姐 jiějie	雀跃 quèyuè	解约 jiěyuē	缺略 quēlüè

(2)绕口令练习

鞋子和茄子

一个小孩子，拿双布鞋子，出门看见紫茄子。
小孩子急忙放下布鞋子，去拾紫茄子，
拾了紫茄子，忘了布鞋子。

(二)舌尖韵母

1. -i[ʅ] 舌尖、前、高、不圆唇元音。发音时，舌尖前伸，对着上齿背形成狭窄的

通道，气流通过时不发生摩擦，嘴唇向两边展开，唇形不圆。这个韵母只跟 z、c、s 配合，不和任何其他声母相拼，也不能自成音节

(1)词语练习

次子 cìzǐ　　赐死 cìsǐ　　此次 cǐcì

在此 zàicǐ　　私自 sīzì　　字词 zìcí

(2)绕口令练习

大嫂子和大小子

一个大嫂子，一个大小子。

大嫂子跟大小子比包饺子，

看是大嫂子包的饺子好，还是大小子包的饺子好，

再看大嫂子包的饺子少，还是大小子包的饺子少。

大嫂子包的饺子又小又好又不少，

大小子包的饺子又小又少又不好。

2. -i[ʅ] 舌尖、后、高、不圆唇元音。发音时，舌尖上翘，对着硬腭形成狭窄的通道，气流通过时不发生摩擦，嘴角向两边展开，唇形不圆。用普通话念“师”并延长，字音后面的部分便是-i[ʅ]。这个韵母只跟 zh、ch、sh、r 配合，不与其他声母相拼，也不能自成音节

(1)词语练习

实质 shízhì　　迟滞 chízhì　　志士 zhìshì　　指使 zhǐshǐ

致使 zhìshǐ　　失职 shīzhí　　值日 zhírì　　支持 zhīchí

(2)绕口令练习

写字

歪脖子，趴桌子，

不是写字好姿势，

时间久了变近视。

写字姿势要坐直，

眼睛离纸要一尺。

(三)卷舌韵母

er　卷舌、央(“央”指发音时舌头隆起部分在口腔中所居的前后位置)、中(“中”指发音时舌尖接触的上颚位置)、不圆唇元音。发音时，在发 e 的同时，舌尖向硬腭卷起，嘴唇略展。“er”中的 r 不代表音素，只是表示卷舌动作的符号。er 不和其他声母相拼，只能自成音节。如“儿”“耳”“二”等字的韵母。er 可以同其他韵母结合起来，用作儿化韵。

(1)词语练习

儿 ér　而 ér　二 èr　尔 ěr　耳 ěr

(2)绕口令练习

要说“尔”专说“尔”

要说“尔”专说“尔”，马尔代夫、喀布尔，
阿尔巴尼亚、扎伊尔、卡塔尔、尼泊尔，
贝尔格莱德、安道尔、萨尔瓦多、伯尔尼，
利伯维尔、班珠尔、厄瓜多尔、塞舌尔，
哈密尔顿、尼日尔、圣彼埃尔、巴斯特尔，
塞内加尔的达喀尔，阿尔及利亚的阿尔及尔。

三、复韵母发音

复韵母的发音有以下特点：有明显的动程；由一个元音到另一个元音的舌位，是滑动的，自然连贯；其中的韵腹受前后音素的影响，实际音值与单元音不同，发音时不要拘泥于单元音的舌位、唇形；其中一个音(韵腹)较响亮，是复韵母重心。普通话中复韵母总共有13个。根据韵腹位置的不同，可把复韵母分为三类：前响复韵母、后响复韵母和中响复韵母。

(一)前响复韵母

1. ai　发音时唇形开而不圆，先是舌位放低发出 a 音，紧接着舌位渐升，唇形扁，最后发出轻短含混的 i 音

(1)词语练习

彩排 cǎipái　　爱戴 àidài　　开采 kāicǎi
债台 zhàitái　　海带 hǎidài　　晒台 shàitái

(2)绕口令练习

白菜和海带

买白菜，搭海带，不买海带就别买大白菜。
买卖改，不搭卖，不买海带也能买到大白菜。

2. ei　发音时，从 e 音的舌位开始向 i 音的舌位移动。e 音清晰、响亮，i 音轻短、含混

(1)词语练习

肥美 féiměi　　配备 pèibèi　　卑微 bēiwēi
蓓蕾 bèilěi　　非得 fēiděi　　魏碑 wèibēi

(2)绕口令练习

贝贝和菲菲

贝贝飞纸飞机，菲菲要贝贝的纸飞机，
贝贝不给菲菲自己的纸飞机，
贝贝教菲菲自己做能飞的纸飞机。

3. ao　发音时，舌位放低，唇形开而不圆，发出响而长的 a 音，然后舌位逐渐升高，唇形逐渐变圆，最后发出轻短含混的 o 音

(1)词语练习

号召 hàozhào　　高潮 gāocháo　　稻草 dàocǎo

讨饶 tǎoráo　　跑道 pǎodào　　操劳 cāoláo

(2)绕口令练习

倒吊鸟和鸟倒吊

梁上两对倒吊鸟，
泥里两对鸟倒吊，
可怜梁上两对倒吊鸟，
惦记泥里两对鸟倒吊，
可怜泥里两对鸟倒吊，
也惦记梁上两对倒吊鸟。

4. ou　发音时，从 o 音的舌位开始向 u 音的舌位、唇形移动，o 音响而长，u 音轻短含混

(1)词语练习

收购 shōu gòu　　欧洲 ōu zhōu　　兜售 dōu shòu

漏斗 lòu dǒu　　佝偻 gōu lóu　　丑陋 chǒu lòu

(2)绕口令练习

爷爷打狗

爷爷今年六十六，推着车子去卖肉。
半路碰见一条狗，狗追车子想吃肉。
爷爷拿棍去打狗，吓得恶狗扭头走。

(二)后响复韵母

1. ia　发音时，先是舌位高，唇形扁，发出轻短的 i 音，接着舌位逐渐降低，唇形变成开而不圆，发出响而长的 a 音

(1)词语练习

假牙 jiǎyá　　下嫁 xiàjià　　家鸭 jiāyā

掐下 qiāxià　　恰恰 qiàqià　　加价 jiājià

(2)绕口令练习

贾家养虾

贾家有女初出嫁，嫁到夏家学养虾，
喂养的对虾个头儿大，卖到市场直加价。
贾家爹爹会养鸭，鸭子虽肥伤庄稼。
邻里吵架不融洽，贾家也学养对虾。
小虾卡住了鸭子牙，大鸭咬住了虾的夹。
夏家公公劝，贾家爹爹压，
大鸭不怕吓，小虾装得嗲，夏家贾家没办法。

2. ie　发音时，先发轻短的 i 音，然后舌位逐渐降到半低，发出较响、较长的 ê 音

(1)词语练习

贴切 tiēqiè　　结业 jiéyè　　趔趄 lièqie

节烈 jiéliè　　歇业 xiēyè　　窃窃 qièqiè

(2)绕口令练习

考试答辩在今夜

聂小姐到西斜街，刚上台阶鞋口儿裂。

左一撇，右一撇，蹑手蹑脚去借鞋。

培训班要结业，考试答辩在今夜。

借了鞋，过了街，赶到考场把题解。

解、解、解，写、写、写，

答辩通过就结业。

3. ua　发音时，先是舌位高，唇形圆，发出轻短的 u 音，接着舌位降低，唇形变成开而不圆，发出响而长的 ɑ 音

(1)词语练习

画花 huàhuā　　挂花 guàhuā　　耍滑 shuǎhuá

挂画 guàhuà　　呱呱 guāguā　　挎挂 kuàguà

(2)绕口令练习

胖娃娃和河蛤蟆

一个胖娃娃，捉了三个大花活河蛤蟆。

三个胖娃娃，捉了一个大花活河蛤蟆。

捉了一个大花活河蛤蟆的三个胖娃娃，

真不如抓了三个大花活河蛤蟆的一个胖娃娃。

4. uo　发音时，先是舌位高，唇形圆，发出轻短的 u 音，接着舌位略低，唇形比 u 音大一些，发出 o 音

(1)词语练习

硕果 shuòguǒ　　堕落 duòluò　　骆驼 luòtuo　　火锅 huǒguō

阔绰 kuòchuò　　哆嗦 duōsuo　　蹉跎 cuōtuó　　错过 cuòguò

(2)绕口令练习

同同和多多

同同和多多，打鼓敲锣。

同同打铜鼓，多多敲铜锣。

同同打鼓“咚咚”响，多多“咚咚”敲着锣。

5. üe　发音时，先双唇收圆撮起，舌头前伸抬高，发出轻短的 ü 音，接着唇形逐渐展开，舌位降到半低，发出响而长的 ê 音

(1)词语练习

雪月 xuěyuè　　绝学 juéxué　　决绝 juéjué

雀跃 quèyuè　　约略 yuēlüè　　略缺 lüèquē

(2)绕口令练习

真绝

真绝，真绝，真叫绝，
皓月当空下大雪。
麻雀游泳不飞跃，
鹊巢鸠占鹊喜悦。

(三)中响复韵母

1. iao　发音时舌位由 i 音降到 a 音，再由 a 音升到 o 音

(1)词语练习

萧条 xiāotiáo　　巧妙 qiǎomiào　　苗条 miáotiáo
调笑 tiáoxiào　　小鸟 xiǎoniǎo　　逍遥 xiāoyáo

(2)绕口令练习

巧巧和乔乔

有个小孩叫巧巧，
巧巧哥哥叫乔乔，
乔乔划船带巧巧，
巧巧乔乔看姥姥。

2. iou　发音时，舌位由 i 音降到 o 音，再由 o 音升向 u 音

(1)词语练习

悠久 yōujiǔ　　求救 qiújiù　　优秀 yōuxiù　　舅舅 jiùjiu
久留 jiǔliú　　牛油 niúyóu　　幽幽 yōuyōu　　优游 yōuyóu

(2)绕口令练习

一葫芦酒

一葫芦酒，九两六，
一葫芦油，六两九。
六两九的油要换九两六的酒，
九两六的酒不换六两九的油。

3. uai　发音时，由 u 音降到 a 音，再由 a 音升向 i 音

(1)词语练习

摔坏 shuāihuài　　拐坏 guǎihuài　　外快 wàikuài
外踝 wàihuái　　怀揣 huáichuāi　　乖乖 guāiguāi

(2)绕口令练习

槐树槐，槐树槐

槐树槐，槐树槐，槐树底下搭戏台，
人家的姑娘都来了，我家的姑娘还不来。
说着说着就来了，骑着驴，打着伞，歪着脑袋上戏台。

4. uei　发音时，舌位由 u 音降到 e 音，再由 e 音升向 i 音。iou、uei 同声母相拼

时，中间的 o、e 可以省略，简写为 iu、ui

(1)词语练习

回归 huíguī	汇兑 huìduì	追随 zhuīsuí
归罪 guīzuì	归队 guīduì	会水 huìshuǐ

(2)绕口令练习

嘴和腿

嘴说腿，腿说嘴，嘴说腿爱跑腿，腿说嘴爱卖嘴。
光动嘴不动腿，光动腿不动嘴，不如不长腿和嘴。

四、鼻韵母发音

鼻韵母的发音特点是由元音过渡到鼻音。作韵尾的鼻音 n 和 ng，这两个音的发音部位不同：发 n 时，舌尖抵住上齿龈；发 ng 时，舌根抵住软腭(像发 g 时一样)。发音方法是相同的，都是软腭下垂，打开鼻腔通道，气流从鼻腔出来，同时声带振动。练习发 n 时，舌尖不要离开上齿龈；练习发 ng 时，舌根不要离开软腭。

普通话的鼻韵母有 16 个，按韵尾的不同可分为两类：以 n 作韵尾的韵母有 an、en、in、un、ian、uan、üan、uen 8 个，称为前鼻韵母；以 ng 作韵尾的韵母有 ang、eng、ong、ing、iang、iong、uang、ueng 8 个，称为后鼻韵母。

(一)前鼻韵母

1. an　发音时，舌位放低，口大开，唇不圆，发出 a 音，接着舌位渐升，最后舌尖抵住齿龈，气流改从鼻腔而出，发出鼻音 n

(1)词语练习

善感 shàngǎn	完善 wánshàn	晚饭 wǎnfàn	严寒 yánhán
肝胆 gāndǎn	泛滥 fànlàn	灿烂 cànlàn	谈判 tánpàn

(2)绕口令练习

谭老汉买蛋和炭

谭家谭老汉，挑担到蛋摊，买了半担蛋，
挑担到炭摊，买了半担炭，满担是蛋炭。
老汉忙回赶，回家炒蛋饭。
进门跨门槛，脚下绊一绊，
跌了谭老汉，破了半担蛋，
翻了半担炭，脏了木门槛。
老汉看一看，急得满头汗，
连说怎么办，蛋炭完了蛋，
怎吃蛋炒饭。

2. en　发音时，e 的舌位比单发时略靠前，然后舌位升高，舌尖抵住下齿龈，同时软腭下垂，口腔通路封闭，鼻腔通路打开，气流从鼻腔出来，发出鼻音 n

(1)词语练习

审问 shěnwèn　　深沉 shēnchén　　认真 rènzhēn

振奋 zhènfèn　　门诊 ménzhěn　　根本 gēnběn

分神 fēnshén　　珍本 zhēnběn

(2)绕口令练习

任命不是人名

任命是任命，
人名是人名，
任命不是人命，
人名不是任名，
人名不能任命，
人是人，名是名，
任是任，命是命，
人、任、名、命要分清。

3. in　发音时，舌尖抵到下齿背，舌面抬起接近硬腭，发出 i 音，然后舌尖从下齿背升到上齿龈，气流改从鼻腔而出，发出鼻音 n

(1)词语练习

亲近 qīnjìn　　贫民 pínmín　　拼音 pīnyīn　　民心 mínxīn

引进 yǐnjìn　　信心 xìnxīn　　辛勤 xīnqín　　林荫 línyīn

(2)绕口令练习

今年“进士”

今年“进士”尽是近视，近视尽是今世“进士”。
今世预防“进士”近视，“进士”才能不再近视。

4. ün　发音时，舌面接近硬腭，唇形撮起，发出 ü 音，然后舌尖从齿背升到上齿龈，气流从鼻腔出来，发出鼻音 n

(1)词语练习

均匀 jūnyún　　军训 jūnxùn　　纭纭 yúnyún　　逡巡 qūnxún

(2)绕口令练习

军民心连心

军爱民，民拥军，军民心连心，
军民并肩进，军民鱼水情谊深。

5. ian　发音时，先发舌位高、唇形扁的 i 音，然后舌位逐渐降低，发出舌位靠前的 a 音，再升高，舌尖抵住下齿龈，气流从鼻腔出来发出鼻音 n

(1)词语练习

连绵 liánmián　　脸面 liǎnmiàn　　片面 piànmiàn

前线 qiánxiàn　　艰险 jiānxiǎn　　面前 miànqián

棉线 miánxiàn　　腼腆 miǎntiǎn

(2)绕口令练习

水连天

天连水，水连天，水天一色望无边。

蓝蓝的天似绿水，绿绿的水如蓝天。

到底是天连水，还是水连天。

6. uan　发音时，先发舌位高、唇形圆的 u 音，然后舌位渐降，发出舌位靠前的 a 音，再升高，舌尖抵住下齿龈，气流从鼻腔出来发出鼻音 n

(1)词语练习

传唤 chuánhuàn　　船员 chuányuán　　贯穿 guànchuān

还原 huányuán　　宦官 huànguan　　转换 zhuǎnhuàn

专断 zhuānduàn　　专款 zhuānkuǎn

(2)绕口令练习

多少罐

一个半罐是半罐，两个半罐是一罐；

三个半罐是一罐半，四个半罐是两罐；

五个半罐是两罐半，六个半罐是三满罐；

七个、八个、九个半罐，请你算算是多少罐。

7. üan　发音时，先发舌位前、高、嘴唇撮圆的 ü 音，接着舌位降低，发出舌位靠前的 a 音，然后舌位再升高，舌尖抵住下齿龈，鼻腔出气，发出鼻音 n

(1)词语练习

轩辕 xuānyuán　　全权 quánquán　　渊源 yuānyuán

源泉 yuánquán　　圆圈 yuánquān　　眷眷 juànjuàn

(2)绕口令练习

男演员，女演员

男演员，女演员，同台演戏说方言。

男演员说吴方言，女演员说闽南言。

男演员演飞行员，女演员演研究员。

研究员、飞行员、吴方言、闽南言。

你说男女演员演得全不全。

8. uen　发音时，舌位抬高接近软腭，发出轻短的 u 音，接着舌位降低，发舌位处于中间的 e 音，然后舌位升高，舌尖抵住齿龈，气流从鼻腔出来，发出鼻音 n。同声母相拼时，中间的 e 可以省略，简写为 un

(1)词语练习

春笋 chūnsǔn　　温顺 wēnshùn　　昆仑 kūnlún

伦敦 lúndūn　　混沌 hùndùn　　馄饨 húntun

(2)绕口令练习

棍滚磙滚

磙下压个棍，棍上压个磙，
磙压棍滚，棍滚磙滚。

(二)后鼻韵母

1. ang 发音时，舌头稍后缩，唇形不圆，发出 ɑ 音，然后舌根接触软腭，气流改从鼻腔而出，发出鼻音 ng

(1)词语练习

蟑螂 zhāngláng　　张望 zhāngwàng　　账房 zhàngfáng
厂房 chǎngfáng　　苍茫 cāngmáng　　沧桑 cāngsāng
长廊 chángláng　　张榜 zhāngbǎng

(2)绕口令练习

香肠

香肠长，长香肠，
炒香肠，尝香肠，
常炒香肠，常尝香肠。

2. eng 发音时，先发稍低、稍前的 e 音，然后舌根抬起抵住软腭，气流从鼻腔出来，发出鼻音 ng

(1)词语练习

风筝 fēngzheng　　冷风 lěngfēng　　丰盛 fēngshèng
更正 gēngzhèng　　征程 zhēngchéng　　整风 zhěngfēng
声称 shēngchēng　　升腾 shēngténg

(2)绕口令练习

藤和绳

丝瓜藤，绕丝绳，
丝绳绕上丝瓜藤。
藤长绳长绳藤绕，
绳长藤伸绳绕藤。

3. ong 发音时，舌位半高，唇形圆，发出舌位介于 o、u 之音的音，然后舌根接触软腭，气流改从鼻腔出，发出鼻音 ng

(1)词语练习

从容 cóngróng　　隆重 lóngzhòng　　通红 tōnghóng
空洞 kōngdòng　　恐龙 kǒnglóng　　轰动 hōngdòng
红松 hóngsōng

(2)绕口令练习

栽葱和栽松

冲冲栽了十畦葱，松松栽了十棵松。

冲冲说栽松不如栽葱，松松说栽葱不如栽松。

是栽松不如栽葱，还是栽葱不如栽松。

4. ing　发音时，舌面接近硬腭，唇形扁，发出 i 音，然后舌头后缩，舌根抬起抵住软腭，气流从鼻腔出来，发出鼻音 ng

(1)词语练习

叮咛 dīngníng　　听凭 tīngpíng　　倾听 qīngtīng

姓名 xìngmíng　　行营 xíngyíng　　清明 qīngmíng

命令 mìnglìng　　性命 xìngmìng

(2)绕口令练习

连念七遍就聪明

天上七颗星，地上七块冰，

树上七只鹰，梁上七根钉，台上七盏灯，

吹灭七盏灯，拔掉七根钉，

放走七只鹰，踢碎七块冰，

乌云盖没七颗星，连念七遍就聪明。

5. iang　发音时，舌面接近硬腭，唇扁，发出轻轻的 i 音，然后发音动作和 ang 相同

(1)词语练习

踉跄 liàngqiàng　　强项 qiángxiàng　　想象 xiǎngxiàng

响亮 xiǎngliàng　　湘江 xiāngjiāng　　亮相 liàngxiàng

粮饷 liángxiǎng　　酱香 jiàngxiāng

(2)绕口令练习

大娘和小祥

江大娘买大梁，项小祥买香肠。

买大梁的江大娘和买香肠的项小祥，

一起到市场。

江大娘买了一根梁，

项小祥买了二斤肠。

江大娘买的大梁江大娘扛不动，

买香肠的项小祥帮买大梁的江大娘扛大梁，

买大梁的江大娘帮买香肠的项小祥提香肠。

6. iong　发音时，先发一个轻短、唇形不太扁的 i 音，然后发音动作和 ng 相同

(1)词语练习

熊熊 xióngxióng　　茕茕 qióngqióng

汹涌 xiōngyǒng　　炯炯 jiǒngjiǒng

(2)绕口令练习

学游泳

小涌勇敢学游泳，勇敢游泳是英雄。

英雄救人常游泳，小涌游泳学英雄。

7. uang　发音时，舌面隆起接近软腭，唇拢圆，发出轻短的 u 音，然后发音动作和 ang 相同

(1)词语练习

矿床 kuàngchuáng　　状况 zhuàngkuàng

装潢 zhuānghuáng　　双簧 shuānghuáng

黄庄 huángzhuāng　　狂妄 kuángwàng

(2)绕口令练习

量窗量床又量墙

跳上床量窗，靠住墙量床，

墙比张床长，床又比窗长，

窗长不过床，床又长不过墙，

所以墙比床比窗长，

读不顺就去撞墙。

8. ueng　发音时，先念轻短的 u 音，然后的发音动作和 eng 相同。这个韵母不跟其他声母相拼，只有一个自成音节，写作 weng

(1)词语练习

渔翁 yúwēng　　嗡嗡叫 wēngwēngjiào

翁婿 wēngxù　　瓮城 wèngchéng

蓊郁 wěngyù　　蕹菜 wèngcài

(2)绕口令练习

老翁和老翁

老翁卖酒老翁买，老翁买酒老翁卖。

五、韵母辨正与辨音

(一)ü 和 i 的辨正

普通话舌面音声母 j、q、x 能与齐齿呼、撮口呼韵母拼合，有些方言没有撮口呼韵母 ü，而是把 ü 念成 i，把 üe、üan、ün 念成 ie、ian、in，“区域”读出来像是“七亿”，“遇见”说成“意见”，“确实”说成“切实”，“拳头”说成“前头”，“白云”说成“白银”。

i 和 ü 都是舌面元音中的前元音、高元音，舌位是相同的，只是发音时唇形有区别。ü 是圆唇音，i 不是圆唇音。不会发 ü 的人可采取用 i 带出 ü 的方法，先发 i，舌头不要动，慢慢地把嘴唇拢圆，就是 ü。练好发音，多做辨音练习，还要知道哪些字音的韵母是 i，哪些字音的韵母是 ü。

【辨音训练】

1. 词语练习

器具 qìjù　　起居 qǐjū　　曲笔 qūbǐ　　举例 jǔlì
纪律 jìlǜ　　戏剧 xìjù　　曲艺 qǔyì　　聚集 jùjí

2. 绕口令练习

学语言

学语言，用语言。
学好语言，说话不费难。
播音员学语言，说话亲切又自然。
演员学语言，台词传得远。

（二）o、e、uo 的辨正

这几个韵母发音有些相近，有些方言中，o 和 e 分不清，或 o 和 uo 分不清。

【辨音训练】

1. 词语练习

墨色 mòsè　　波折 bōzhé　　破格 pògé　　薄荷 bòhe
刻薄 kèbó　　胳膊 gēbo　　隔膜 gémó　　折磨 zhémó

2. 绕口令练习

一个红薯滚下坡

村里有条清水河，河岸是个小山坡，
社员坡上挖红薯，闹闹嚷嚷笑呵呵。
忽听河里一声响，河水溅起一丈多，
吓得我忙大声喊："谁不小心掉下河？"
大家一听笑呵呵，有个姑娘告诉我：
"不是有人掉下河，是个红薯滚下坡。"

（三）e 和 ê、ai 的辨正

当 e 与声母 zh、ch、sh、r、z、c、s、d、t、g、k、l 相拼时，不少地区把 e 发成 ê 或 ei。

【辨音训练】

1. 拼读下列词语，注意区分 e 与 ai

德育 déyù——待遇 dàiyù
上策 shàngcè——上菜 shàngcài
得到 dédào——带到 dàidào
男客 nánkè——南开 nánkāi
沼泽 zhǎozé——遭灾 zāozāi

刻章 kèzhāng——开张 kāizhāng
开车 kāichē——开拆 kāichāi
遮花 zhēhuā——摘花 zhāihuā
撕扯 sīchě——私拆 sīchāi
设置 shèzhì——晒制 shàizhì
计策 jìcè——计财 jìcái
责问 zéwèn——再问 zàiwèn
测量 cèliáng——菜凉 càiliáng
特务 tèwù——态度 tàidù
侧重 cèzhòng——菜种 càizhǒng
革命 gémìng——改名 gǎimíng
攻克 gōngkè——公开 gōngkāi
折树 zhéshù——栽树 zāishù
韵辙 yùnzhé——韵窄 yùnzhǎi
撤除 chèchú——拆除 chāichú
记者 jìzhě——记债 jìzhài
社会 shèhuì——筛灰 shāihuī
仄声 zèshēng——再生 zàishēng
润泽 rùnzé——运载 yùnzài

2. 读下面的词，注意不要把加点字的韵母 e 读成 ê

勒令	获得	改革	独特	及格	客人	刻苦
吝啬	克服	折断	哲学	遮蔽	记者	原则
隔阂	艰涩	浙江	扯皮	撤退	彻底	奢侈
毒蛇	这里	萧瑟	口舌	交涉	建设	诗社
发射	拍摄	招惹	厕所	热心	光泽	选择
负责	观测	手册	白色	车辙		

（四）ei 和 uei 的辨正

1. 不要把 ei 读成 uei

普通话韵母 ei 和 l 相拼时，不少地区把“雷、儡、垒、类、累、泪”等字的韵母错读成 uei。练习朗读下列词语，注意区分 ei 和 uei。

雷鸣 léimíng	傀儡 kuílěi	堆垒 duīlěi	擂鼓 léigǔ
磊落 lěiluò	积累 jīlěi	类别 lèibié	泪水 lèishuǐ

2. 不要把 uei 读成 ei

堆积 duījī	队长 duìzhǎng	兑换 duìhuàn
推动 tuīdòng	大腿 dàtuǐ	蜕化 tuìhuà
水位 shuǐwèi	睡眠 shuìmián	税收 shuìshōu
嘴唇 zuǐchún	最好 zuìhǎo	陶醉 táozuì

摧毁 cuīhuǐ　　破碎 pòsuì　　催促 cuīcù
清脆 qīngcuì　　虽然 suīrán　　岁月 suìyuè

(五)üe 和 uo(yo)的辨正

普通话读 üe 韵母的一部分字，部分地区读成 üo(yo)，例如：音乐、学校、钥匙、自觉、正确等。

1. 读词语辨音，注意区分 üe 和 uo(yo)

约略 yuēlüè　　公约 gōngyuē　　学校 xuéxiào
音乐 yīyuè　　正确 zhèngquè　　自觉 zìjué
锁钥 suǒyuè　　五岳 wǔyuè　　退却 tuìquè
麻雀 máquè　　削弱 xuēruò　　喜鹊 xǐquè
解决 jiějué　　雪月 xuěyuè　　阅读 yuèdú
绝对 juéduì　　缺少 quēshǎo　　确实 quèshí

2. 绕口令练习

麻雀和喜鹊

麻雀爱雪，喜鹊爱月；
奏乐看雪，登岳看月；
雪月阅罢真喜悦。

(六)u 发音辨正

1. 不要把 u 读成[ʮ]

部分地区在 u 与 zh，ch，sh，r 相拼时，将 u 读作[ʮ]，普通话中无[ʮ]的发音。在发-i[ʅ]时让嘴唇收圆就可以发出这个音。例如：

朱红 zhūhóng　　竹笋 zhúsǔn　　主人 zhǔrén　　住处 zhùchù
除外 chúwài　　楚国 chǔguó　　处理 chǔlǐ　　书籍 shūjí

2. 不要把 u 读成 ou

有些地区当 u 与 d、t、n、l、z、c、s、zh、ch、sh、r 等声母相拼时，往往把韵母 u 读成 ou。例如：

孤独 gūdú　　怒放 nùfàng　　苏州 sūzhōu　　图谋 túmóu
道路 dàolù　　猪肉 zhūròu　　助手 zhùshǒu　　书楼 shūlóu

3. 不要把 zh、ch、sh 拼 u 发成 j、q、x 拼 ü

有些地区当 u 与 zh、ch、sh、r 相拼时，全部发成单韵母 ü 的读音。例如：

猪 zhu(不读成 ju)　出 chu(不读成 qu)　书 shu(不读成 xu)

4. 不要把 u 读成 uo

例如：初中 chūzhōng　铸铁 zhùtiě　道路 dàolù

另外，有的地方还把“俗”su 错读成 xu。

(七)前后鼻音韵母的辨正

在普通话的韵母系统中，有前鼻音韵母 8 个，后鼻音韵母 8 个，可以按照主要元音的不同分为两组。一组是 an、ian、uan、üan(前)和 ang、iang、uang(后)，另一组是 en、in、uen、ün(前)和 eng、ing、ueng、ong、iong(后)。这后一组中的 ueng 只能自成音节，不与声母相拼，自成音节所表示的常用汉字也只有“翁”“嗡”“瓮”3 个，所以辨正时不必提起。

前后鼻音不分的情况在很多方言中都存在。分辨的方法也是先练发音，后说辨字。前鼻音韵母也叫舌尖鼻音韵母，收音是舌尖中音 n。后鼻音韵母也叫舌根鼻音韵母，收音是舌根音 ng。

区分这两种韵母的发音，一是看舌尖位置，二是看口形大小。舌尖鼻音韵母收音在 n，所以发音结束时舌尖停留在上齿龈上；舌根鼻音韵母收音在 ng，所以发音结束时舌尖停留在下牙床上。舌尖鼻音韵母发音时开口度小，收音时上下唇相互接近，舌根鼻音韵母发音时开口度大，收音时嘴是张开着的。

(八)其他容易读错的韵母辨证

(1)不要把 f 拼 ei 读作 fi 或 hui，例如：飞了、肥料、药费。

(2)不要把 ie 读作 ai、e 或 ue，例如：理解、浓烈、上街、买鞋、优劣。

(3)不要把 a 读作 e 或 ua，例如：他的、姨妈、发生。

(4) 不要把 o 读作 e、ai、ei 或 u，例如：压迫、伯伯、墨水、默契。

(5)不要把 i 读作 ei，例如：笔袋、离合、彼此。

(6) 不要把 ü 读作 i 或 u，例如：有趣、绿化。

(7) 不要把 ai 读作 ê，例如：白菜、麦子、柏树、宽窄。

(8) 不要把 ao 读作 uo 或 o ，例如：勺子、确凿、烙印。

(9)不要把 ou 读作 u，例如：否认、谋士。

(10) 不要把 en 读成 ei，例如：门口。

(11) 不要把 ao 读成 üe，例如：脚趾、买药。

(12) 不要把 uo 读成 uai，例如：中国。

(13) 不要把 un 读成 en，例如：囫囵吞枣。

(14) 不要把 eng 读成 ong，例如：横行霸道。

(15) 不要把 ong 读成 iong，例如：粽子。

(16) 不要把 ing 读成 iong，例如：倾斜。

(17) 不要把 ian 读成 uan，例如：新鲜、恋爱。

(18) 不要把 n 读成 ng，例如：军人、春天 。

(19) 不要把 ing 读成 eng，例如：硬度。

【拓展训练】

1. 词语训练。

(1)单韵母、复韵母、鼻韵母对比发音

o—uo—ong—ueng　　a—ai—an—ang　　e—ei—en—eng

i—iu—in—ing　　u—ui—un—ong　　u—ue—un—long

ê—ie—üe　　ia—ian—iang　　ua—uai—uan—uang

(2)练习辨别一些容易混淆的韵母

ai	改了 gǎile	分派 fēnpài	稗子 bàizi
ei	给了 gěile	分配 fēnpèi	被子 bèizi
ao	考试 kǎoshì	稻子 dàozi	牢房 láofáng
ou	口试 kǒushì	豆子 dòuzi	楼房 lóufáng
an	反问 fǎnwèn	一斑 yìbān	寒露 hánlù
ang	访问 fǎngwèn	一帮 yìbāng	航路 hánglù
en	发闷 fāmēn	申明 shēnmíng	诊治 zhěnzhì
eng	发蒙 fāmēng	声明 shēngmíng	整治 zhěngzhì
in	水滨 shuǐbīn	姓林 xìnglín	亲近 qīnjìn
ing	水兵 shuǐbīng	姓凌 xìnglíng	清静 qīngjìng
uan	疲倦 píjuàn	拳头 quántou	一圈 yìquān
ian	皮件 píjiàn	前头 qiántou	一千 yìqiān

(3)读准含有 e 韵母的词语

克服 kèfú	刻苦 kèkǔ	客车 kèchē	核桃 hétao
折价 zhéjià	哲学 zhéxué	这样 zhèyàng	蛰伏 zhéfú
褶皱 zhězhòu	浙江 zhèjiāng	蔗糖 zhètáng	车辙 chēzhé
撤退 chètuì	彻底 chèdǐ	扯皮 chěpí	奢侈 shēchǐ
舌头 shétou	舍得 shědé	摄氏 shèshì	射击 shèjī
涉外 shèwài	社会 shèhuì	设施 shèshī	赊账 shēzhàng

(4)读准含有 ie 韵母的词语

街道 jiēdào	阶级 jiējí	解答 jiědá	解剖 jiěpōu
介绍 jièshào	芥末 jièmo	疥疮 jièchuāng	戒严 jièyán
告诫 gàojiè	械斗 xièdòu	界限 jièxiàn	届时 jièshí
鞋袜 xiéwà	懈怠 xièdài	蟹黄 xièhuáng	列车 lièchē
烈火 lièhuǒ	裂缝 lièfèng	劣迹 lièjì	解决 jiějué
讲解 jiǎngjiě	携带 xiédài	和谐 héxié	台阶 táijiē

(5)读准含有 ê 韵母的词语

疟疾 nüèji	确切 quèqiè	喜鹊 xǐquè	麻雀 máquè
虐待 nüèdài	岳父 yuèfù	音乐 yīnyuè	决心 juéxīn
缺点 quēdiǎn	雪花 xuěhuā	学习 xuéxí	公约 gōngyuē
六月 liùyuè	喜悦 xǐyuè	退却 tuìquè	学问 xuéwen
爵位 juéwèi	挖掘 wājué	靴子 xuēzi	感觉 gǎnjué
约略 yuēlüè	约会 yuēhuì	觉悟 juéwù	绝对 juéduì
抉择 juézé	跳跃 tiàoyuè		

(6)读准含有 ei 韵母的词语

非法 fēifǎ　飞跃 fēiyuè　肥沃 féiwò　诽谤 fěibàng
肺病 fèibìng　废墟 fèixū　费用 fèiyòng　狒狒 fèifèi
扉页 fēiyè　斐然 fěirán　翡翠 fěicuì　痱子 fèizi

(7)读准含有 u 韵母的词语

珠子 zhūzi　诸位 zhūwèi　主动 zhǔdòng　注射 zhùshè
著作 zhùzuò　驻扎 zhùzhā　蜘蛛 zhīzhū　侏儒 zhūrú
注音 zhùyīn　出门 chūmén　厨房 chúfáng　除外 chúwài
橱窗 chúchuāng　处所 chùsuǒ　书包 shūbāo　暑假 shǔjià
鼠疫 shǔyì　述说 shùshuō

(8)比较分辨下边各组词加点字的韵母读音

①分辨 i 和 ü。

有趣 qù——有气 qì　有缘 yuán——有盐 yán
预见 yù——意见 yì　一圈 quān——一千 qiān
效率 lǜ——效力 lì　全面 quán——前面 qián
名誉 yù——名义 yì　拒绝 jué ——季节 jié

②分辨 en 和 eng、in 和 ing、an 和 ang。

信服 xìn——幸福 xìng　亲生 qīn ——轻生 qīng
吩咐 fēn——丰富 fēng　陈旧 chén——成就 chéng
弹词 tán——搪瓷 táng　赞颂 zàn ——葬送 zàng
盐水 yán——羊水 yáng　鲜花 xiān——香花 xiāng

③分辨 e 和 uo，an 和 uan。

大锅 guō——大哥 gē　活口 huó——合口 hé
担子 dàn——段子 duàn　暂时 zàn——钻石 zuàn
咸淡 dàn——弦断 duàn　山岚 lán——山峦 luán

(9)对比练读下列词语，注意 n 和 ng 的区别

诞辰 dàn ——当成 dàng　善战 shàn——上账 shàng
泛滥 fàn ——放浪 fàng　金钱 jīn ——京腔 jīng
山涧 shān——上将 shàng　分心 fēn ——奉行 fèng
陷身 xiàn——相声 xiàng　分完 fēn ——蜂王 fēng
亲信 qīn ——清醒 qīng　进言 jìn ——敬仰 jìng
近邻 jìn ——警铃 jǐng　分身 fēn——丰盛 fēng
单产 dān ——当场 dāng　板眼 bǎn ——榜样 bǎng
前线 qián——强项 qiáng

(10)对比发音

稻苗 dàomiáo——豆苗 dòumiáo　小麦 xiǎomài——小妹 xiǎomèi
老区 lǎoqū——老妻 lǎoqī　渠道 qúdào——除掉 chúdiào

白云 báiyún——白银 báiyín
摆布 bǎibù——北部 běibù
排场 páichǎng——赔偿 péicháng
开课 kāikè——开阔 kāikuò
河面 hémiàn——和面 huómiàn
新书 xīnshū——心虚 xīnxū
连贯 liánguàn——两广 liǎngguǎng
繁纷 fánfēn——放风 fàngfēng
健谈 jiàntán——姜汤 jiāngtāng
金环 jīnhuán——惊慌 jīnghuāng
信民 xìnmín——姓名 xìngmíng
铁桥 tiěqiáo——铁球 tiěqiú
缘分 yuánfèn——盐分 yánfèn
勾结 gōujié——高洁 gāojié
毛利 máolì——牟利 móulì
名誉 míngyù——名义 míngyì
燕子 yànzi——院子 yuànzi
卖力 màilì——魅力 mèilì
恳谈 kěntán——坑塘 kēngtáng
健身 jiànshēn——降生 jiàngshēng
金银 jīnyín——经营 jīngyíng
贪婪 tānlán——螳螂 tángláng
烦言 fányán——放羊 fàngyáng
埋头 máitóu——眉头 méitóu
烧了 shāole——收了 shōule
柔软 róuruǎn——悠远 yōuyuǎn

2. 绕口令练习。

有个老头本姓顾

有个老头本姓顾，上街买醋带买布，
打了醋，买了布，抬头看见鹰和兔，
放下他的布，丢下他的醋，去捉鹰和兔。
回来不见他的醋和布，
飞了鹰，跑了兔，少了布，翻了醋。(u)

东西胡同南北走

东西胡同南北走，碰见一个人咬狗，
拿起狗来砸砖头，倒被砖头咬一口，
从来不说颠倒话，布袋驮着驴子走。(ou)

哥哥弟弟坡前坐

哥哥弟弟坡前坐，坡上卧着一只鹅，
坡下流着一条河。
哥哥说：宽宽的河；弟弟说：肥肥的鹅。
鹅要过河，河要渡鹅。
不知是鹅过河，还是河渡鹅。(e、o)

小艾和小戴

小艾和小戴，一起来买菜。
小艾把一斤菜给小戴，小戴有比小艾多一倍的菜，
小戴把一斤菜给小艾，小艾小戴就有一般多的菜。
请你摸摸脑袋猜一猜，小艾小戴各买了多少菜？(ai)

3. 谜语。

(1)空心树，叶儿长，好像竹子节节长，到老满头白花花，只结穗儿不打粮。(ang、iang)(打一物)

(2)在娘家青枝绿叶，到婆家骨瘦皮黄，不提起倒也罢了，一提起眼泪汪汪。(uang)(打一物)

(3)有眼无珠一身光，穿红穿绿又穿黄，跟着懒人它就睡，跟着勤人它就忙。(ang、uang)(打一物)

(4)不是西瓜不是蛋，用手一拨会打转，别看它的个儿小，能载海洋和高山。(an、iang、uan)(打一物)

(5)世界各国在眼前，五湖四海不通船，高山不见一棵树，平地没有半分田。(ian、uan)(打一物)

(6)画时圆，写时方，冷时短，热时长。(ang)(打一字)

(7)一点一横长，一甩去南阳，南阳两棵树，长在石头上。(ang、iang)(打一字)

(8)南字反方向，口字在中央，上下廿四点，猜着就飞翔。(ang、iang)(打一字)

(9)海口吹得高过天，不知身旁有人言，难怪别人批评你，总是跟在错字边。(an)(打一字)

(10)有心走不快，有水装不完，长草难收拾，遇食就可餐。(ang、uang)(打一字)

4. 短文练习。

(1)山泉(i、u)

哪里寻山泉的足迹，听，处处有叮咚的旋律。股股溪流汇聚在一起，结成紧密的集体。不留恋身旁的花红草绿，奔腾的生命永不停息。向着江河，向着大海——坚定的信念，忠贞不渝。

(2)今天(ia、ua)

朋友，莫感喟逝去的年华，快套住这四蹄生风的好马！与其追悔过去，不如从现在出发，在时间的茫茫草原上，你停滞不前，别人要跃马天涯……

(3)眼睛(in、ing)

眼睛是灵魂的窗子，描绘出内心的图景；诚实的像澄澈的溪水，正直的像启明的晨星；凶恶的像毒蛇的血口，虚伪的像漆黑的陷阱。

(4)白雪(u、ie、ue)

像柳絮，像飞蝶，情绵绵，意切切。我爱这人间最美的花朵，白雪飘飘，飘飘白雪。

看那晶莹的花瓣，铺满了天边的原野，看那轻盈的舞姿，催开了红梅的笑靥。呵，白雪飘飘，飘飘白雪。她赠给大地一片皎洁，她撒向人间多少欢悦。

是她用纯真的爱情，滋润着生命的绿叶，是她把热烈的追求，献给那美好的季节。呵，白雪飘飘，飘飘白雪，她用白玉般的身躯，装扮银光闪闪的世界。

项目三

普通话声调与音变训练

【导入案例】

有几个敦煌人到兰州来，上了公共汽车，一块儿买了车票，其中的一个人离开大家到了车厢的另一头坐下，售票员查票查到他，他拿着车票的伙伴看到了，就赶紧用普通话喊："同志，我们是'意大利的'。"售票员一听火了："你就是联合国的也要买票，还意大利的呢！""意大利"其实是敦煌方言中"一块儿"的意思，写出来应该是"一搭里"，在敦煌方言中读作 yǐdālì，他以为普通话应该读成 yìdàlì。把声调改了之后，在普通话中成了另一个词。

有着外省口音的老师在讲台上，很有感情地为大家读了一首题为《卧春》的诗，并且要大家写在笔记本上，这首诗是这样的："《卧春》 暗梅幽闻花，卧枝伤恨底，遥闻卧似水，易透达春绿，岸似绿，岸似透绿，岸似透黛绿。"没想到一位山东同学的笔记竟然是这样写的："《我蠢》 俺没有文化，我智商很低，要问我是谁？一头大蠢驴！俺是驴，俺是头驴，俺是头呆驴！"两首诗的区别，仅仅是声调不同！

【案例思考】

在这个故事中，哪个字的字音发生了变化？在日常生活中，你还发现了哪些类似的现象呢？

任务一　声调训练

汉语普通话是世界上最美妙的语言之一，且不说它词汇表意的精确性，单从语音上看，和其他语言相比，普通话更具有音乐美，而这种美主要体现在普通话的声调上。诗词歌赋的平仄格律就是人们根据声调的音乐性总结出来的规律。

汉语属汉藏语系，除具有单音节的特点外，还有一个非常突出的特点就是单个音节上都有一个区别意义的声调。在汉语中，声调是字音不可缺少的组成部分，而不是附加的、可有可无的东西。声调不准确，会影响人们之间的交际，造成理解上的偏误。

因此，学习普通话必须对声调给予高度的重视。

一、声调的性质及作用

在汉语里，除儿化音节外，一个音节就是一个汉字，所以声调也叫字调。所谓声调，是指一个音节中固有的、能区别意义的、声音的高低升降变化形式。第一，声调主要取决于音高。同一个人的不同的音高变化是由声带的松紧决定的：声带越紧，在一定时间内振动的次数越多，声调就越高；声带越松，在一定时间内振动的次数越少，声调就越低。在发音过程中，声带是可以随时调整的。有时可以一直紧绷，有时可以先放松后绷紧，或先绷紧后放松，有时还可以松紧相间。这样造成的种种不同的音高变化，就形成了不同的声调。第二，声调的高低、升降变化是逐渐滑动的，而不是跳跃式的，因此它的过渡音是完全的。第三，它具有区别意义的作用。声母韵母相同，但声调不同，词的含义就不一样。如物理、武力、无力、物力、无理、五里，题材和体裁，香蕉和橡胶，语言和寓言，练习和联系；再比如，同样由 ya 这两个音素构成，却可以有几个不同的字——yā 鸦，yá 牙，yǎ 雅，yà 亚，这些词义和字义都是依据声调来加以区别的。第四，声调的平仄抑扬、高低升降、不断变化，使普通话的音节抑扬顿挫，起伏有致，赋予汉语独特的音乐美和节奏感，增强了有声语言的感染力。声调的“平”，是指古四声中的平声。古平声已演变成普通话中的阴平和阳平。仄，即不平，是古四声中“上、去、入”三声的总称。我国戏曲、曲艺、歌词与诗词中普遍平仄交错或对仗，抑扬相配，变化有致，如：“弯弯的月儿小小的船，小小的船儿两头儿尖。”如果没有这种声调变化，听起来就不会有音乐美。

二、声调的调值、调类和调号

（一）调值

调值是声调的实际读法，也就是音节的高低、升降、曲直、长短的具体形式。描写声调的调值，通常用“五度标调法”：用一条竖线表示声音的高低，从下到上用 1、2、3、4、5 分别表示低、半低、中、半高、高五个等级，再在比较线的左边用横线、斜线、折线表示声调的音高变化。根据这种标调法，普通话声调的四种调值可以用图 3-1 表示出来。

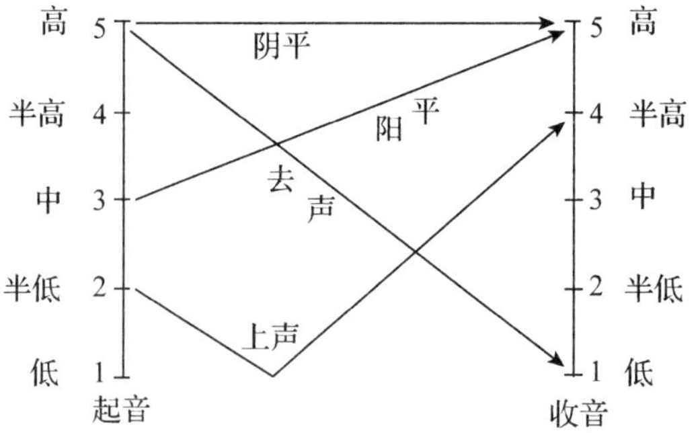

图 3-1　五度标记法

普通话调值的发音要领可以作如下描述：

(1) 高平调[55] 声音高而平，由5度到5度。声带绷到最紧，没有明显的升降变化，保持高音，是为阴平调。如：珍惜光阴。

(2) 中升调[35] 声音由中音升到最高音，即由3度到5度。声带从微紧到最紧，是为阳平调。如：博闻强识。

(3) 降升调[214] 声音从半低开始，降到最低点，接着升至半高音，即由2度降到1度再升到4度。声带从略微有些紧开始，立刻松弛下来，稍稍延长，然后迅速绷紧，但没有绷到最紧。如：远景美好。

(4) 全降调[51] 声音从最高音降到最低音，由5度降到1度。声带从最紧开始，到完全松弛为止，是为去声调。全降调的音长在普通话4个声调中是最短的。如：胜利在望。

(二)调类

调类是指声调的种类，是根据声调的实际读法归纳出来的，有几种实际读法就有几种调类，也就是把调值相同的归为一类。普通话有四种基本的调值，因而有四个调类。普通话音节中，凡调值为高平[55]的，归为一类，叫阴平；凡调值为中升[35]的，归为一类，叫阳平；凡调值为降升[214]的，归为一类，叫上(shǎng)声；凡调值为全降[51]的，归为一类，叫去声。阴平、阳平、上声、去声就是普通话调类的名称。调类名称也可以用序数表示，称为一声、二声、三声、四声，简称"四声"。

调类和调值的关系是紧密相连的，在同一种方言里，有几种调值，就有几种调类，它们之间是一种名和实的关系。调类——声调的名称；调值——声调的实际读法。

(三)调号

调号就是标记普通话调类的符号。《汉语拼音方案》所规定的调号是：阴平"—"、阳平"/"、上声"V"、去声"\"。这些符号的形状象征着调值的升降变化(如表3-1所示)。声调是整个音节的高低升降的调子，声调的高低变化主要集中体现在韵腹即主要元音上，所以调号要标在韵母的主要元音上。

表3-1 调值、调类、调号对照表

调值	55	35	214	51
调类	阴平	阳平	上声	去声
调号	—	/	V	\

汉语六个主要元音中，发音最响亮的是 ɑ，依次下去是 o、e、i、u、ü。一个音节有 ɑ，调号就标在 ɑ 上，如 dào、kuài、jiāo；没有 ɑ，就标在 o 或 e 上，如 chōu、méi；碰到 iu、ui 组成的音节，应标在最后一个元音上，如 xiù、tuī。调号恰巧在 i 上面时，那么 i 上的小点可省去，如 yī、xīn。轻声音节不标调，如 zhuōzi(桌子)、wǎnshang(晚上)、hǎoma(好吗)、pútao(葡萄)。下面一首顺口溜可以帮助我们记住标调的方法：

有 a 在，把帽戴；a 要不在，o、e 戴。
要是 i、u 一起来，谁在后面给谁戴。
例如：qiào （有 a 在，把帽戴）
bié （a 要不在，o、e 戴）
zhōu （a 要不在，o、e 戴）
diū （要是 i、u 一起来，谁在后面给谁戴）
juǎn （有 a 在，把帽戴）
小 ü 见到 j、q、x，抹掉眼泪笑嘻嘻。
例如：j—ū—jū q—ü—ē—quē x—ǔ—xǔ

三、声调的训练方法

（一）记住四声的发音口诀

阴平起音高平莫低昂，气势平均不紧张。
阳平从中起音向上扬，用气弱起逐步强。
上声先降转上挑，降时气稳扬时强。
去声高起直下降，降时到弱要通畅。

（二）遵循声调训练步骤

(1)知：明确各种声调的音高变化特点。
(2)听：听辨调类并随读。
(3)读：自己练读声调。
(4)变：掌握变调规律(详见项目二)。
(5)记：记住常用汉字声调。

【拓展训练】

1. 词语练习。
(1)读准下列按四声顺序排列的同声同韵字，仔细体会各类声调的音高变化特点
哥格葛个 疵瓷此次 先贤显现 靴学雪血 千钱浅欠 箱详想象
多夺躲垛 欺齐起气 申神审慎 鸦牙哑亚 敲乔巧俏 川船喘串
窗床闯创 八拔靶坝 温文吻问 咽炎眼厌 些邪写谢 溜刘柳六
包雹饱抱 烹朋捧碰 衣移椅亿 呼胡虎户 菲肥匪废 蛙娃瓦袜
灰回悔会 分坟粉奋 青情请庆 翻凡反饭 亲琴寝沁 骁淆小校
通同统痛 晕云允运 掬菊举句 锅国果过 抽愁丑臭 宣旋选绚
(2)同调双音节词语接力练习
①阴平：高音—音箱—箱中—中心—心声—声腔
②阳平：和平—平常—常年—年轮—轮流—流行
③上声：选举—举手—手指—指导—导演—演讲

④去声：大会—会议—议事—事变—变动—动态

(3)四字同调

①阴平：春天花开　江山多娇　歌声清晰　珍惜光阴　息息相关

②阳平：人民银行　豪情昂扬　牛羊成群　直达河南　文如其人

③上声：党委领导　理想美好　产品展览　请你指导　处理稳妥

④去声：月夜变化　创造纪录　运动大会　胜利闭幕　正确判断

(4)念准下列词语的声调

①阴阳：光荣　心情　积极　宣传　今年　资源

②阳阴：评估　国家　前锋　南非　年轻　阳光

③去阳：自然　调查　电台　立即　特别　客轮

④阳去：流畅　活动　情调　繁重　林木　财政

⑤阳阳：贫穷　雷同　篮球　平行　离别　荣华

(5)四声顺续、逆续、交错

①四声顺序

千锤百炼　瓜田李下　飞禽走兽　花红柳绿　山明水秀　高朋满座　阴阳上去　风调雨顺

②四声逆序

妙手回春　救死扶伤　墨守成规　万古流芳　凤舞龙飞　异曲同工　信以为真　寿比南山

③阴平相连

江山多娇　珍惜光阴　息息相关　攀登高峰　中央机关　交通公司

④阳平相连

人民银行　竹林乘凉　牛羊成群　严格执行　轮流划船

⑤去声相随

正确判断　胜利在望　意气用事　纪念大会　变幻莫测　正确路线

⑥四声混合

精卫填海　叶公好龙　临渴掘井　画饼充饥　画蛇添足　自相矛盾　守株待兔　南辕北辙

2. 绕口令练习。

狗咬柳小六

柳小六没事胡乱走，
走到刘老九的大门口，
门口的狗咬了柳小六的手，
柳小六紧喊刘老九快看狗。
刘老九屋内一个人也没有，
白叫刘老九的狗把柳小六咬了一口，
柳小六发誓没事不再胡乱走。

李力丽黎礼立夫妻去赶集

李力丽，黎礼立，
夫妻双双去赶集，
李力丽的丈夫黎礼立，
赶集去卖竹篾席，
黎礼立的妻子李力丽，
赶集去卖肥母鸡。
黎礼立卖了竹篾席买台电视机，
李力丽卖了肥母鸡买件呢子衣。

华华画画爸爸浇花

华华画画，爸爸浇花。
华华在爸爸的花前画画，
爸爸在华华的画前浇花。
华华喜欢爸爸的花，
爸爸爱看华华画画。
华华的画画中有花，
爸爸的花花儿如画。
爸爸和华华，
叽叽喳喳，嘻嘻哈哈，
华华和爸爸，
画画浇花，比比画画。

扁娃背扁背斗拔扁豆

扁娃背个扁背斗，
到扁家背阴坡里拔扁豆。
会拔扁豆的能拔多半扁背斗扁豆，
不会拔扁豆的只能拔少半扁背斗扁豆。
你说这个扁娃是拔了多半扁背斗扁豆，
还是只拔了少半扁背斗扁豆？

白猫与白兔

白猫手里有一顶白帽，
白兔手中有一把白毛。
白猫想拿手里的白帽去换白兔手中的白毛，
白兔不想用手中的白毛去换白猫手里的白帽。

也不知白猫换去了白兔的白毛，
还是白兔换去了白猫的白帽？

形近字练习

木甬读桶不读捅，
月农读脓不读胧。
米更读粳不读梗，
日青读晴不读睛。
米宗读粽不读综，
言丁读订不读钉。
土竟读境不读镜，
土平读坪不读评。
言甬读诵不读蛹，
月星读腥不读猩。
要把形近字弄清，
看看字旁分分声。

黄贺和王克

一班有个黄贺，二班有个王克。
黄贺、王克二人搞创作，黄贺搞木刻，王克写诗歌。
黄贺帮助王克写诗歌，王克帮助黄贺搞木刻。
由于二人搞协作，黄贺完成了木刻，王克写好了诗歌。

宝宝穿长袍

爸爸抱宝宝，跑到布铺买布做长袍，宝宝穿了长袍不会跑。
布长袍破了还要用布补，再跑到布铺买布补长袍。

瘸子和矬子

南面来了个瘸子，腰里别着个橛子，
北边来了个矬子，肩上挑着担茄子。
别橛子的瘸子要用橛子换挑茄子的矬子的茄子，
挑茄子的矬子不给别橛子的瘸子茄子。
别橛子的瘸子抽出腰里的橛子打了挑茄子的矬子一橛子，
挑茄子的矬子拿起茄子打了别橛子的瘸子一茄子。

四老师

石、斯、施、史四老师，天天和我在一起。
石老师教我大公无私，斯老师给我精神食粮，
施老师叫我遇事三思，史老师送我知识钥匙。
我感谢石、斯、施、史四老师。

王七上街去买席

清早起来雨淅淅，王七上街去买席，骑着毛驴跑得急，捎带卖蛋又贩梨。
一跑跑到小桥西，毛驴一下失了蹄，打了蛋，撒了梨，跑了驴，
急得王七眼泪滴，又哭鸡蛋又骂驴。

3. 读下面材料，注意读准声调。

（1）八字成语歌

流水不腐，户枢不蠹	路见不平，拔刀相助
无源之水，无本之木	不经一事，不长一智
欲将取之，必先与之	蓬生麻中，不扶自直
欲加之罪，何患无辞	持之有故，言之成理
鞠躬尽瘁，死而后已	日月经天，江河行地
食不甘味，卧不安席	投我以桃，报之以李
比上不足，比下有余	大辩若讷，大智若愚
棋逢对手，将遇良才	逢山开路，遇水搭桥
头痛医头，脚痛医脚	人无远虑，必有近忧
天网恢恢，疏而不漏	兵来将挡，水来土掩
管中窥豹，略见一斑	前车之覆，后车之鉴
学而不厌，诲人不倦	一叶障目，不见泰山
只此一家，别无分店	惩前毖后，治病救人
路不拾遗，夜不闭户	皮之不存，毛将焉附
衣不蔽体，食不果腹	不入虎穴，焉得虎子
两刃相割，利钝乃知	前事不忘，后事之师
差之毫厘，谬以千里	非我族类，其心必异

烈士暮年，壮心不已　庆父不死，鲁难未已
事不关己，高高挂起　一波未平，一波又起
城门失火，殃及池鱼　呼之即来，挥之即去
一夫当关，万夫莫开　茕茕孑立，形影相吊
人为刀俎，我为鱼肉　螳螂捕蝉，黄雀在后
同声相应，同气相求　放龙归海，纵虎归山
韩信将兵，多多益善　星星之火，可以燎原
言之无文，行而不远　有则改之，无则加勉
只可意会，不可言传　青山不老，绿水长存
毫不利己，专门利人　舍生取义，杀身成仁
十年树木，百年树人　知无不言，言无不尽
百足之虫，死而不僵　道高一尺，魔高一丈
明修栈道，暗渡陈仓　前人栽树，后人乘凉
顺之者昌，逆之者亡　八仙过海，各显神通
豹死留皮，人死留名　当局者迷，旁观者清
上天无路，入地无门　十年生聚，十年教训
视而不见，听而不闻　只见树木，不见森林
尺有所短，寸有所长　两虎相斗，必有一伤
前门拒虎，后门进狼　三天打鱼，两天晒网
嬉笑怒骂，皆成文章　败军之将，不敢言勇
不塞不流，不止不行

(2)中国十大风景名胜

万里长城——气势雄伟，是世界历史上伟大工程之一，称得上是中华民族的象征。

桂林山水——风景秀丽，早有“桂林山水甲天下”的称誉。

杭州西湖——湖色景物有“淡妆浓抹总相宜”的美称。

北京故宫——我国现存在的规模最大、最完整的宫殿建筑，标志着我国悠久的文化传统。

苏州园林——以曲径通幽、巧夺天工的名园著称于世。

安徽黄山——以奇松、怪石、云海、温泉为最有名的景致。

长江三峡——水险山雄，涛飞浪卷，使人叹为观止。

台湾日月潭——湖光山色像一颗璀璨的明珠。

避暑山庄——以秀美雄浑的自然景观和不同风格的寺庙宅院作为自己的“装束”。

秦陵兵马俑——具有历史价值和艺术价值，被誉为“世界第八奇迹”。

(3)中国十大元帅

朱德　彭德怀　林彪　刘伯承　贺龙　陈毅　罗荣桓　徐向前　聂荣臻　叶剑英

(4)十大传统名花

牡丹　菊花　梅花　茶花　兰花　杜鹃　月季　桂花　荷花　水仙

(5)十天干

甲　乙　丙　丁　戊　己　庚　辛　壬　癸

(6)十二(地支)生肖

子鼠　丑牛　寅虎　卯兔　辰龙　巳蛇　午马　未羊　申猴　酉鸡　戌狗　亥猪

(7)古代年龄称谓

二十弱冠　三十而立　四十不惑　五十知天命　六十花甲　七十古稀

八十、九十耄耋　百岁期颐

4. 阅读下面《八扇屏》中的贯口，要求正确发音。

《八扇屏》，传统相声经典作品。运用“贯口”的手法，由甲简明扼要地介绍画屏上某些历史人物的主要事迹后，揶揄乙无法与古人相比，而找出笑料。

《八扇屏》中不止八个人物，据统计共有22个人物。而如今《八扇屏》在表演时大多只说其中的几个人物，很少有全本的八扇屏出现，因为“八扇屏”中的“八”代表数目多，从而只是说其中几个人物的也叫《八扇屏》。

小孩子

甲：我说说，你听听。在想当初，大宋朝文彦博，幼儿倒有灌穴浮球之智。司马温公，倒有破瓮救儿之谋。汉孔融，四岁让梨，懂得谦逊之礼。十三郎五岁朝天。唐刘晏七岁举翰林，一个正字参朋比，汉黄香九岁温席奉亲。秦甘罗一十二岁身为宰相。吴周瑜七岁学文，九岁习武，一十三岁官拜水军都督，统带千军万马，执掌六郡八十一州之兵权，施苦肉，献连环，祭东风，借雕翎，火烧战船，使曹操望风鼠窜，险些丧命江南。虽有卧龙、凤雏之相帮，那周瑜也算小孩子当中之魁首。这些小孩子你比得了哪个？

有道是：有志不在年高，无志空活百岁，秤砣虽小，能压千斤，舟桨空长，终被水没。想当初，防风氏身横九亩之地，不脱会稽之诛，那巨无霸腰大十围，难免昆阳之败；昔日孔仲尼曾师项橐，想汝何德何能，敢藐视天下之少年乎？

各别另样

想当初，尧眉八彩，舜目重瞳，禹王手能反握，周文王胸生四乳，张太古头尖如笔，比尚书腹大如瓜，何平叔面如敷粉，刘要仲有五尺之髯，李老子怀胎八十一载，张晾有三寸不烂之舌，孔夫子七孔朝天，重耳并肋称为坝郡之君，汉刘备双手过膝，姜伯约胆大如卵，魏文长反骨不断，张翼德睡不瞑目，李元霸鼻息如雷，洪武帝是猪嘴，楚霸王气贯长虹。盘古至今，大圣、大贤、大忠、大奸，稀奇古怪，个别另样的。

任务二　音变训练

我们说话、朗读都是一个接一个音节连续地进行的。这些音节连续发出来时，音素或声调就可能互相影响，产生语音变化，这种语音变化现象就叫作音变。如“采访”单念时都是上声，但连在一起念时就变成了“cáifǎng”，听起来好像是“采”由上声变成阳平了。从这里可以看到，我们学习普通话，光读准每个音节的声、韵、调还不够，还必须注意语音的变化。普通话音变现象主要有：变调、轻声、儿化、语气词“啊”的变读。音变是有一定规律的，了解这些规律，并在口语实践中经常应用，一是有助于说好普通话，二是能使我们的口语表达给人以语音自然和谐之感，不觉生硬别扭。

一、变调

在语流中，由于相连音节的相互影响，有的音节本来的调值发生变化，这种现象叫变调。

普通话里最常见的变调现象有上声变调、“一”和“不”的变调。

（一）上声的变调

普通话上声音节除单念或处在词尾、句尾时声调不变外，在其他情况下都要发生变化。可以说上声音节声调的变化最大、最多，它在与其他音节结合时，不是丢掉下降的部分，就是失掉上升的部分。

上声变调有以下几种情况：

1. 上声在非上声音节前

上声在非上声前，即在阴平、阳平、去声、轻声前，上声音节的调值由降升调变为只降不升的“半上声”，只读上声的前半截，丢失后半截，调值由[214]变为半上声[21]。例如：

在阴平字前：北京　老师　首都　小说　展开　始终　普通　产生

在阳平字前：祖国　语言　旅游　表达　主持　改良　拱门　古文

在去声字前：领袖　老练　主见　感谢　准确　解放　土地　朗诵

2. 上声在上声音节前

两个上声音节相连时，前一个上声音节的调值由降升调变为与阳平调值相当的直上。即由上声变得近乎阳平，调值由[214]变为[24]。例如：

把柄　靶场　把守　饱满　北纬　本领　宝塔　补品　保险

采取　厂长　炒米　彩礼　扯谎　草稿　尺码　处理　草本

打靶　党委　捣鬼　导体　典雅　顶点　短跑　底稿　躲闪

法宝　砝码　反比　反感　仿古　粉笔　府邸　抚养　辅佐

改写　感慨　港口　梗阻　苟且　鼓舞　骨髓　拐角　滚筒

3. 三个上声音节相连

前两个音节的变调有两种情况：

①词语的结构是“双单格”时，第一、二个上声音节调值变为[24]，近乎阳平。

例如：选举法　跑马场　展览馆　虎骨粉　蒙古语　手写体　古典美

②当词语的结构是“单双格”时，第一个上声音节读半上，调值变为[21]，第二个上声音节调值变为[24]。

例如：好领导　党小组　小水桶　老古董　纸老虎　马导演

4. 几个上声音节相连

三个以上上声相连的，两个一节、三个一节来划分，然后按上述规律变调。例如：

永远｜友好 → yóngyuǎn｜yóuhǎo

请你｜往北走 → qíngnǐ｜wángbéizǒu

我有｜两把｜纸雨伞 → wóyǒu｜liángbǎ｜zhíyúsǎn

上面讲上声变调的基本规律，但在实际的语流中，最后一个上声音节的变调有两种：

一是句末需拖腔，读原调。一般在诗的韵脚处或需要强调时才拖腔。例如：

到处莺歌燕舞[214]，

更有潺潺流水[214]。

二是句末不需要拖腔，读半上。一般叙述语气或深沉、庄重语气都不需要拖腔。例如：

我找李经理[21]。

人民英雄永垂不朽[21]！

你在哪里呀，你在哪里[21]，你的人民想念你[21]。

（二）“一”和“不”的变调

“一”和“不”的变调，是普通话里比较突出的音变现象。“一”和“不”在单念或在词句末尾时，以及“一”作序数词使用时，声调不变，读原调。“一”的原调是阴平，“不”的原调是去声。例如，一：统一、天下第一；不：我不、就是不。当“一”和“不”处在其他音节前面时，声调往往发生变化，有以下几种情况：

（1）在去声前一律念阳平[35]。例如：

一样　一味　一道　一切　一色　一并　一度　一定　一夜

一刻　一致　阵　一共　一块儿　一会儿　一溜儿　一下儿

不怕　不计其数　不顾　不对　不必　不是　不在　不便　不但　不料

不要　不论　不笑

（2）在非去声前念去声[51]。例如：

在阴平前：一朝　一经　一端　一心　一应　一生　身　杯　一棵

不慌　不轻　不依　不经　不光　不知　不归　不通　不黑

在阳平前：一年　一连　一无　一旁　一直　一头　一同　一时　一枚

不时　不为　不值　不求　不良　不沉　不全　不白　不浓

在上声前：一碗　一笔　一举　一组　一桶　一场　一把　一脸　一晌

不少　不可　不远　不美　不紧　不好　不老　不管　不懂

（3）夹在叠词中念轻声。例如：

想一想　尝一尝　走一走　看一看　理一理　说一声

去不去　好不好　要不得　说不清　搞不懂　看不惯

用《汉语拼音方案》拼写音节时，一般不写变调，而标原声调。

二、轻声

（一）轻声的概念及实际读法

在语流中，有的音节失去了原声调而读成了一个又短又轻的调子，这就是轻声。例如："头"在"头脑""头发"这些词里或单独用时，读阳平调，可是，在"石头""木头""馒头"这些词里，读得轻而短，变成了"tou"。轻声只是一种特殊的音变现象。因此，轻声不被看成是一种独立的调类，《汉语拼音方案》规定轻声不必标调。轻声是一个非常模糊、不确定的声调，因此掌握起来有一定的难度，普通话中真正总读轻声的字不多，而且在单念时，还要读它原来的声调。

轻声音节的位置往往在其他音节的后面或词的中间，而绝不会出现在词或句子的开头音节中。轻声在声音四要素中，主要体现在音长和音强上，而一般声调的性质主要体现在音高上。轻声发音特点是用力特别小而轻，音强比较弱且音长短。

轻声音节从听感上显得轻短模糊，但仔细分辨，它也有依稀可辨的不同音高形式。轻声的音高并不固定，它受前一个音节调值的影响而有高低变化。变化的情况大致是这样的：阴平音节后的轻声读半低调 2 度，阳平音节后的轻声读中调 3 度，上声音节后的轻声读半高调 4 度，去声音节后的轻声读低调 1 度。例如：

阴——轻：妈妈　孙子　跟头　青的　飞了　趴下

阳——轻：爷爷　儿子　石头　黄的　来了　爬起

上——轻：奶奶　椅子　里头　紫的　跑了　给他

去——轻：爸爸　凳子　木头　绿的　去了　站着

（二）轻声的作用

1. 区别词义。例如：

兄弟 xiōngdi（弟弟）　　兄弟 xiōngdì（哥哥和弟弟）

是非 shì fei（纠纷、口舌）　　是非 shìfēi（正确与错误）

东西 dōngxi（物品）　　东西 dōngxī（指方向）

大意 dàyi（疏忽）　　大意 dàyì（主要意思）

2. 区分词性。例如：

对头 duìtou（仇敌、对手，名词）　　对头 duìtóu（正确、合适，形容词）

厉害 lìhai（剧烈凶猛，形容词）　　利害 lìhài（利和害，名词）

另外，还有一部分双音节词第二个音节习惯上都读轻声，并没有区别词义或词性的作用。例如：

老实　饺子　巴结　粮食　骆驼　石榴　商量　窗户　阔气

葡萄　玻璃　耳朵　爷爷　多么　萝卜　明白　柴火　包袱

（三）变读轻声的规定

普通话口语中，下列成分常读轻声：

(1)语气词，如“啊、吧、呢、啦、吗”等读轻声。例如：

他呢　快啊　对吗　去吧　来呀　好哇　不行啊

(2)时态助词“着、了、过”，结构助词“的、地、得”读轻声。例如：

看着　走了　来过　吃的　愉快地　写得好

(3)名词、代词的后缀“子、头、巴、们、么”等读轻声。例如：

桌子　石头　嘴巴　我们　他们　那么　尾巴　椅子　那么

(4)方位词，如“上、下、里、外、边、面、头”等读轻声。例如：

屋里　桌上　山下　那边　晚上　暗地里　前面　河里

(5)某些量词读轻声。例如：

写封信　打个电话　打个盹　喝口汤　看场戏

(6)部分重叠音节的后一个音节读轻声。例如：

爸爸　妈妈　星星　看看　说说　唱唱　写写　读读　太太　爷爷

(7)动词、形容词后的趋向动词读轻声。例如：

进来　出去　好起来　坏下去　坐下　看出来　站起来

(8)部分约定俗成的双音节词的第二个音节读轻声。例如：

太阳　月亮　消息　清楚　事情　客气　聪明　伶俐　糊涂

(9)动词后面的某些结果补语常读轻声。例如：

打开、关上、站住

(10)作宾语的人称代词常读轻声。例如：

找我、请你、叫他

（11）有些表示职业或身份类的常读轻声。例如：

护士、会计、和尚、道士、秀才、师爷、财主、上司

三、语气词“啊”的音变

“啊”是一个表达语气感情的基本词，可作语气词，也可作叹词。作为叹词，“啊”独立于句外，可以表示喜悦、赞叹、惊疑、醒悟等感情色彩。作为语气词，“啊”附着在句尾，可以表示祈使、疑问、感叹等语气。用在句尾的语气词“啊”，因为受前面一个音节末尾音素的影响，常常发生同化、增音等音变现象。这种变化都是在 a 前增加一个音素，其变化规律如表 3-2 所示。

表 3-2　“啊”的音变规律表

“啊”前面音节的韵母	“啊”前面音节末尾的音素	“啊”的音变	汉字写法
a ia ua o e üe	a o e ê	ya	呀
i ai uai ei uei ü	i ü		
u ou iou ao iao	u o	wa	哇
an ian uan üan en in uen ün	n	na	哪
ang iang uang eng ing ueng ong iong	ng	nga	啊
zi ci si	-i[ɿ]	za	啊
zhi chi shi ri	-i[ʅ]	ra	

（1）当“啊”前一个音节末尾的音素是 a、o、e、ê、i、ü 时，读 ya，写成“呀”。例如：

原来是他呀！那是我呀！今天好热呀！让人心情愉悦呀！真雄伟呀！快来呀！快点写呀！明天有雨呀！

（2）当“啊”前一个音节末尾的音素是 u、o，或前一个音节的韵母是 ao、iao 时，“啊”读作 wa，写成“哇”。例如：

我不哇！你在哪里住哇？他真是个多面手哇！有没有哇？他发烧哇！你好哇！她手多巧哇！

（3）当“啊”前一个音节末尾的音素是 n 时，读 na，写成“哪”。例如：

多鲜艳哪！真慢哪！小心哪！多好的人哪！

（4）当“啊”前一个音节末尾的音素是 ng 时，读成 nga，仍写成“啊”。例如：

高声唱啊！不行啊！这样成不成啊？认真听啊！

（5）当前面的音节是 zi ci si，末尾音素是-i[ɿ] 时，读成 za，仍写成“啊”。例如：

这样小的字啊！你去过开封几次啊？不能太自私啊！

（6）当“啊”前一个音节是 zhi、chi、shi、ri，末尾的音素是-i[ʅ] 时，读成 ra，仍写成“啊”。例如：

多好的同志啊！赶快吃啊！是啊！还有几日啊！

四、儿化

卷舌韵母 er 在普通话里是一个比较特殊的单韵母，它不与声母相拼，可以自成音节。以 er 自成音节的字很少，常用的只有“儿、尔、二”等几个。此外，er 常附在其他音节的韵母之后，使这个韵母发生变化，成为一个带卷舌动作的韵母，这就是“儿化”现象。“儿化”后的韵母叫“儿化韵”。儿化韵的“儿”不是一个单独的音节，而是在一个音节末尾音上附加的卷舌动作，使那个音节因儿化而发生音变。如“花儿”，就是在发韵母 ua 的同时，在 a 的基础上加上一个卷舌动作而发出来的音。从这里可以看出，儿化的基本性质就是卷舌。儿化音节虽然用两个汉字表示，但并不是两个音节，读的时候仍要念成一个音节，拼写的时候在原来韵母的后面加一个 r，如“花儿”写成 huār。

（一）儿化的作用

儿化并不是纯粹的语音现象，它跟语汇意义和语法意义都有密切关系，可以使汉语在表达上更加严密精确，有区别词义、词性和表示感情色彩等作用。

1. 区别词义。例如：

头（脑袋）—— 头儿（领头的）

眼（眼睛）—— 眼儿（小孔）

信（信件）—— 信儿（信息）

2. 区别词性。例如：

尖（形容词）——尖儿（名词）

活（形容词）——活儿（名词）

画（动词）——画儿（名词）

零碎（形容词）——零碎儿（名词）

3. 表示感情色彩

表示细小、轻微。例如：一点儿、小棍儿、小石子儿、纸条儿、树枝儿、药丸儿。

表示喜爱、亲切。例如：小孩儿、小猫儿、小脸蛋儿、红花儿、老头儿、花手绢儿。

（二）儿化的音变规律

普通话除 ê、er 韵母外，其余韵母均可以儿化，其规律如下：

1. 加 r 在韵母后加一个卷舌动作。音节末尾是 a、o、e 、u 的，加 r，韵母不变

例如：花儿、山坡儿、大个儿、眼珠儿、油画儿、没错儿、牙刷儿、人家儿、小狗儿。

韵母是 ai、ei、an、en 的，加 r，丢韵尾，在发主要元音的同时卷舌。

例如：小孩儿、香味儿、花篮儿、大门儿、一块儿、旁边儿。

韵尾是 ng 的，去掉鼻尾音，使前面的元音鼻化并卷舌。

例如：帮忙儿、麻绳儿、胡同儿、门缝儿、唱腔儿。

2. 加 er 韵母为 i、ü 的，加 er，使元音舌位移到中央，卷舌发音

例如：小米儿、金鱼儿、眼皮儿、有趣儿。

韵腹为 ê、 i 的，元音变为 er 。

例如：半截儿、小事儿、瓜子儿、台词儿、年三十儿。

韵母为 in、ün 的，加 er，丢韵尾。

例如：干劲儿、白云儿、脚印儿、小树林儿。

儿化的音变情况可归纳为表 3-3。

表 3-3　儿化的音变规律表

原韵或尾音	儿化	实际读音
原韵或尾音是 a、o、e、u	韵尾不变，加 er	号码儿(hàomǎr)、花儿(huār) 粉末儿(fěnmòr)、书桌儿(shūzhuōr) 草帽儿(cǎomàor)、唱歌儿(chànggēr) 小猴儿(xiǎohóur)、打球儿(dǎqiúr)
尾音是 i、n	丢 i 或 n，加 r	盖儿(gàr)、一块儿(yíkuàr)、 刀背儿(dāobèr)、心眼儿(xīnyǎr) 弯儿(wār)、花园儿(huāyuár) 窍门儿(qiàomér)
尾音是 ng	丢 ng，加 r，元音鼻化	电影儿(diànyǐr)、帮忙儿(bāngmár)
韵母是 i、ü	不变，加 er	玩意儿(wányìer)、毛驴儿(máolǘer)
韵母是-i	丢-i，加 er	树枝儿(shùzhēr)、事儿(shèr) 词儿(cér)、写字儿(zèr)
韵母是 uiinunün	丢 i 或 n，加 cr	麦穗儿(màisuèr)、干劲儿(gànjièr) 飞轮儿(fēiluér)、白云儿(báiyuér)

【拓展训练】

1. 上声变调训练。

(1)双音节连上词

[A] 矮小

[B] 把柄　靶场　把手　板斧　板眼　保姆　保守　保险　保养　堡垒　饱满
　　北纬　本领　本色　绷脸　彼此　笔法　笔者　匕首　比拟　比武　扁柏
　　表尺　补给　补角　补考　补品　补养　补语

[C] 采访　采暖　采取　采种　踩水　彩礼　草本　草草　草稿　草莽　草拟
　　草体　草写　草纸　产品　场景　场所　厂长　炒米　吵嚷　吵嘴　扯谎
　　耻辱　尺码　楚楚　处理　处女　处暑　处死　蠢蠢

[D] 打盹　打鼓　打滚　打扰　打扫　倒把　倒手　捣鬼　捣毁　导管　导体

导演　岛屿　底稿　诋毁　抵挡　典礼　典雅　碘酒　顶点　顶嘴　斗胆
抖擞　赌本　短跑　躲闪
[E] 耳语
[F] 法宝　法网　法语　砝码　反比　反悔　反感　反响　反省　仿古　匪首
粉笔　辅导　府邸　俯角　腐乳　腐朽　抚养　辅佐
[G] 改悔　改口　改写　改选　改组　赶巧　赶走　感慨　感染　感想　港口
搞鬼　给以　耿耿　梗死　梗阻　拱手　苟且　枸杞　古典　古董　古老
古朴　骨髓　谷雨　拐角　管保　管理　广场　鬼脸　果脯
[H] 海产　海岛　海底　海港　海里　海马　海米　海藻　好比　好感　好久
好手　好转　虎口　缓缓　悔改　火把　火海　火警　火腿　火种
[J] 给养　给予　甲板　假使　假死　检举　检讨　简短　剪纸　减产　减法
减免　减少　检点　俭朴　俭省　奖品　讲稿　讲解　讲理　讲演　搅扰
解体　仅仅　酒鬼　久仰　久远　举止　矩尺　卷尺
[K] 卡尺　咯血　楷体　坎坷　考场　考古　考取　拷打　可鄙　可耻　可好
可口　可巧　可取　可体　可喜　可以　恳请　口齿　口角　口紧　口水
口吻　口语　苦楚　苦胆　苦海　苦恼　苦水　傀儡　捆绑
[L] 懒散　朗朗　老板　老虎　老茧　老手　老鼠　老小　冷场　冷暖　冷水
冷眼　冷饮　理睬　理解　理想　礼品　脸谱　两可　两手　了解　凛凛
领导　领海　领口　领取　领土　笼统　鲁莽　旅馆
[M] 马脚　玛瑙　蚂蚁　美感　美好　美满　米酒　勉强　腼腆　渺小　敏感
母语　拇指
[N] 奶粉　奶水　奶嘴　脑海　脑髓　恼火　拟稿　扭转　女子　努嘴
[O] 偶尔　藕粉
[P] 跑表　跑马　跑腿　捧场　漂染　撇嘴　品种　谱表　谱曲
[Q] 启齿　乞讨　起笔　起点　起稿　遣返　抢险　抢嘴　襁褓　请柬　取巧
取舍　龋齿　曲谱　犬齿　犬马
[R] 染指　乳母　软骨
[S] 赏脸　审美　使馆　使者　矢口　始祖　手笔　手感　手巧　手软　手写
手癣　首府　甩手　爽口　爽朗　水笔　水产　水果　水火　水碱　水鸟
水肿　死板　死党　索取　索引　所属　所以　所有　锁骨
[T] 倘使　躺椅　讨好　讨巧　体检　体统　体癣　铁板　铁笔　铁饼　铁甲
铁水　铁索　铁塔　挺举　统属　统统　土产　土法　土匪　土改　土壤
吐口　腿脚
[W] 瓦解　婉转　晚场　晚点　晚景　枉法　往返　往往　萎靡　委婉　猥琐
尾骨　稳妥　武打　五彩　舞场　舞蹈　舞女　舞曲　五谷　侮辱　五指
[X] 洗澡　喜酒　喜雨　洗礼　洗手　洗雪　显眼　显影　险阻　想法　享有
小楷　小脑　小米　小跑　小品　小巧　小曲儿　小写　小雨　小组　写法

选本　选举　选取　选手　选种　雪耻

[Y] 哑场　演讲　掩体　眼底　眼睑　养老　仰角　仰泳　窈窕　野史　也许

以免　以往　以远　饮水　引导　引起　隐语　影响　有点　有理　有请

友好　予以　雨水　语法　远古　远景　远祖　允许

[Z] 早场　辗转　掌管　长子　诊所　整理　整体　咫尺　纸板

(2)双音节变换

①阴平＋阴平　青春　交通　标兵　歌星　安装　专心　消失　通知

②阴平＋阳平　窗帘　飞碟　安全　姻缘　征求　新年　区别　超前

③阴平＋上声　真理　邀请　工厂　标语　加法　家属　优美　英勇

④阴平＋去声　招待　亲切　书店　发动　声调　安静　猜测　商店

⑤阳平＋阴平　承包　房东　南方　鱼缸　年青　熊猫　提高　传单

⑥阳平＋阳平　园林　船员　服从　平常　流行　排球　文明　潮流

⑦阳平＋上声　防止　停止　长久　全体　田野　明显　节省　河水

⑧阳平＋去声　提倡　全面　煤气　矛盾　合计　文字　行动　严肃

⑨上声＋阴平　捕捉　两天　体温　统一　水清　远山　土堆　有风

⑩上声＋阳平　仿佛　主席　保持　取得　感觉　转移　阐明　免除

⑪上声＋上声　美好　小岛　水鸟　厂长　冷水　米粉　表演　奖赏

⑫上声＋去声　稳定　好像　主要　使用　反应　指示　赶快　软件

⑬去声＋阴平　报刊　变声　菜汤　故乡　畅销　动机　化工　快餐

⑭去声＋阳平　配合　证明　大局　对联　事实　尽职　漫谈　月球

⑮去声＋上声　地铁　地理　默写　物理　市场　政府　带领　电脑

⑯去声＋去声　梦幻　抱歉　记忆　状况　志愿　贺电　电器　浪费

(3)按照音变规律，读准下列词语中第一个音节的声调。

所以　影响　勇敢　永远　领导　引起　写作　老练

以后　怎样　想象　往事　可能　检查　解决　祖国

委员　感情　简单　老师　武装　小说　统一　指挥

(4)按照音变规律，读准下列词语的声调。

纸老虎　很友好　李厂长　冷处理　小两口　老保守

小拇指　演讲稿　古典美　选举法　勇敢者　打靶场

2."一"和"不"的变调训练。

(1)按照音变规律，念准下列词语中的"一"和"不"。

①"一"的变调

一厢情愿　一尘不染　一路平安　一窍不通

一丝不苟　一鼓作气　一唱一和　一模一样

一往无前　一尘不染　始终如一　一去不复返

一帆风顺　一举两得　一蹴而就　一鸣惊人

②“不”的变调

不骄不躁　　不即不离　　不三不四

不期而遇　　不近人情　　不同凡响

不屈不挠　　不折不扣　　不声不响

不耻下问　　不甘示弱　　不动声色

(2)按照音变规律，念准下列句子中的“一”和“不”。

一心一意

干什么工作都要一心一意，表里如一，言行一致，埋头苦干。情绪不能一高二低，一好一坏，一落千丈，一蹶不振。

一个老僧一本经，一句一行念得清，不是老僧爱念经，不会念经当不了僧。

一帆一桨一渔舟，一个渔翁一吊钩，一俯一仰一场笑，一江明月一江秋。

(3)按照音变规律，读准下面绕口令的声调。

三个人摘李摘栗摘梨一齐出大力

一二三，三二一，一二三四五六七，
七六五四三二一。
一个姑娘来摘李，一个小孩儿来摘栗，
一个小伙儿来摘梨，三个人一齐出大力。
收完李子、栗子、梨，一起拉到市上去赶集。

布换萝卜和红薯

一尺布换六斤萝卜，
一尺布换四斤红薯。
一斤红薯换二斤萝卜，
六斤萝卜换三斤红薯，
布换红薯，布换萝卜，
不如布换红薯再换萝卜。

担糕点打破蛋

扁担一担糕点，
头顶一箩鸡蛋，
手拿一床被单，
走进一家旅店，
头歪一点打破蛋，
弄脏了糕点、被单和旅店。

长尺子

一把长尺子，一把短尺子。
长尺子一米十四，

短尺子四米一十。
四米一十的短尺子比一米十四的长尺子长，
一米十四的长尺子比四米一十的短尺子短。

3. 轻声训练。

(1)下列各词语的后一音节都读轻声，请注意轻声音节的实际音高。

① 前字阴平(轻声读又轻又短的低调)

西瓜　妈妈　桌子　钉子　天上　肩上　香的　金的

② 前字阳平(轻声读又轻又短的中调)

棉花　婆婆　瓶子　绳子　头上　房上　甜的　银的

③ 前字上声(轻声读又轻又短的中高调，听起来近似轻短的阴平)

手巾　姥姥　本子　影子　脸上　纸上　苦的　铁的

④ 前字去声(轻声读又轻又短的最低调，听起来像是特别低降的轻短的去声)

豆腐　弟弟　扇子　燕子　地上　报上　辣的　木的

(2)读准下列带轻声音节的词语。

① 名词：眉毛　眼睛　脑袋　指甲　头发　太阳　月亮　先生

② 动词：唠叨　吩咐　动弹　打听　知道　看见　修理　打扮

③ 形容词：漂亮　活泼　凉快　干净　清楚　明白　亮堂　客气

(3)标出并念准下列文字中该念轻声的音节。

……车站上的同志以为雷锋又是趁出差的机会，在这里为大家服务，问道：“雷锋同志，春节还出差吗?”“是啊，春节你们太忙了，我来出个公差。”

车站上的同志感动地说：“你辛苦了，休息休息吧。”“做这点事累不着。”

雷锋就是这样永不停息地为人民做好事，难怪人们一见到为人民做好事的，就自然而然地想起了雷锋。

(4)按照音变规律，读准下面绕口令的声调。

红孩子和黄孩子换鞋子

红孩子穿双黄鞋子，
黄孩子穿双红鞋子。
红孩子用黄鞋子换黄孩子的红鞋子，
黄孩子用红鞋子换红孩子的黄鞋子。
红孩子穿上了红鞋子，
黄孩子穿上了黄鞋子。
红孩子和黄孩子，
换过鞋子乐滋滋。

瘸子挑紫茄子别大橛子

东边过来个瘸子，
担着一挑紫茄子；

西边过来个瘸子，
腰里别个大橛子。
别木橛子那个瘸子要吃担紫茄子那个瘸子的茄子，
担紫茄子那个瘸子不叫腰里别木橛子那个瘸子吃他的紫茄子。
也不知腰里别木橛子那个瘸子吃着吃不着担紫茄子那个瘸子的紫茄子。

傅姑姑胡叔叔种红萝卜和白萝卜

前街有个傅姑姑，后街有个胡叔叔，
一起地里种萝卜，傅姑姑会种白萝卜不会种红萝卜，
胡叔叔会种红萝卜不会种白萝卜。
傅姑姑教会胡叔叔种白萝卜，
胡叔叔教会傅姑姑种红萝卜。
红萝卜、白萝卜、白萝卜、红萝卜，
傅姑姑、胡叔叔、胡叔叔、傅姑姑，
互帮互学学会了种红萝卜和白萝卜。

日头、石头、舌头和塞头

天上有日头，地下有石头，
嘴里有舌头，瓶口有塞头。
天上是日头不是石头，地下是石头不是日头，
嘴里是舌头不是塞头，瓶口是塞头不是舌头。

4.“啊”的变调训练。

(1)按照音变规律，读准下面这两段话的声调。

·我三叔哇、三婶儿啊，合办了个畜牧场啊，养马呀，养牛哇，养羊啊，养猪哇；还养鹅呀、鸭呀、鸡呀、兔哇、狗哇。我三叔哇、三婶儿啊，他们还承包了动物园哪，什么狮啊、虎哇、豹哇、狼啊、熊啊、猴哇，纷纷从各地引进哪。搞假山哪，让猴儿们哪，在山上爬呀、跳哇、玩哪；建水池啊，让狮啊、虎哇、豹哇、狼啊、熊啊，天天有澡洗呀。我三叔哇、三婶儿啊，他们除了合办畜牧场啊，承包动物园哪，还有其他心思啊，那就是招人才呀，办公司啊。什么工程师啊、会计师啊、厨师啊、律师啊、主管哪、保安哪，他们全需要哇。啊！我也要去应聘哪。我是个能人哪，什么设计呀、画图哇、新品哪、市场啊，我全懂啊！只是不知三叔哇、三婶儿啊，他们会不会收下我这个侄儿啊！

·漓江的水真静啊，漓江的水真清啊，漓江的水真绿啊，漓江的水真美啊！

桂林的山真奇啊，桂林的山真秀啊，桂林的山真险啊，桂林的山真直啊！

(2)按照音变规律，把下列短句末尾的语气词“啊”念准，在括号里填上适当的汉字。

这里的风景多美(　　)！

快来瞧(　　)!
真是一个硬骨头(　　)!
真不愧为英雄(　　)!
到底去不去(　　)?
这是什么(　　)?
无尽的思念(　　)!
你真行(　　)!
打开电视(　　)!
这是他写的字(　　)!
真糟糕(　　)!
年轻的朋友们(　　)!

(3)按照音变规律，读准下面绕口令的声调。

鸡鸭猫狗

鸡啊、鸭啊、猫啊、狗啊，一块儿在水里游啊!
牛啊、羊啊、马啊、骡啊，一块儿进鸡窝啊!
狼啊、虎啊、鹿啊、豹啊，一块儿在街道跑啊!
兔儿啊、鼠儿啊、虫儿啊、鸟儿啊，一块儿上窗台儿啊!

5. 儿化音训练。

(1)练读下列儿化词

豆芽儿	开花儿	山坡儿	锯末儿	小车儿	被窝儿	小刀儿	小鸟儿	小猴儿
短袖儿	锅盖儿	一块儿	竹竿儿	笔尖儿	小船儿	烟圈儿	脚印儿	没劲儿
小鸡儿	小鱼儿	瓜子儿	树枝儿	药方儿	天窗儿	小虫儿	没空儿	小熊儿
打铃儿	一会儿	小孩儿	鲜花儿	一块儿	玩意儿	大个儿	大伙儿	差点儿
嗓门儿	聊天儿	像样儿	好好儿	这儿	今儿			

(2)儿化韵朗读练习

平板儿车，三个轮儿，上边坐个大忙人儿。又吹管儿，又吹笛儿，呼啦围上一圈儿人儿。大忙人儿，大嗓门儿，手指杂货来了词儿：花露水儿、连衣裙儿、面盆儿、拐棍儿、竹凉席儿，日用百货样样有，还有鲜花儿小金鱼儿。

进了门儿，倒杯水儿，喝了两口儿运运气儿，顺手儿拿起小唱本儿，唱一曲儿，又一曲儿，练完嗓子练嘴皮儿，绕口令儿，练字音儿，还有快板儿对口词儿，越说越唱越带劲儿。

小哥儿俩

小哥儿俩，红脸蛋儿，手拉手儿，一块儿玩儿。
小哥儿俩，一个班儿，一路上学唱着歌儿。
学造句儿，一串儿串儿，唱新歌儿，一段儿段儿。
学画画儿，不贪玩儿。画小猫儿，钻圆圈儿，

画小狗儿，蹲庙台儿，画只小鸡儿吃小米儿，
画条小鱼儿吐水泡儿。小哥儿俩，对脾气儿，
上学念书不费劲儿，真是父母的好宝贝儿

高高山上一座庙

高高山上一座小庙儿，
里头坐着个神道儿，
头上戴顶罗帽儿，
身上穿件外套儿，
两个小鬼喝道儿，
四个小鬼抬着藤轿儿，
出了门一绕儿，
出巡回来归庙儿。

白胡子老头儿拄白棒

打南边来了个白胡子老头儿，
手拄着崩白的白棒拐棍儿。

大个儿上小市儿

大个儿大个儿上小市儿，
买个烟袋不通气儿，
到家一看是秤杆儿，
捅吧捅吧就通气儿。

小范儿边编蒜辫儿边盘算儿

小范儿编蒜辫儿，边编蒜辫儿边盘算儿，
编半辫儿蒜，比编一辫儿蒜少半辫儿，
编一辫儿蒜比编半辫儿蒜多半辫儿。
小范边编蒜辫儿边盘算儿，
编了一辫儿又一辫儿。

进阶模块

项目一

认识口才及其重要性

【导入案例】

有一次，英国作家狄更斯跑到河边偷偷钓鱼，突然，一个陌生人走到他面前问："怎么？你在钓鱼？"狄更斯不加思索地说："是啊！今天真倒霉，钓了半天，一条也没有钓到；而昨天也是在这个地方，却钓到了十五条大鱼哩！"陌生人说："是吗？你昨天钓得很多啊！"接着他又说："你知道我是谁吗？我是这河川专门抓偷钓鱼的，很抱歉，这河川禁止钓鱼！"说着这陌生人拿出本子，准备要给狄更斯开立罚款单。狄更斯看到这种情景，连忙反问："那么，你知道我是谁吗？"陌生人被这一反问搞得莫名其妙，狄更斯对他说："我是作家狄更斯，你不能罚我，因为虚构故事就是我的职业。"陌生人没有办法，只好让狄更斯离去。

【案例思考】

这个故事给了我们什么样的启示？口才在日常生活中有什么作用？

任务一　认识口才

口才，是指在口语交际的过程中，表达主体运用准确、得体、生动、巧妙、有效的口语表达策略，从而达到特定的交际目的、取得圆满交际效果的口语表达的艺术和技巧。通俗地讲，口才是人们运用口头语言表情达意的才能。

"口才就是人缘，口才就是财富；口才就是力量，力量就能改变命运"，"一言可以兴邦，一言也可误国"，"一人之辩，重于九鼎之宝；三寸之舌，强于百万之师"。第二次世界大战时，西方人认为人们赖以生存和竞争的三大战略武器是原子、金钱和演说；当今，他们认为这三大战略武器是舌头、美元和电脑。

在中国，随着社会的发展、人际交往的广泛，人们越来越多地需要在各种场合发表意见、展示才华。笨嘴拙舌，言不达意，会让你坐失良机；用语精当，善于辞令，会使你赢得主动，左右逢源。在校园生活中，同学之间因言语不当造成误解、矛盾，甚至引发激烈冲突的事件时有发生。社会越文明，人际交流越频繁，口才也就越显示出它的重要作用。每一个行业，每一个领域，小到个人对话交流，大到商务谈判乃至国家民族形象的塑造，无不体现口才的作用和意义。

在“双向选择”的用人制度下，无论何种职业都要求一个人具有较强的口头表达能力，尤其是诸如教师、律师、播音员、主持人、导游、公关、推销等行业，对口才的要求更高。交际能力、表达能力、文化修养是衡量现代人基本素质的重要依据和标准。在社会生活中，拥有出众的口才，才可能成就一番事业。为了适应时代的需要，无论哪个专业的大学生，都应该提高口语表达和交际能力。

任务二　口才的衡量标准

口才的内涵就是口语表达的内容，如果没有口语表达，口才也就无从谈起；口语表达能力强弱就是口才水平高低的体现。锻炼口才、培养口才就是锻炼口语表达的技巧，培养出众的口语表达能力。口才是高层次的口语表达，是一个人德、学、才、识的综合体现，更是素质、知识与能力的集中反映。要具备谈吐自如、能言善辩的才能，就要具有良好的心理素质、高尚的道德修养、较高的文化素质和过硬的口语表达技巧等。宋代诗人陆游说：“汝果欲学诗，工夫在诗外。”这个道理同样适用于口才的学习和培养。那么怎样才算是好口才呢？培养口才从哪些方面努力呢？

1. 标准发音与得体的表达

在我们的工作和生活中，很难设想，一个说话吞吞吐吐、含含糊糊，或是操着满口乡音，让别人不知所云的人，会与人有透彻的交流，会给人以良好的印象。所以要想拥有令人羡慕的口才，就必须从基础做起——学好普通话。准确的发音、清晰的吐字、动听的语调是有教养的标志，也是口才的基础因素。

得体的表达是好口才的标志。人类有民族、地位、性别、年龄、经历、职业、职务、文化程度等各种差异，说者与听者双方还关涉到亲疏远近、上下左右等各种关系，同时也存在着表达场合的不同和语境气氛的差异。因此，口语表达得体，就是指说话要看对象、看身份、看场合，要适合语境。对什么人说什么话，该多说时精说、巧说，不该多说时少说、不说，要把握时机，灵活善变；言语和谐，语气适宜；达意得体，富有魅力；把话说得让人愿听、爱听，让人感到动听。

2. 较强的思维能力

在现实生活中，我们发现有些人具有良好的发音条件，也有一定的学识，但口语表达却不尽如人意：或讲话内容条理不清、杂乱无章、主次不分、详略不当，或堆砌术语、咬文嚼字、枯燥无味，或追求新奇深奥、故作深沉，让人如坠云雾。造成这种现象的原因是思维与组织能力较差。因此，在口才训练中我们应该做到：

一是思维迅捷。要求表达者在短时间内想清楚说什么、怎么说。想提高自己的思维迅捷度，要做到在课堂上积极踊跃发言，在老师的讲授中多运用逆向思维、发散思维和创造思维；另外要勤记笔记，善于积累。二是讲究条理与逻辑。就是在口语表达前首先要将想说的内容，分清主次、详略，安排好顺序，然后紧密围绕表达的中心，按照一定的逻辑关系表达出来，让信息受众明白你说话的意图。

3. 丰厚的知识积累

朱熹说："问渠哪得清如许，为有源头活水来。"人们口若悬河，谈笑风生，都是以学识渊博和阅历丰富为基础。只有具有丰富的文化底蕴，才能说出内容丰富、生动感人的话来。

在现实生活中，谈判、论辩、演讲等离不开丰富的知识，就是日常谈话，也需要渊博的知识。有些人讲话并没有什么大的、惊人的主题，但却让人听得饶有兴味，其原因就在于话中融入了大量的知识，上至天文，下至地理，古今中外、典章制度、乡土人情、风俗习惯、历史典故、逸闻趣事、琴棋书画、诗词歌赋、经佛神怪，都成为谈资。知识丰富的人，可以使用一个引语，一个典故，一个形象化的比喻，把抽象的道理说得具体、透彻；而知识贫乏的人，只能就事论事，表达的内容自然就单调、呆板。

对知识进行消化训练，固然能收到一定的成效，但渊博的知识、较高的文化更多来自于日积月累。古语云："云厚者，雨必猛；弓劲者，箭必远。"所以渴望提高口才水平者，必须养成积累知识的习惯，使自己对古今中外、天文地理、语言文学、物理化学、三教九流，无所不知，无所不晓。这样才能做到出口成章，妙语连珠，能言善辩。

4. 良好的心理素质

良好的心理素质是提高说话能力的重要保证。交谈者如有恐惧、羞涩心理，一定不敢酣畅淋漓地表达思想；有自卑、悲观心理，必定不能充满信心地参与口语交际；有妒嫉、猜忌心理，肯定不会坦诚地与人交谈。所以要克服心理障碍，具备良好的心理素质。

自信是人们口语表达中应具备的基本心理素质，是口语交际获得成功的前提条件；是人们对自我认识感到满意的心理倾向，更是口语交际必备的心理素质。一个人充满自信，口语表达才能洒脱、大方，产生一种不知不觉中感染人的魅力；而丧失信心，会使人显得窘迫、胆怯，不能充分发挥水平。有的同学平时与知己朋友聊天，主题源源不断，越说越有劲，经常能说出让人大笑或感兴趣的事，可谓相当会说话，但一到陌生人面前，或到公众场合，便会无地自容、不知所措，出现心率加快、血压升高、口干舌燥、喉头发紧、声音打战、四肢僵硬、肌肉抽搐、头痛晕眩等生理反应，这就是怯场。如在演讲活动中，要克服怯场，确立自信，可以采用以下方法。

一是临场心理稳定法：提前进入教室或会场，熟悉环境；熟悉听众，同听众交流，消除陌生感；做几次深呼吸，缓解紧张情绪；慢慢喝水，慢慢咽下，稳定情绪；专心致志，排除干扰，考虑要讲的内容；上台后不要急于开口，扫视会场，待静场后再开始演讲。

二是自我暗示法：其一，把听众当作朋友或客人；其二，脑子里要经常清楚再现成功的情景；其三，直接暗示，在参加演讲前，先对着镜子修饰一下自己的容貌，然后自信地端详着自己的形象，大声地说几遍：“我今天一定会成功!”然后精神焕发地走出去参加演讲。

三是不断实践，积累经验：多参加讲故事、朗诵、演讲、表演等语言实践活动，增强耐挫能力，逐渐树立自信。

5. 高尚的道德修养

道德修养实际上是一个人对待事物的态度和感情，它反映了人们对客观事物的认识正确与否，深刻还是肤浅，全面还是片面；它决定着说话者谈论问题的方法、角度和水准，也影响说话者的风格、姿态、神情。常言道：“话如其人，言为心声。”这说明一个人的道德观念和思想品质乃至情感、倾向、兴趣、爱好、审美情趣等对口语表达有很大影响。“一言而知贤愚”，从一个人的说话就能看出一个人的内心世界，即使是随意性的闲聊，也能展露说话者的性格、个性、思想、品质。一个政治品德、伦理道德差的人，就不可能说出爱祖国、爱人民，乃至对丑恶现象疾恶如仇的话；持极端个人主义观点的人，不可能真诚地说出关心集体、体贴别人的话，即使有时说出冠冕堂皇的话，也是言不由衷，并非出自真心；满口污言秽语的人不会有美好的心灵和高尚的情操。所以，要想说出令人信服、高水平的话，就要加强自身的道德情操修养，要做高尚的人。

任务三　口才的训练方法

口才并不是一种天赋的才能，它是靠刻苦训练得来的。古今中外历史上一切口若悬河、能言善辩的演讲家、雄辩家，无一不是靠刻苦训练才获得成功的。练口才不仅要刻苦，还要掌握一定的方法，这样才能事半功倍。当然，根据每个人的年龄、学识、所处环境等不同，练口才的方法也会有所差异，但只要选择最适合自己的方法，加上持之以恒的刻苦训练，那么一个人的口语表达能力就一定会提高。

我们在此介绍几种符合同学们特点的简单、易行、高效的口才训练方法。

(1)速读法。这种训练方法的目的，是锻炼人口齿伶俐，语音准确，吐字清晰。开始朗读的时候速度较慢，逐次加快，一次比一次读得快，最后达到你所能达到的最快速度。读的过程中不要有停顿，发音要准确，吐字要清晰，要尽量把每个字音都完整地发出来。可以用录音机把你的速读录下来，然后自己听一听，从中找出不足，进行改进。

(2)背诵法。目的有两个，一是培养记忆能力，二是培养口头表达能力。记忆是训练口才必不可少的一种素质。“诵”也就是我们常说的“朗诵”。它要求在准确把握文章内容的基础上进行声情并茂地表达。背诵法的着眼点在“准”上。也就是你背的演讲词或文章一定要准确，不能有遗漏或错误的地方，而且在吐字、发音上也一定要准确无误。

(3)复述法。就是把别人的话重复地叙述一遍。这种训练方法的目的在于锻炼人的记忆力、反应力和语言的连贯性。以复述法锻炼口才，应逐次提高要求。第一次复述时，只要能把基本情节复述出来就可以；第二次复述时，要求不仅仅是复述情节，而且还能复述一定的人物语言或描写语言；第三次复述时，应基本准确地复述出人物的语言和基本的描写语言。进行这种练习时，最好能根据自己的实际情况和所选文章的情况设定一个具体的要求。例如一段共有10句话的文章，第一次复述时就要把基本情节复述出来，并能把几个关键的句子复述出来；第二次就应该能复述出5～7个句子；第三次就应该能复述8～10个句子。当然，速度进展得越快，说明你的语言连贯性和记忆力越强。开始练习时，最好选择句子较短、内容活泼的材料进行，以便于把握、记忆、复述。随着训练的深入，可以逐渐选一些句子较长、情节少的材料进行练习。这样由易到难，循序渐进，效果会更好。

(4)模仿法。演讲是一门综合艺术，要真正掌握这门艺术，并非易事，需要掌握很多方面的技巧，诸如发音的字正腔圆、吐字归音，形体的动作、面部表情和仪表礼节，控场、应变的方法，即兴说话的诀窍，论辩的艺术，对话的妙法等，因此要多听别人演讲，多听别人说话，随时模仿。我们每天都听广播，看电视、电影，那么就可以随时跟着播音员、演播员、演员进行模仿，注意他的声音、语调，他的神态、动作，边听边模仿，边看边模仿，天长日久，我们的口语能力就得到了提高。多看演讲，特别是看演讲高手风度潇洒、动作优雅、举止得体、表情丰富的演讲，是一种美的享受、艺术的熏陶；多看一些名人的演讲录像，多看一些电视谈话节目和电视辩论赛，能增强对演讲的感性认识，提高对演讲态势语言技巧运用的理解，并从中感悟出演讲的要谛和精义。

(5)讲故事法。因为故事里面既有独白，又有人物对话，还有描述性的语言、叙述性的语言，所以讲故事可以训练人的多种口语能力，也是练口才的一种好方法。讲故事法要达到的目标是锻炼演讲者最大胆地发言，最大声地说话，最流畅地演讲。

首先，分析故事中的人物关系和性格特征。其次，掌握故事的语言特点：口语性、个性化。所以当拿到一则材料的时候，不要马上就开始练习讲，而要先把材料改造一下，改成适合自己讲的故事。再次，反复练讲，通过反复练讲达到对内容的熟悉。最后，使自己的感情与故事中人物的感情相融合，做到惟妙惟肖地表现人物性格，语言生动形象。

需注意的是，要边练边讲，自己设计的表情、动作，要与所讲述的内容相一致。不要照本宣读，要用自己的语言去讲，那样才能生动、形象。

(6)描述法。就是把你看到的景、事、物、人用描述性的语言表达出来。一个人无论是演讲、说话还是论辩，都需要有较强的组织语言的能力，没有这种能力也就不可能口若悬河，组织语言的能力是口语表达能力的一项基本功。

描述法的方法：①要对描述的对象进行观察。以描述的对象是“秋天的小湖边”为例，首先要把握其自身的特征，如大小、形状、颜色、深浅等；其次要捕捉周围的环境，如建筑、植被、人流多少、花鸟虫鱼等。只有有了这种观察，描述才有基础。②

第二步才是描述本身。描述时一定要抓住景物的特点，要有顺序地进行描述。

描述法的要求：抓住特点进行描述，语言要清楚、明白，有一定的文采。描述时千万不要成流水账，平平淡淡，一定要用描述性的语言，尽量生动、活泼些，要有一定顺序，不要东一句、西一句。描述时允许有联想与想象。例如，观察到秋天的湖边有一位白发苍苍的老爷爷，孤独地坐在斑驳的树荫下，可就此展开联想，如想到自己的爷爷，或想到这个老人的生活晚景，或想到“夕阳无限好，只是近黄昏”这个诗句……在描述时，可以把这一切都加进去，使描述更充实、生动。

(7)角色扮演法。就是要我们学演员那样去演戏，在语言、表情上扮演作品中出现的不同人物。这种训练法“演”的成分很重，它有别于对朗诵的要求。它不仅要求声音洪亮，感情充沛，停顿得当；还要求能绘声绘色、惟妙惟肖地把人物的性格表现出来，而且要配有一定的动作和表情。

【拓展训练】

1. 谈谈普通话与口才的关系。要想有一副好口才，必须具备哪几个方面的素质?

2. 按照下面的方法，进行日常训练。

(1) 积极心态训练

① 自我暗示：每天清晨默念10遍“我一定要最大胆地发言，我一定要最大声地说话，我一定要最流畅地演讲。我一定行！今天一定是幸福快乐的一天!”(平常也自我暗示，默念或写出来，至少10遍)

② 想象训练：至少用5分钟想象自己在公众场合成功地演讲，想象自己能成功。

③ 至少用5分钟在镜子前学习微笑，展示自己的手势及形态。

(2) 口才锻炼

① 每天至少与5个人有意识地交流思想。

② 每天大声朗读或朗诵至少10分钟。

③ 每天训练自己“三分钟演讲”一次或“三分钟默讲”一次。

④ 每天给亲人、同事至少讲一个故事或完整叙述一件事情。

⑤ 注意讲话时的一些技巧：

A. 讲话前，深吸一口气，平静心情，面带微笑，与观众眼神交流一遍后，开始讲话。

B. 勇敢地讲出第一句话，声音大一点，速度慢一点，说短句，语句中间不打岔。

C. 当发现紧张卡壳时，停下来有意识地深吸口气，然后随着吐气讲出来。

D. 如果表现不好，自我安慰：“刚才怎么又紧张了？没关系，继续平稳地讲”；同时，用感觉和行动上的自信战胜恐惧。

E. 紧张时，可以进行放松练习，深呼吸，或尽力握紧拳头，又迅速放松，连续10次。

(3) 辅助锻炼

① 每天至少用20分钟阅读励志书籍或口才书籍，培养自己的积极心态，学习一些

技巧。

② 每天放声大笑10次，乐观面对生活，放松情绪；抬头挺胸走路，充满朝气。

③ 训练接受他人的视线、目光，培养自信和观察能力。

④ 培养微笑的习惯，要笑得灿烂、笑得真诚，锻炼亲和力。

⑤ 学会检讨，每天总结得与失，写心得体会；每周要全面总结成效及不足，并确定下周的目标。

3. 复述训练。

(1)下面是赵树理小说《李有才板话》中的一小段。如果这位老杨同志“事后”对别人讲述这一段经历，该怎么说呢？

过了阴历八月十五日，正是收秋时候，县农会主席老杨同志，被分配到第六区来检查督促“秋收工作”。老杨同志叫区农会给他介绍一个比较进步的村，区农会常听章工作员说阎家山是模范村，就把他介绍到阎家山去。

老杨同志吃了早饭起程，天不晌午就到了阎家山。他一进公所，正遇着广聚跟小元下棋。他两个因为一步棋争起来，就没有看见老杨同志进去。老杨同志等了一会，还没有人跟他答话，他就在这争吵中间道：“哪一位是村长？”广聚跟小元抬头一看，见他头上箍着块白手巾，白小布衫深蓝裤，脚上穿着半旧的硬鞋至少也有二斤半重。从这服装上看，村长广聚以为他是哪村派来的送信的，就懒洋洋地问道：“哪村来的？”老杨同志答道：“县里！”广聚仍问道：“到这里干什么？”小元棋快输了，在一边催道：“快走棋吗！”老杨同志有些不耐烦，便道：“你们忙得很！等一会闲了再说吧！”说了把背包往阶台上一丢。坐在上面休息。广聚见他的话头有点不对，也就停住了棋，凑过来答话。老杨同志也看出他是村长，却又故意问了一句“村长哪里去了？”他红着脸答过话，老杨同志才把介绍信给他，信上写的是：兹有县农会杨主席，前往阎家山检查督促秋收工作，请予接洽是荷……

(2)复述下面的小故事。

邹忌讽齐王纳谏(译文)

邹忌身高八尺多，容貌美丽。有天早晨，他穿戴好衣帽，照着镜子，对他的妻子说：“我同城北徐公比，哪个更美？”他妻子说：“您美极了，徐公怎能比得上您呢？”城北的徐公，是齐国的美男子。邹忌不相信自己会比徐公美，就又问他的妾：“我同徐公比，谁美？”妾说：“徐公怎么能比得上您呀？”第二天，有客人从外边来，邹忌同他坐着谈话，又问他：“我和徐公谁美？”客人说：“徐公不如您美。”又过了一天，徐公来了，邹忌仔细端详他，自己觉得不如徐公美丽；再照镜子看看自己，更觉得远远不如。晚上躺着想这件事，说：“我妻子认为我美，是偏爱我；妾认为我美，是害怕我；客人认为我美，是想有求于我。”

于是上朝拜见齐威王，说：“我确实知道自己不如徐公美。我的妻子偏爱我，我的妾害怕我，我的客人有求于我，他们都认为我比徐公漂亮。如今齐国有方圆千里的疆土，一百二十座城池，宫中的嫔妃和身边的亲信，没有不偏爱您的；朝中的大臣没有不害怕您的；全国的老百姓没有不有求于您的。由此看来，大王您受蒙蔽很深啦！”

齐威王说："好！"就下了命令："所有的大臣、官吏、百姓能够当面指责我的过错的，可得上等奖赏；上书劝谏我的，可得中等奖赏；在公共场所批评议论我的过失、传到我耳朵里的，可得下等奖赏。"命令刚下达，群臣都来进谏，门前、院内像集市一样；几个月以后，还偶尔有人来进谏；一年以后，就是想进谏，也没什么可说的了。

燕、赵、韩、魏等国听到这种情况，都到齐国来朝见。这就是人们所说的在朝廷上战胜敌国。

(3)阅读下面的小故事，按要求的角度复述。

齐宣王爱好射箭，他喜欢听别人说他不论多强硬的弓都能够拉开。其实，齐宣王自己拉的弓，拉开时所用的力气还不到三石。他射箭时，常常向身边的大臣们表演拉弓。他身边的近臣们为了奉承自己的国君，一个个都是先拿起宣王的弓，站好姿势，故意拉起来试试。这些近臣在试弓时有意地做出很认真的神情，装出拼命地使出全身之力的样子：闭住嘴，鼓满两腮帮，将眼睛瞪得大大的，一眨不眨地站在那里，再慢慢地将弓拉到半满时故意停一下子就松开手。他们都说统一调子的话："这张弓好厉害！真是强劲极了。如果没有九石的力气是别想将它拉开的。""那还用说，这么强的弓，除了大王您以外，是没有人能够拉开的。""世界上像大王这样能拉这么强硬的弓的人是很少有的。"……听了这些特别顺耳中听的话后，齐宣王的心里感到特别舒服。这样，齐宣王所拉的弓虽然只需用不超过三石的力，但是他一辈子都认为他拉的弓，没有使出九石的力是拉不开的。齐宣王只喜欢虚名，却不知道他的实际的力量究竟有多大。

①从"喜好虚名其实是在害自己"的角度复述。

②从"阿谀奉承害人不浅"的角度复述。

③从"上有所好，下必趋焉"的角度复述。

项目二

诵读口才训练

【导入案例】

美国前总统林肯为了练口才，徒步30英里，到一个法院去听律师们的辩护词，看他们如何论辩，如何做手势，他一边倾听，一边模仿。他听到那些云游八方的福音传教士挥舞手臂、声震长空的布道，回来后也学他们的样子。他曾对着树、树桩、成行的玉米练习口才。日本前首相田中角荣，少年时曾患有口吃病，但他不被困难所吓倒。为了克服口吃，练就口才，他常常朗诵、慢读课文，为了准确发音，他对着镜子纠正嘴和舌根的部位，严肃认真，一丝不苟。我国著名的数学家华罗庚，不仅有超群的数学才华，而且也是一位不可多得的“辩才”。他从小就注意培养自己的口才，学习普通话，他还背了唐诗四五百首，以此来锻炼自己的“口舌”。

【案例思考】

他们的故事给了我们什么样的启示？文学作品的朗读和朗诵对训练口才有什么作用呢？

任务一　认识朗读与朗诵

诵读指的是朗读和朗诵。经常进行朗读和朗诵活动不仅可以练普通话，而且对口才的养成也是一种有力的促进。经常进行这方面的训练，你的口语表达就会在优美作品的潜移默化中得到提升。

一、朗读

（一）朗读的意义

朗读，就是响亮、清晰、有感情地念文章。它是把书面语言变为富有表现力和感染力的有声语言的一种再创造。朗读是口才训练的基础，口才训练应重视朗读训练。

朗读的材料可以是各种文体，所以朗读的应用范围很广，有很大的实用价值。如课堂教学、电视广播、大会发言以及许多宣传活动都要用到它。通过朗读训练，不仅能培养学生的口头表达能力，同时还可以把学生带入作品的意境，使学生更深刻地体会作品的思想内容，从中汲取营养，丰富词汇，积累写作经验，帮助学生提高写作水平及艺术感悟能力。

（二）朗读的要求

1. 分析作品，明确目的

要想通过朗读把作品的思想内容充分地表达出来，就必须先对作品进行认真的分析和深入的感受，理解创作意图和作品的主题、结构，确定作品的基调，弄清作品语言的特色，把握作品的艺术风格。另外，朗读者要清楚为何要朗读这个作品，为谁朗读？明确朗读目的，这样才能使自己受到强烈的感染和激励，产生迫切的再创造欲望，才有可能运用各种朗读技巧，把作品的思想和艺术风格充分表现出来。如《诗经·蒹葭》，全诗描绘了一位痴情男子在一个萧瑟的深秋早晨踏着白霜苦苦寻觅心上人的情景，笼罩着一种执着缠绵而又略带伤感的氛围。这种氛围就是全诗的感情格调，抓住了这一点来朗读，诗歌的思想感情就出来了。

2. 语言规范，语句流畅

朗读不仅要用普通话，还要注意语句流畅，做到无错字、无掉字、无添字、不颠倒、不中断、不重复等。朗读的声音不要忽高忽低，应当恰当控制音量。要体会文章的题材和体裁特点，根据表达的需要，把握朗读语言的高低、轻重、强弱、快慢的变化，使朗读和谐适度，让听者有“如沐春风”的感受。

3. 讲究表达，声情并茂

朗读不同于简单地念书，它是用富有艺术感染力的声音，对作品进行艺术再创造。朗读最忌讳“念字式、念经式、八股式、演戏式、固定式”。所以，朗读必须讲究有声语言的表达技巧，如语调的起伏、轻重音的配合、速度的变化、语气的运用、节奏与停顿的处理，等等。只有掌握了这些基本的语言技巧，并根据内容表达的需要，恰到好处地去运用它们，朗读才能声情并茂，取得成功。

二、朗诵

（一）朗诵的特点

朗诵是以准确、生动、感情充沛的有声语言为主，并借助态势语言的作用来创造性地再现作品艺术形象，使听众理解、感动并产生强烈共鸣的一种语言表演艺术。

朗读和朗诵既有区别又有联系。朗读是朗诵的基础。它们都是把文学作品转换成有声语言的一个再创作过程。两者在有声语言的表现技巧方面，要求基本一致，只是朗诵语言的感情渲染更强烈。它用语言的魅力感染听众，使听众不仅接受文学作品的内容，也得到了艺术上的享受。朗读的艺术再创造全靠有声语言，而朗诵除了有声语言的高度表现力之外，还要有表情、动作等态势语的配合。因此，朗诵者应具备一定的表演才能和熟练的语言表达技巧。此外，朗诵还可以用配乐、化妆、灯光、布景等来增强表演效果。

（二）朗诵的形式

朗诵的形式是多种多样的，常见的有以下几种：

1. 单人朗诵

一个人在舞台上或广播里朗诵，也称独诵。单人朗诵有两种形式：

自然式独诵，主要通过人物语言的语气、语调、高低、快慢来区别人物，以口气来区别叙述和议论，不注重人物声音形象的具体描绘。

表演式独诵，用声音的变化、形体的动作来区别人物、模拟人物。这种形式的朗诵绘声绘色，生动形象，有较强的吸引力，但也需要较高的技巧。

2. 双人朗诵

两个人朗诵一篇作品。可以齐诵，可以轮诵。双人朗诵的方式主要有以下几种：

(1)两人分段或分章节朗诵；

(2)一人朗诵解说部分，一人朗诵人物语言；

(3)各自朗诵不同人物的语言及有关部分。

双人朗诵的分工，要根据作品内容表达的需要与朗诵者的特点而定。这种朗诵能给观众留下鲜明清晰的印象。

3. 集体朗诵

一篇作品由几个人或更多的人共同参与朗诵。这种形式表现容量大，便于渲染气势，突出形象，区别层次，展示变化，表达复杂的内容。朗诵中可以安排齐诵、领诵、轮诵、分诵等多种形式。集体朗诵分工要注意内容之间的有机联系。领诵应由声音洪亮、朗诵水平较高的人担任，因为他要朗诵在作品中起主导作用的启领部分和关键句段。齐诵一般是表现共同的情感和愿望的部分，有时是为了造成某种宏大的气势。齐诵一定要整齐，速度可适当放慢一些，节奏的变化不宜过大，不要有长句和拗口的句子，如有，可化作短句处理。

4. 配乐朗诵

配上音乐的朗诵，可以通过音乐烘托气氛，渲染情调，加强内部连贯性，从而增强朗诵的表现力。它可以借助音乐，较快、较自然地把听众带入作品的意境中去。配乐时要根据作品的内容专门精心设计，音乐语言要与作品的思想感情一致，形成一种和谐美，这样才能增强朗诵效果。否则，借用曲子或配乐不当，就会使思想内容和音乐形成两张皮，给听众以格格不入的割裂感、干扰感，那样反而会大大影响朗诵效果。

5. 化妆朗诵

根据作品里的不同人物，让朗诵者化上妆进行表演。这很有些演话剧小品的味道，若有条件加上灯光、布景等，效果会更好。但是这种形式的朗诵要求较高，不具备一定条件最好不要轻易使用，以免弄巧成拙，影响效果。

任务二　诵读口才的技巧和方法

一、朗读、朗诵的技巧

朗读、朗诵时，为了表情达意的需要而运用的方法叫朗读、朗诵技巧。它表现在语流的停连和轻重、抑扬和明暗、快慢和松紧等表达手法上。一般来说，喜悦、激动、亢奋、紧迫等感情可用快速、重音、升调、停顿、短句、轻松的方式表现，而悲伤、思索、从容、深沉、庄严等感情可以用轻读、降调、慢速、长句、沉稳等方式表达。

准确地表情达意，让听众悦耳爽心，诵读时要求做到：第一，发音响亮；第二，双音节化；第三，升降明显；第四，停连适当；第五，轻重得体；第六，快慢得当。由于前二者是普通话中训练的内容，所以我们重点从以下几个方面训练。

(一)语气训练

语气，是由“语”和“气”合成，在演讲时它像脸上的表情一样，传达着言外之意，可增强感染力。语气不仅通过语调的高低强弱得以表现，还借助语言的明暗虚实来表现。

朗读和朗诵那些思想感情溢于言表、明快爽朗、轻松活泼的作品，多用圆润饱满的明声朗读；朗诵思想感情悲凉哀怨、沉郁凝重的作品，多用实中带虚的暗声。如：朗诵朱自清先生的《春》，应用明声；朗读恩格斯的《在马克思墓前的讲话》，应用暗声。

另外，语流声音的刚柔精细也是表达语气的重要方面。刚声适合表达豪迈、激昂的感情，柔声适合表达委婉、细腻的感情。声粗则粗狂，声细则细腻。

例如：

(1)在烈士的遗体前，一支又一支的右手缓缓举起。(悲痛的语气，应气沉声缓)

(2)深秋的清晨是寒冷的，周总理却送来了春天般的温暖。(表达爱的感情，要气徐声柔)

(3)“我要征服全世界!”(表达坚定的信心，气满声高)

(4)祖国啊(正常语气)，我亲爱的(气音)祖国(颤音)!

(5)“哭别总理心欲碎，八亿神州泪纷飞。……长夜无言，天地同悲。只见灵车去，不见总理归。”(悲恸，颤音，慢速)

训练语气变化由喜到怒，如：

扁担长，板凳宽(兴奋地)，板凳没有扁担长(愉快地)，扁担没有板凳宽(无奈地)。扁担想要绑在板凳上(烦躁地)，板凳偏不让扁担绑在板凳上(恼怒地)。

训练语气变化由褒到贬，如：

扁担长，板凳宽(赞美地)，板凳没有扁担长(愉快地)，扁担没有板凳宽(陈述地)。扁担想要绑在板凳上(否定地)，板凳偏不让扁担绑在板凳上(嘲讽地)。

（二）语调训练

语调是指在声音上表达出来的高低、轻重的变化，它和语气紧密相关。

1. 半调(→)

语流的运行状态基本平直，句尾和句首差不多在同一高度。一般用于叙述、说明性的语句以及表达平淡或压抑的感情的语句，如表白、叙述、平淡、沉着、庄重、冷漠等语气就用这种语调。如：

(1)“在我的家里，珍藏着一件白色的确良衬衫。”→——表示叙述。

(2)“在座的每一位，包括我在内，都希望得到幸福。”→——表示表白、庄重。

2. 降抑调(↘)

语流运行状态由高向低坠落，一般表现肯定或感叹、同情或恳求、坚定或果断、痛苦或愤怒、讨好或屈从等语气多用这种语调，如：

(1)“十二年过去了，那小姑娘的爸爸一定早回来了。”↘——表示坚信。

(2)“多可爱的小生灵啊！”↘——表示赞叹。

(3)“呜呼！我说不出话。”↘——表示悲愤。

(4)“祖国的四化建设取得了巨大成就，这是不容置疑的，但是，由于经验不足，也曾走过弯路，也曾出现过失误。”(这一段前边用平直调→，后半部分用降抑调↘)

3. 高升调(↗)

一般用于表现感情激扬的语句或设问句、反问句，表达号召或鼓动、疑问、怀疑、惊讶、高兴等感情时，用高升调。如：

(1)“如今建国伊始，百废待举，不正是齐先生实现多年梦想，大有作为之时吗?”↗——表示鼓动。

(2)“天哪！你怎么能这么做?”↗——表示惊讶。

(3)“让我们为美好的明天奋斗吧!”↗——表示号召。

(4)“当你对伟大祖国怨声不绝的时候，作为儿女，你是否想过你为母亲做了些什么？↗难道在你的怨声中祖国就会富强起来吗？难道你让别人去奋斗，到头来你却坐享其成吗？↗”(连续反问，声音应步步上升，才能较好地抒发感情)

4. 曲调(︶ ︵)

语流的运行状态呈起伏曲折型，或由高而低再扬起︶，或由低向高再降下︵，或更多曲折，起落部分声音强度较大，表现惊疑、夸张、反语、讽刺、暗示、否定等语气，一般多用这种语调。如：

(1)“几年前，种种奇谈怪论纷纷出笼，︶什么‘一不怕苦，二不怕死’的提法值得研究；︶什么‘毫不利己，专门利人’的提法值得商榷。”︶——表示否定。

(2)“我们写文章，做演说，︵只要像洗脸这样负责，就差不多了。︵”——表示幽默。

(3)“你是班长，︶你不能死。︶”——表示讽刺。

（三）停顿训练

停顿不仅是生理需要(换气)，更主要的是表情达意的需要。得体的停顿可以显示语言的节奏，增强表达的力度，把语言的层次表现清楚，增强语言的表现力、感染力，从而引起听者对内在含义的深思。

停顿一般分为以下三种类型。

1. 语法停顿

指句子中间语法关系的停顿，标点符号是语法停顿的主要特征，停顿的时间可通过下列关系表示：顿号＜逗号＜分号＜冒号＜句号＜句间＜层间。

句子中语法关系的停顿，如：

(1)“我们/走在大路上。”(主谓停顿)

(2)“这一年，他办了/三件大好事!”(宾谓停顿)

(3)“我们民族历史上/最灿烂的/科学的/春天到来了。”(定语＜状语和中心词＞之间的停顿)

标点符号的停顿(/·//·///·////等表示停顿，斜线越多，停顿时间越长)。如：

她一手提着竹篮，/内中一个破碗，/空的；//一手拄着一支比她更长的竹竿，/下端开了裂：///她分明已经纯乎是一个乞丐了。(鲁迅《祝福》)

2. 逻辑停顿

为准确表达语意，揭示语言内在联系而形成的语流声音的中断和延续。另外还有大量表现在复句内部各个分句之间内在联系上的逻辑停顿，这种停顿比较复杂。如：

(1)“教师的职业似乎太卑微，太渺小，没有/值得炫耀的特权，没有/让人仰慕的地位，没有/优厚的待遇。”(并列性停顿)

(2)“理想，是的，我又看见了理想。我指的/不是化妆品，不是空谈，也不是挂在人们嘴上的口头禅。理想是那么鲜明，看得见，而且同我们血肉相连。”(照应性停顿)

(3)“有的人把名字刻入石头，想不朽；有的人/情愿作野草，等着地下的火烧。”(转折性停顿)

(4)“今天/是开学第一天。”(强调性停顿)

3. 感情停顿

又称强调停顿，指为准确表情达意，在没有标点符号的地方决定停顿的地方和时间。如：

(1)“始终微笑的和蔼的刘和珍君//确是//死掉了。”

(2)“我与父亲不相见已二年余了，我最不能忘记的是他的/背影。”

(3)“我/如果爱你——/绝不像/攀缘的凌霄花/借你的高枝/炫耀自己；我/如果爱你——/绝不学/痴情的鸟儿/为绿荫重复单调的歌曲。”

又如：

“惨象，已使我目不忍视了；流言，尤使我耳不忍闻。我还有什么话可说呢？我懂得衰亡民族之所以默无声息的缘由了。沉默呵，沉默呵！不在沉默中/爆发，就在沉默中/灭亡。”(鲁迅《记念刘和珍君》)

朗读最后一句时，如果在“爆发”和“灭亡”的前面作一停顿，就可以使听众充分感受到这里发出了“不爆发即灭亡”的呼告及对读者投入斗争的召唤。

（四）重音训练

重音是指在说话、朗诵时为了更明确地表情达意，对着重强调的词或词组，适当加强音量和气势，使字音饱满有力一些。为了便于学习，我们把这一训练分为“词的重音”和“句子的重音”两部分进行学习。

1. 词的重音

词的轻重表现在音节上。为了便于说明问题，我们把轻重分为“重”“中”“轻”三种。

双音节词轻重变化的基本格式有两种：一是重音在前的“重轻”格式，二是重音在后的“中重”格式。

“重轻”格式是说前一音节重读，后一音节轻读。如：

班长 表示 本领 帮忙 布置 报纸 不说 办公

“中重”格式是说前一音节中读，后一音节重读。如：

彩电 黑板 白纸 广播 红旗 准备 花瓶 上班

三音节的基本格式是“中轻重”式。如：

粉笔盒 人民币 起重机 党小组 有理想 展览馆

2. 句子重音

句子重音一般分为语法重音、逻辑重音、感情重音(强调重音)。

(1)语法重音。是由语法结构本身决定的，一般位置固定。

①短句中的谓语动词一般重读。如：风停了，雨住了，太阳出来了。

②修饰成分与限制成分一般重读。如：这是一片明朗的天空。

③补语成分一般重读。如：同志们干得热火朝天。

④疑问代词、指示代词一般重读。如：他什么都知道？小红就是顺着这条路走的。

⑤数量结构一般重读。如：王大爷有五只羊。

⑥并列关系、对比关系、转折关系的语句中，关键词一般重读。

如：当然，能够只是送出去，也不算坏事情，一者见得丰富，二者见得大度。(并列)

我爱热闹，也爱冷静，爱群居，也爱独处。(对比)

小花很聪明，但很任性。(转折)

(2)逻辑重音。是文字作品中集中体现作者创作意图和思想感情的，在朗读时需要特别强调，使之鲜明突出。同一句话，逻辑重音不同，所强调的语意重点就不同。

如：①教师，是太阳底下最伟大的人！(强调对象)

②教师，是太阳底下最伟大的人！(强调肯定)

③教师，是太阳底下最伟大的人！(强调范围)

④教师，是太阳底下最伟大的人！(强调程度)

⑤教师，是太阳底下最伟大的人！(强调地位)

⑥教师，是太阳底下最伟大的人！(强调身份)

(3)感情重音。是为表达特定情绪而需要着重强调的部分。

如：“好个国民党政府的‘友邦人士’！是些什么东西！”(表达无比的愤怒)

再如：“别了，我爱的中国，我全心爱着的中国。”(表现了对祖国的深深眷恋)

需要指出的是，有的句子中有些词语是重点，却要轻声强调。因为有些话表达轻柔的动作、深深的情思、含蓄幽默的意味，只有用轻声才能更好地表情达意。如：

“敬爱的周总理呵，一生休息得最少，最少。”

在这里，只有用深沉凝重的轻声来说，才能恰当地表现出对周总理无限敬仰与热爱之情，如果用一般的放声重读，就会破坏感情气氛。

（五）语速训练

朗读时讲究语速的快慢和松紧。快慢是指速度，即随着作品内容的发展、思想感情的运动而出现的朗读语流的快慢变化。松紧是指节奏，即作品的思想内容、感情态度驱使朗读语流在抑扬顿挫、轻重缓急的运动中出现的时紧时松的声音形式。

朗读时语速一般应控制在：快速每分钟 200 字以上，中速每分钟 150 字左右，慢速每分钟 100 字以下。纷繁的思想内容和感情色彩，导致语流的不同节奏和速度。通常情况下，内心节奏强烈的时候，语速就会快些；内心节奏缓弱，语速就要慢些。就作品的内容和思想感情而言，可以分为下面三种情况：

第一，运用排比、对照、递进手法时语速加快，表示热烈、急迫、欢快的情绪也加快。

第二，叙述、说明或平静、安闲的情绪用中速。

第三，表示沮丧、悲哀等感情时可一字一顿，甚至词尾拖长音。

朗读所形成的节奏，从句子的角度主要分为以下几种类型：

(1)紧张型——急促、紧张，气急、音短；

(2)轻快型——多扬、少抑，轻快、欢畅；

(3)高亢型——语势向高逐步推进，高昂爽朗；

(4)低沉型——语势抑闷、沉重，语音慢且暗；

(5)凝重型——多抑少扬，语音沉着、坚实、有力；

(6)舒缓型——气长而稳，语音舒展自如。

如：“我爱看天上的一片云，那片白白的、会变的云。瞧它一会儿变成只小黄狗，摇着尾巴，追着太阳跑；一会儿变成只小灰羊，在草原上撒欢儿跳高。”(语速较快，轻快型)

“看！—— 一捶起来就发狠了，忘情了，没命了！百十个斜背响声的后生，如百十块被强震不断击起的石头，狂舞在你的面前。骤雨一样，是急促的鼓点；旋风一样，是飞扬的流苏；乱蛙一样，是闪射的瞳仁；斗虎一样，是强健的风姿。黄土高原上，爆出一场多么壮阔、多么豪放、多么火烈的舞蹈哇——安塞腰鼓。”(语速渐快，高亢型)

“邻居们把她抬上车时，她还在大口大口地吐着鲜血。我没想到她已经病成那样。看着三轮车远去，也绝没有想到那竟是永远的诀别。”(悲哀的感情用慢速，低沉型)

“灵车队，万众心相随。哭别总理心欲碎，八亿神州泪纷飞。红旗低垂，新华门前洒满泪。日理万机的总理啊，您今晚几时回？”(中速，凝重型)

“月光如流水一般，静静地泻在一片叶子和花上，薄薄的青雾浮起在荷塘里。叶子和花仿佛在牛乳中洗过一样，又像笼着轻纱的梦。虽然是满月，天上却有一层淡淡的

云，所以不能朗照；但我以为这恰是到了好处——酣眠固不可少，小睡也别有风味的。”(语速较慢，舒缓型)

二、不同文体的朗读方法

(一)散文的朗读——抓住主线，强化情感

散文朗读要“抓住主线，强化情感”。散文，是最自由最灵活的一种文体，一般篇幅不长，但寓意深远。它取材广泛，涉猎广泛，内容丰富，形式灵活；或抒情，或叙事，或写景，或状物，或议论，或言志，或写实，或忆旧……在委婉的叙述描写中蕴含着无限的启迪。朗读散文，能使人开阔视野，丰富知识，陶冶情操，提高思想境界，培养高尚的审美情趣。对于散文的朗读，要求语气自然、细微，节奏明快，以情感人，因事明理。

散文的朗读，要抓住作品的主线。散文中的线索，变化万千，有的以人物为线索，有的以事件为线索，有的以景物为线索，有的以象征性事物为线索，有的则以作者的思想活动和感情变化为线索，朗读者必须注意把握，否则很难达到预期效果。散文贵在形散，人物形象不够鲜明，事件不够完整，把握作品中心有一定困难。但是，只要把握了散文“形散而神不散”的特点，理出线索，抓住关键，把握作品的总意图、总倾向，作品的主题思想就容易被挖掘出来。另外，也要抓住文章感情的表达，体会作者在作品中所倾注的感情，以情引情，从而达到以情感人的目的。散文的写情是多种多样的，如间接言情、直抒其情、借景抒情、托物传情等。或外露，或含蓄，或炽烈，或温柔，要针对感情表达的不同特点，采用不同的朗读方法。(参考“拓展训练”《春》《海燕》进行训练)

需要注意的是，散文中人物语言的处理不要“扮演式的朗读”，要求写意化，就是写“心”。即以人物的精神境界、思想深度为重点，同时照顾到人物的性格特征、年龄大小和人物之间的关系。

文中对话一定要为立意服务，不应该单纯考虑用什么样的音色说话。朗读散文中的人物语言，必须仔细揣摩，深入体味，力求准确传神。

(二)小说的朗读——个性化语言，独特的性格

朗读小说技巧复杂，难度较大，要注意区别人物“个性化的语言和各自独特的性格特点”。小说取材广泛、源远流长，故事情节可以曲折多变，奇峰突起，也可以平淡如水，娓娓道来；可以描写重大历史事件，也可以描写现实生活小事；作品中既有性格突出的典型人物，也有普通的芸芸众生。在处理人物性格时，朗读者可以从人物的外形与内心两个方面去把握。把人物的言谈举止、穿着打扮和其精神状态、待人方式、情绪变化紧密结合起来，就可以使人物形神兼备、栩栩如生。如吴敬梓的《范进中举》中：“屠户见女婿衣裳后襟滚皱了许多，一路低着头替他扯了几十回。”“几十回”要进行重读处理，它可以淋漓尽致地表现胡屠户的媚态。又如鲁迅的《故乡》中：“我的心禁不住悲凉起来了。”要借助对“悲凉”的重读处理，表现“我”看到故乡的萧条景象时内心的

失望和伤感。

小说作品中，人物都有自己个性化的语言。小说中的人物语言，是人物性格的重要标志。在朗读人物的语言时，必须把握不同的人物性格，人物的不同心情，待人接物的不同方式，语言的发展变化，等等。两个人物对话时，声音色彩、语气语速要予以区别；朗读人物的语言，不能与叙述、描写语言相混。叙述、描写语言就像朗读者自己的话，自始至终语气一致，心理过程连贯，声音气息前后统一。人物语言插入叙述中间时，前后应有明显的语气、声音的转换，改用人物特有的语气表达。人物的语气设计“造型”，应是始终如一、前后一致的。

还应注意的是，虽然小说中出现了各种不同身份、不同性格的人物，但是不要从表面上去“扮演”这些人物，而要在自己的表达上更多地注意由这一人物到另一人物之间的转换，表现出不同人物的心理发展变化及性格特征。

小说的艺术魅力还在于以情动人。朗读者应充分把握作品中的人物的感受，情感的宣泄，要把理智的分析融进形象的表达，并以符合生活逻辑的感情把形象细腻丰满地展现出来。有了充沛的感情，以情带声，从而起到揭示主题的作用。但不要“矫情”，装出来的“情”，会使人不舒服的，效果肯定会不理想。

（三）诗歌的朗读——体味感情，重视韵律

诗歌的四大特征是：澎湃的激情，丰富的想象，深邃的思想，明快的韵律。诗歌的语言凝练而有跳跃性。朗读诗歌，要深入体会诗的意境，要思索、想象，体味其微妙的灵感，引发浓烈的感情，以具体、形象的语言表达出可感的意境，要重视韵律，表现优美的节奏。

诗歌有多种表现形式。从诗句的排列、押韵和平仄上看，有格律诗和自由诗；从表现内容的方式上看，有抒情诗、叙事诗等。由于诗体及风格不同，朗读时应有所区别。

格律诗在平仄、押韵上都有严格的要求。由于格律诗的字数是一定的，朗读时，节拍也要一定，即停顿要一定。不同的格律，要有不同的节拍安排。格律诗之所以为格律诗，就因为它是用明显的格律来包容凝聚思想感情的，因而在朗读时一定要考虑其“节拍”。一般来说，五言诗划分为两个节拍，即二、三；七言诗分为三个节拍，即二、二、三。朗读时固定节拍，一可以减少拖腔，句中节拍后面可以延长音，句末一个节拍之后有停顿，听起来既不急促，又不拖沓；二可以增强韵味，使听者更好地体味诗情诗意，不必待全句结束再去回味。如果节拍增多，词句密度缩小，朗读时便不那么舒缓，就会大大削弱诗意与韵味。（参考“拓展训练”《咏柳》进行训练）

格律诗在押韵和平仄上的要求非常严格，朗读时，出于押韵的需要，必须给韵脚以呼应，不可含糊带过，在韵脚不是重音的诗句中也要适当地比其他音节读得响亮些。在注意字数、节拍、韵脚的基础上，也要注意“平仄”的对应，语势就可以变得更加错落有致，节奏的抑扬回环更加鲜明，使人感到抑扬顿挫，音韵优美。

抒情诗是作者通过直接抒发感情，来表达对现实生活的体验、感受等的诗。朗读抒情诗要把那些实现深邃意境和鲜明表象的字、词、句，通过有声语言的再创造，活

生生地展现出来。朗读者要有强烈的新鲜感，要情绪饱满，感情细腻，语调要真切、激昂，以增强朗读效果。（参考“拓展训练”《有的人》《再别康桥》进行训练）

叙事诗多是描写事件发展过程的，有时有人物，并有人物对话，朗读时要恰当表达；在节拍掌握上不要大起大落，力求生动、自然。朗读叙述语言时，不要有明显的倾向性，只要语调亲切、字音清晰、段落分明，把事情叙述清楚就可以了；朗读描写性语言时，就要态度明朗，是非分明，而且注入浓郁的感情色彩。

讽刺诗以辛辣尖刻的语言揭露生活中的“假丑恶”，表现“真善美”。朗读讽刺诗，要注意节奏明快，切分明显，语气的起伏可以大些，对比要鲜明些，并根据内容的需要在节奏、重音、切分上做些特殊处理，以示强调。语气表达要具体、形象，褒贬要泾渭分明；力戒浮浅，装腔作势，哗众取宠。

（四）寓言的朗读——恰当的夸张，风趣的表现

寓言用比喻故事说明道理，大都是以简短的结构、鲜明的形象、夸张与想象的艺术手法，阐明某种道理。朗读寓言要做到：夸张而不失真，风趣而且含蓄，从而创造出既生动又真实的寓言形象。

朗读寓言要运用夸张的艺术手法，朗读时的感觉、思考、判断、神态、形体和声音，包括眼神和气息，都要适当地夸张和放大，有声有色、活灵活现地体现作品的艺术情趣和魅力。但这种夸张决不单纯是外部形式的夸张，朗读者必须具有高度的真实感和信念感，只有这样，才能产生艺术真实的感染力。而且要注意不要为夸张而夸张，大喊大叫、眉飞色舞、矫揉造作，否则，就会是因形害意。（参考“拓展训练”《鹅》进行训练）

（五）议论文的朗读——追寻逻辑关系，把握语句重音

议论文的朗读，必须透彻地把握作品内在的逻辑关系，把概念、判断、推理融会贯通，以切身的感受、鲜明的态度，直言不讳地朗读。朗读议论文时，语气要果断、肯定，重音要坚实，重音是其“眼睛”，重中之重。读到有设问、反问、质问句的议论文时，不能吞吞吐吐、飘忽不定。重音的表达方法要扎实、确切。有时为了表示语气的深沉，可以同时并用低、重、长的方法表达重音。重音的肯定性和反义性一定要十分明确，特别是延长音节表达时，稍不注意，语意不明，就会把肯定性变成反义性，使肯定性带上讽刺的意味。

另外，重音的主次关系也十分重要，主要重音的领属，次要重音的从属，不可混乱，不能含糊。重音要起画龙点睛的作用，不宜多也不宜杂。议论文的重音，既是态度分寸的集中点，也是上下文逻辑感受的会合点。

（六）文言文的朗读——理顺句读语意，讲究语法停顿

文言文的朗读比白话文朗读困难得多。首先字词上就存在着许多障碍，文中一词多义，一字多音，词意深奥，语法繁杂，因此要特别注意字词的正确读音，不可错读。朗读文言文时，第一步是把文中的字句理解透彻，在脑子里把文中的每一个字词、语句都对译成白话文；第二步是熟读全文，对有关的时代、典故、古人、古事都应有所

了解，并对作品的思想性、艺术性给以具体确切的评价。朗读时首先要注意重音突出、语速放慢、吐字清晰。其次还要注意体现语言的韵律美。文言散文在遣词造句上很讲究音律美，很多骈体文对仗工整、音韵铿锵，把握其音韵特色，读时就可以抑扬有别、高低悦耳。

文言文的朗读，还要注意语法上的停顿，不可错顿。它的基本功夫在于把文中的语词拓开，拓开语词不是字字拓开、词词拓开。要把握三点：一要看语法关系、词性、句式，二要看思想感情的延续、转换过程的需要，三要看易懂、难懂的情况。在朗读语流中，把语言链条拉长，有的是环节拉长，有的是音节拉长。一般来说，助词的音节应拉长，以此舒缓语气，把握文章的句读。如欧阳修的散文《醉翁亭记》中一连用了三十多个“也”字，起到了很好的舒缓语气的作用，朗读时如果恰当地把握停顿语气，这篇古文的韵味也就表达到位了。

【拓展训练】

1. 列举朗读的要求，体会朗读与诵读的区别。

2. 列举诵读的基本技巧。

3. 根据括号内的提示，用恰当的语气练说下面两句话。

第一句话：“你去过日本？”

(1)表示惊讶(真没有想到。)　　(2)表示怀疑(这可能吗?)

(3)表示责怪(你不应该去。)　　(4) 表示愤怒(你太不像话了!)

(5)表示惋惜(不该犯的错。)　　(6)表示轻蔑(那地方你也去?!)

第二句话：“多好的人!”

(1)表示感激(人真不错!)　　(2) 表示讽刺(什么东西!)

(3)表示可惜(这人不该死。)　　(4) 表示赞美(对人的歌颂。)

4. 下面一段话，包含着恨、怒、急、悲、疑等思想感情，请试说，并指出其用气发声的特点。

“你是一个心肠狠毒的家伙！你为什么把这孩子推到臭水沟里去？——快，大伙儿都来帮个忙，把孩子赶快救上来！唉，这孩子，这孩子被泡得嘴唇都发紫了，可怜这没娘的孩子！——什么？你没推？你一点责任都没有？……”

5. 朗读郭小川《团泊洼的秋天》这首诗的最后三段，注意语法停顿和强调停顿。

请听听吧，这是战士/一句句从心中//掏出的话。
团泊洼，团泊洼，你真是那样/静静的吗?
是的，团泊洼是静静的，但那里/时刻都会//轰轰爆炸!
不，团泊洼是喧腾的，这首诗篇里/就充满着//嘈杂。
不管怎样，且把这矛盾重重的诗篇/埋在坝下，
它也许不合你秋天的季节，但到明春//准会/生根发芽!

6. 朗读《论鲁迅》(毛泽东)中的一段话，把握逻辑重音，体会文句的逻辑特点，注意虚词在语言链条中的重要作用。

我们纪念他，不仅因为他的文章写得好，是一个伟大的文学家，而且因为他是一个民族解放的急先锋，给革命以很大的助力。他并不是共产党组织中的人，然而他的思想、行动、著作都是马克思主义的。

7. 根据文后提示，朗读下面两段话，体会不同的朗读语气对表达内容的作用。

(1)《最后一次演讲》(闻一多)："今天，这里有没有特务？你站出来！是好汉的站出来！你出来！"(这是闻一多在极大愤怒的语境中说的。朗读时，感情应是憎恨的，气息是充沛的，声音是强硬的。)

(2)《七根火柴》(王愿坚)："他蓦地抽回手去，深深地吸了一口气，用尽所有的力气举起手来，直指着正北方向，'好，好同志……你……你把它带给……'"(这是长征途中一位红军战士临终前勉强说出来的一句话。朗读时，感情是悲壮的，气息是虚弱的、断续的。最后一句这样处理："实声"停留在"它"字上，"带给"两字用气息拖出来的"虚声"吐露出口外。)

8. 朗诵叶挺同志的《囚歌》，注意语调的处理：

为人进出的门紧锁着，(→平调)(冷眼相看)

为狗爬出的洞敞开着，(→平调)

一个声音高叫着：(↗↘曲调)(嘲讽)

——爬出来吧，给你自由！(↗↘)曲调(诱惑)

我渴望自由，(→)(庄严)

但我深深地知道——(→平调)

人的身躯怎能从狗洞子里爬出！(↑升调)(蔑视、愤慨、反击)

我希望有一天，(→平调)

地下的烈火，(稍向上扬)(语意未完)

将我连这活棺材一齐烧掉，(↓降调)(毫不犹豫)

我应该在烈火与热血中得到永生！(↓降调)(沉着、坚毅、充满自信)

9. 请按符号提示朗诵下列语段。("｜"表示停顿短暂，"V"表示感情停顿。"."表示重音，"↗"表示升调，"↘"表示降调。)

(1)我们就是民族的脊梁↘，我们就是民族的希望↗，我们就是黄河泰山↘，我们就是长城长江↗，当时代的大潮涌起↘，奋斗吧→，荡起时代的双桨↗！

(2)当今的时代，是探索的年代，竞争的年代，改革的年代，我们的年代｜要求人们顽强奋斗、勇于创造、毛遂自荐、敢于冒尖↘。我们欣喜地看到，一大批有理想、有抱负的青年，凝聚着自尊、自信、自强、自立的时代精神，在社会需要的时刻，挺身自立，接受挑选，并且在各自的岗位上做出了贡献。这种精神，不正是当今时代，应该大力推广，大力提倡的V"流行色"吗？

(3)青年朋友们，V我们肩负着历史的重托，是千里马，就应嘶风长鸣，是龙种，就应冲腾起舞↘。当今的世界｜有着千变万化的流行色，而只有自尊、自信、自强、自立，才是我们精神世界的流行色↘。我们｜要争当出头鸟，竞做弄潮儿，把我们的青春、热血、大智、大勇，自觉投入｜新时代的大熔炉里去，为中华的腾飞V发光发热。

10. 诗歌朗读训练。

(1)按照提示的要求朗读贺知章诗《咏柳》。

“碧玉妆成一树高，/万条垂下绿丝绦。/不知细叶谁裁出，/二月春风似剪刀。”

提示：这首诗描绘了春风轻拂，绿柳临风摇曳的初春景色，给人以生机勃勃的春意感受。朗读时，应以舒畅的心情、赞美的语气、温柔的音调，展现出绿柳春风的诗境，抒发赞美春天、热爱春天之情。“碧玉妆成一树高”是赞美柳树的整体，全身像用碧玉装饰起来似的。重读“碧玉”和“树”，使人联想到“碧玉”那青绿的色彩和柔和的光泽，并与柳树的绿色联系起来。“高”是平声韵脚，应读得高而平，不要太重。“万条垂下绿丝绦”是赞美柳树的枝条。“绿”重读并拖音，再现柳条碧绿的色彩；“丝绦”要读得较轻较慢，以显示柳丝临风轻拂的情态；“绦”是韵脚，轻轻地拖长。“不知细叶谁裁出”是对柳叶的深情赞美。“细叶”轻读，显示娇小玲珑招人喜爱的形态。“谁”重读并拖长，流露疑问和赞叹双重语气。“裁出”语调上扬，以和下一句连贯呼应。“二月春风似剪刀”是对春风的倾心赞美，温暖柔和的春风像一把灵巧的剪刀，为柳树剪裁出这碧玉般的春装。“春风”二字音调稍提，“剪刀”要轻吐，“刀”是韵脚，轻轻扬起，与第一、第二句韵脚相呼应。

(2)按照提示的要求朗读徐志摩的诗《再别康桥》。

轻轻地，我走了，/正如我轻轻地来；/我轻轻地招手，/作别西天的云彩。/那河畔的金柳，/是夕阳中的新娘；/波光里的艳影，/在我的心头荡漾。/软泥上的青荇，/油油地在水底招摇；/在康河的柔波里，/我甘心做一条水草！/那榆荫下的一潭，/不是清泉，是天上虹；/揉碎在浮藻间，/沉淀着彩虹似的梦。/寻梦？撑一支长篙，/向青草更青处漫溯，/满载一船星辉，/在星辉斑斓里放歌。/但我不能放歌，/悄悄是别离的笙箫；/夏虫也为我沉默，/沉默是今晚的康桥！/悄悄地，我走了，/正如我悄悄地来；/我挥一挥衣袖，/不带走一片云彩。

提示：这首诗在轻柔、婉转、明丽的旋律中描绘出独具特色的康河与旖旎秀丽的康桥风光，表达了作者对康桥的回忆与怀念。全诗形式整齐，音韵和谐，节奏自然。朗读时，应以作者的感情变化为主线，用自然、柔和、深情的语气，表达作者对康桥深深的留恋并流露出默默的伤感。第一小节连用三个“轻轻地”表现一个即将东行回国的游子，徜徉在黄昏静谧的校园中，不忍打破校园宁静而轻轻告别的情怀。语速要慢，语气柔缓，“轻轻地”宜采用重音轻吐方式读出。从“那河畔的金柳”开始，可采用稍稍上扬的语调，语气轻柔，牵引听众情思，节拍稍快，体现诗歌的跳跃。“荡漾”应读得柔缓，以显示其情味。“在康河的柔波里”读得轻婉，“我甘心做一条水草”加强语气，“甘心”重读，“水草”重音轻吐、和缓、深情，表现出诗人的深切眷恋，乃至愿融入康河。“寻梦”后稍顿，好像在思寻，“撑一支长篙”与“向青草更青处漫溯”相连，接下来节拍逐渐加快，到“斑斓里”略停，中音吐出“放歌”。“但我不能放歌”这一节，回到现实，离愁萦绕心怀，语调和缓凝重。“但”后作强调停顿，与“我不能放歌”渲染离别惆怅，“不能”重读。“悄悄”轻而长，是要渲染离别气氛。“沉默是今晚的康桥”用平直调，

“康桥”缓读，“桥”可带点气化音，亦渲染“沉默”的心情与气氛，突出作者无限眷恋和无奈的心情。最后一节是对第一节的复唱，语调轻缓，无比深沉。“悄悄地”重音轻吐，“挥 挥衣袖，不带走一片云彩”，语气语调逐渐明朗，体现诗人的超脱。整首诗在朗读时，要突出音韵和谐、流畅动听的音律特点。

(3)根据提示朗读臧克家的诗《有的人》。

有的人｜活着→　　前两句言简意赅，耐人寻味，语速要缓，节奏宜慢。
他已经｜死了；↓
有的人死了↗
他还活着。↘

有的人｜
骑在人民头上｜：
“呵，我多伟大！”↗↗　　带着蔑视的口吻叙述出骄奢狂傲、得意忘形的语调。
有的人｜
俯下身子｜给人民当牛马。↘　　语气凝重，满怀崇敬。
有的人｜
把名字刻入石头，｜想“不朽”；→　　拖长，增加讽刺意味。
有的人
情愿作野草，｜等着地下火烧。↗　　语调坚毅、敬慕，比“当牛马”更重一些，以示意思又进了一层。

有的人｜
他活着｜别人｜就不能活；↘
有的人｜语调情真意切。
他活着｜为了多数人｜更好地活。↗

骑在人民头上的｜↗
人民｜把他摔垮；↘　　“摔垮”语气愤恨，铿锵有力。
给人民作牛马的｜↗
人民｜永远｜记住他！｜↘　　慢速，深情地。
把名字｜刻入石头的｜↗　　低调起句。
名字｜比尸首｜烂得更早；→　　肯定，轻蔑口气。
只要春风吹到的地方↗
到处｜是青青的｜野草。↘　　激昂，音调稍高。

他活着｜别人就不能活的人，↗　　低调起句，语调坚决有力。
他的下场｜可以看到；↘

他活着｜为了多数人｜更好地活着的人↗　　　　高调起句。

群众｜把他举得很高｜，很高。→　　　　语调无限深情、明快。“很高、很高”要慢有力，字字千钧，由衷颂扬。

提示：《有的人》这首抒情短诗，热情奔放，节奏铿锵。它通过对截然相反的两种人的描述，构成了美与丑、善与恶形象的鲜明对比，热情地歌颂了鲁迅先生一生献身革命，“俯首甘为孺子牛”的高尚情操，无情地鞭挞了那帮高踞在人民头上作威作福的反动统治者的丑恶灵魂，启示人们应当树立正确的人生观，像鲁迅那样生活、战斗。朗诵时要深刻体会全诗的思想内涵，准确把握好主题。

11. 散文朗读训练。

(1) 按提示要求朗读朱自清的散文《春》。

盼望着，盼望着，东风来了，春天的脚步近了。

一切都像刚睡醒的样子，欣欣然张开了眼。山朗润起来了，水涨起来了，太阳的脸红起来了。

小草偷偷地从土里钻出来，嫩嫩的，绿绿的。园子里，田野里，瞧去，一大片一大片满是的。坐着，躺着，打两个滚，踢几脚球，赛几趟跑，捉几回迷藏。风轻悄悄的，草软绵绵的。

桃树、杏树、梨树，你不让我，我不让你，都开满了花赶趟儿。红的像火，粉的像霞，白的像雪。花里带着甜味儿，闭了眼，树上仿佛已经满是桃儿、杏儿、梨儿。花下成千成百的蜜蜂嗡嗡地闹着，大小的蝴蝶飞来飞去。野花遍地是：杂样儿，有名字的，没名字的，散在草丛里，像眼睛，像星星，还眨呀眨的。

“吹面不寒杨柳风”，不错的，像母亲的手抚摸着你。风里带来些新翻的泥土的气息，混着青草味，还有各种花的香，都在微微润湿的空气里酝酿。鸟儿将巢安在繁花嫩叶当中，高兴起来了，呼朋引伴地卖弄清脆的喉咙，唱出婉转的曲子，与轻风流水应和着。牛背上牧童的短笛，这时候也成天在嘹亮地响着。

雨是最寻常的，一下就是三两天。可别恼，看，像牛毛，像花针，像细丝，密密地斜织着，人家屋顶上全笼着一层薄烟。树叶儿却绿得发亮，小草也青得逼你的眼。傍晚时候，上灯了，一点点黄晕的光，烘托出一片安静而和平的夜。在乡下，小路上，石桥边，有撑起伞慢慢走着的人；地里还有工作的农民，披着蓑，戴着笠。他们的草屋，稀稀疏疏的，在雨里静默着。

天上风筝渐渐多了，地上孩子也多了。城里乡下，家家户户，老老小小，也赶趟儿似的，一个个都出来了。舒活舒活筋骨，抖擞抖擞精神，各做各的一份儿事去。“一年之计在于春”，刚起头儿，有的是工夫，有的是希望。

春天像刚落地的娃娃，从头到脚都是新的，它生长着。

春天像小姑娘，花枝招展的，笑着，走着。

春天像健壮的青年，有铁一般的胳膊和腰脚，领着我们上前去。

提示：这篇散文用词清丽活泼，比喻形象生动，全文浸透着作者由于春天的到来而激发的喜悦之情，又把这种内心的喜悦之情寄寓在景物的描写之中。因此，朗读时要细细体会，注意将内心节奏的轻快欣喜与语速的轻快欣喜结合起来。如开篇两个“盼望着”要在语气、语调上逐渐加重、变高，并缩短语法停顿时间。“东风”与“来了”，“春天的脚步”与“近了”之间应作强调停顿，以表现经过漫长的严寒之后，喜悦的迎春心情。“来了”与“近了”应重音轻读，以表示亲切、欢畅，透出春临人间而产生的喜悦心情。接下去作者写了春天来到时大地的变化。“小草”一节，抒发作者由于春草的美所萌发的陶醉心情，“偷偷地”“钻”要读得亲切、充满惊喜之情。“风轻悄悄的，草软绵绵的”两句要读得轻柔，在“风”和“草”之后略作停略，带有陶醉其间的味道。“桃树”一节语速可由慢转快，“你不让我，我不让你”应作连读处理，语调可略上扬，以表示春景的热闹。第五节写春风，语速转快为慢，使文中的情从缓缓的语流中自然流出。第六节写春雨，“看，像牛毛，像花针，像细丝”，读时语气要轻柔一些，给人以美的意境。文章结尾处为三个“春天像……”语气逐渐加重，给人以向上的、朝气蓬勃的感受。

（2）按提示要求朗读高尔基的散文《海燕》。

在苍茫的大海上，狂风卷集着乌云。在乌云和大海之间，海燕像黑色的闪电，在高傲的飞翔。

一会儿翅膀碰着波浪，一会儿箭一般地直冲向乌云，它叫喊着，——就在这鸟儿勇敢的叫喊声里，乌云听出了欢乐。

在这叫喊声里——充满着对暴风雨的渴望！在这叫喊声里，乌云听出了愤怒的力量、热情的火焰和胜利的信心。

海鸥在暴风雨来临之前呻吟着，——呻吟着，它们在大海上飞窜，想把自己对暴风雨的恐惧，掩藏到大海深处。

海鸭也在呻吟着，——它们这些海鸭呀，享受不了生活的战斗的欢乐：轰隆隆的雷声就把它们吓坏了。

蠢笨的企鹅，胆怯地把肥胖的身体躲藏到悬崖底下……只有那高傲的海燕，勇敢地，自由自在的，在泛起白沫的大海上飞翔！

乌云越来越暗，越来越低，向海面直压下来；而波浪一边歌唱，一边冲向高空，去迎接那雷声。

雷声轰响。波浪在愤怒的飞沫中呼叫，跟狂风争鸣。看吧，狂风紧紧抱起一层层巨浪，恶狠狠地把它们甩到悬崖上，把这些大块的翡翠摔成尘雾和碎末。

海燕叫喊着，飞翔着，像黑色的闪电，箭一般地穿过乌云，翅膀掠起波浪的飞沫。

看吧，它飞舞着，像个精灵，——高傲的、黑色的暴风雨的精灵，——它在大笑，它又在号叫……它笑那些乌云，它因为欢乐而号叫！

这个敏感的精灵，——它从雷声的震怒里，早就听出了困乏，它深信，乌云遮不住太阳，——是的，遮不住的！

狂风吼叫……雷声轰响……

一堆堆乌云，像青色的火焰，在无底的大海上燃烧。大海抓住闪电的箭光，把它们熄灭在自己的深渊里。这些闪电的影子，活像一条条火蛇，在大海里蜿蜒游动，一晃就消失了。

——暴风雨！暴风雨就要来啦！

这是勇敢的海燕，在怒吼的大海上，在闪电中间，高傲的飞翔。这是胜利的预言家在叫喊：

——让暴风雨来得更猛烈些吧！

提示：这是一篇豪情洋溢的革命檄文。作者借海燕的形象颂扬了无产阶级革命战士高昂的战斗热情，因此在朗读这篇文章时一定要饱含激情，把握住全文自始至终的宏伟气势。开篇第一句，“在苍茫的大海上”，朗读者应产生海风呼啸，阴云密布，海浪迎着轰鸣的雷声向上冲击的视觉形象，音量不必扬得太高。“海燕像黑色的闪电”一句，“海燕”既是语法重音也是强调重音，可在“海燕”之后略作停顿以突出重音。第三小节“愤怒的力量、热情的火焰和胜利的信心”要读得斩钉截铁，以表达作者坚信革命风暴一定会战胜密布的阴云的革命乐观主义精神。第四、五、六小节作者借用海鸭和企鹅，嘲笑了革命风暴来临前惊慌怯懦的资产阶级，朗读时可略略提高声音、加快语速，以表达对它们的轻蔑和嘲笑。最后一句“让暴风雨来得更猛烈些吧”，要读得铿锵有力，充满胜利的信心，但切忌没有坚定信念的空喊。

12. 依照文后提示朗读寓言《鹅》。

鹅对满院的家禽说：“从今以后咱们要互相学习，特别是我有啥缺点，大家尽管提，不要客气！”

“请您闲着没事别大声喊叫，吵得大伙不得休息。”

“唔，我生来就是大嗓门儿，大家捂上耳朵不就解决问题了？”

“我也来提醒您一声，吃起东西来不要只顾自己。”

“哎，胃口大不能算缺点，何况大家都没养成礼让的风气。”

“还有，你的飞翔术并不高明，可总是吹嘘天鹅要来请教你。”

“唉，提意见也得有个分寸，不要纠缠那些鸡毛蒜皮。”

“有一回你拉住小鸡的耳朵，说他再提意见就把它拖下水去。”

“我不过跟他开了个玩笑，这算什么批评？简直是打击！”

有些人拿着批评的武器，只是为了装饰自己，千万不要碰到他的痛处，轻轻搔痒倒还可以。

提示：朗读这则寓言要注意出现的六个人物，即朗读者、鹅和其他四种家禽。鹅是个夸夸其谈、强词夺理的家伙，开始的几句话，要说得真挚诚恳，似乎听不到别人的批评就活不下去了。但当他听到四个不同的意见时，逐渐受到刺激，语言由抵触发展到暴跳如雷，其间鹅的语言应有渐变的过程。其他四个提意见的家禽，尽量在音色、语速、语气上表现出各自不同的特色。最后的结束语是作者也是朗读者要告诉听者的结论，朗读时要和以上人物区别开来，可以用亲切平和的声音，严肃而深沉的语气，一语道破像鹅这类伪君子的要害。

13. 结合作品后面的提示进行朗读训练。

雨　巷

戴望舒

撑着油纸伞，独自
彷徨在悠长、悠长
又寂寥的雨巷，
我希望逢着
一个丁香一样地
结着愁怨的姑娘。

她是有
丁香一样的颜色，
丁香一样的芬芳，
丁香一样的忧愁，
在雨中哀怨，
哀怨又彷徨；

她彷徨在这寂寥的雨巷
撑着油纸伞
像我一样，
像我一样地
默默彳亍着，
冷漠、凄清，又惆怅。

她默默地走近
走近，又投出
太息一般的眼光，
她飘过
像梦一般地
像梦一般地凄婉迷茫。

像梦中飘过
一枝丁香地，
我身旁飘过这女郎；

她静默地远了、远了，
到了颓圮的篱墙，
走尽这雨巷。

在雨的哀曲里，
消了她的颜色，
散了她的芬芳
消散了，甚至她的
太息般的眼光，
丁香般的惆怅。

撑着油纸伞，独自
彷徨在悠长、悠长
又寂寥的雨巷，
我希望飘过
一个丁香一样的
结着愁怨的姑娘

提示：《雨巷》是戴望舒的成名作，约作于政治风云激荡、诗人内心苦闷彷徨的1927年夏天。《雨巷》中狭窄阴沉的雨巷，在雨巷中徘徊的独行者，以及那个像丁香一样结着愁怨的姑娘，都是象征性的意象。分别比喻了当时黑暗的社会，在革命中失败的人和朦胧的、时有时无的希望。这些意象又共同构成了一种象征性的意境，含蓄地暗示出作者既迷惘感伤又有期待的情怀，并给人一种朦胧而又幽深的美感。朗读时，音偏暗偏沉，语势多为落潮类，句尾落点多显沉重，章节多长，语速较缓。诗歌节奏变化不大，重音应用延长音替代。

匆　匆

朱自清

燕子去了，有再来的时候；杨柳枯了，有再青的时候；桃花谢了，有再开的时候。但是，聪明的，你告诉我，我们的日子为什么一去不复返呢？——是有人偷了他们罢：那是谁？又藏在何处呢？是他们自己逃走了罢：现在又到了哪里呢？

我不知道他们给了我多少日子；但我的手确乎是渐渐空虚了。在默默里算着，八千多日子已经从我手中溜去；像针尖上一滴水滴在大海里，我的日子滴在时间的流里，没有声音，也没有影子。我不禁头涔涔而泪潸潸了。

去的尽管去了，来的尽管来着；去来的中间，又怎样地匆匆呢？早上我起来的时候，小屋里射进两三方斜斜的太阳。太阳他有脚啊，轻轻悄悄地挪移了；我也茫茫然跟着旋转。于是——洗手的时候，日子从水盆里过去；吃饭的时候，日子从饭碗里过去；默默时，便从凝然的双眼前过去。我觉察他去的匆匆了，伸出手遮挽时，他又从遮挽着的手边过去，天黑时，我躺在床上，他便伶伶俐俐地从我身上跨过，从我脚边飞去了。等我睁开眼和太阳再见，这算又溜走了一日。我掩着面叹息。但是新来的日子的影儿又开始在叹息里闪过了。

在逃去如飞的日子里，在千门万户的世界里的我能做些什么呢？只有徘徊罢了，只有匆匆罢了；在八千多日的匆匆里，除徘徊外，又剩些什么呢？过去的日子如轻烟，被微风吹散了，如薄雾，被初阳蒸融了；我留着些什么痕迹呢？我何曾留着像游丝样的痕迹呢？我赤裸裸来到这世界，转眼间也将赤裸裸的回去罢？但不能平的，为什么偏要白白走这一遭啊？

聪明的，你告诉我，我们的日子为什么一去不复返呢？

提示：此文是现代著名作家朱自清的一篇脍炙人口的散文。文章紧紧围绕着“匆匆”二字，细腻地刻画了时间流逝的踪迹，表达了作者对虚度时光感到无奈和惋惜，揭示了旧时代的年轻人已有所觉醒，但又为前途不明而感到彷徨的复杂心情。因此，文章的总体基调低沉忧伤，节奏为紧张型，但不时与低沉型性相间。

14. 结合自己对作品的理解进行朗读训练。

你是人间的四月天

——一句爱的赞颂

林徽因

我说你是人间的四月天；
笑声点亮了四面风；
轻灵在春的光艳中交舞着变。
你是四月早天里的云烟，
黄昏吹着风的软，
星子在无意中闪，
细雨点洒在花前。
那轻，那娉婷，你是，
鲜妍百花的冠冕你戴着，
你是天真，庄严，
你是夜夜的月圆。
雪化后那篇鹅黄，你像；
新鲜初放芽的绿，你是；
柔嫩喜悦，
水光浮动着你梦中期待的白莲。
你是一树一树的花开，
是燕在梁间呢喃，

——你是爱，是暖，是希望，

你是人间的四月天！

野马渡

松龄

当我在月夜里持一盏渔火，挥手告别那个伫立船头的老船工，像一个浪迹天涯的旅人，背驮沉重的行囊远离你时，为什么你湍急的河流不停地梳理着岸边默默饮泣的水草，而又用一滴晶莹的露珠溅湿那一朵野花的眼睛。

山坳的帐篷里，住着年迈的阿妈。留在草原上的姑娘用一根牧鞭，守护着渐渐长大的羊群，在她的注目里，今生我会像一只山鹰骄傲地飞过积雪的山顶吗？而那袅袅上升的炊烟呵，是一条长长的飘带，千里万里系着亲人绵绵不断的祝福。

蹚过伊犁河，翻过西天山，万水千滩，急流险滩，我该怎样泅渡那横陈于生命旅途中的每一条河流。又该怎样寻觅送我至彼岸，却又常常迷失在烟海茫茫中的那每一个渡口。

野马渡呵野马渡，最初的野马群是怎样像一队热血粗壮的汉子，兀立浪花翻卷的岸边，埋首豪饮，仰天长啸，旋即升起一股冲天的飓风，劈开一条水路，昂首远去。那裂帛般撕开的水面，至今还飘扬着野马飞腾的雄姿。

古老的伊犁河日夜奔流不息，逝者如斯，回眸凝望，野渡无人舟自横。当年的老船工早已演绎成美丽的传说，一条彩虹似的大桥飞架天堑。夕阳西下，牧归的老牛从桥上走过，悠悠的羊群像雪白的浪花漫过桥顶，桥下汲水的姑娘，彩裙一闪，拎走晚霞朵朵。

可我仍然像一匹雄性的野马，奔驰在岸边。风雨中渴盼一位勇敢的骑手，扬鞭催马，一次次飞越生命的野马渡。

玫瑰

[俄]屠格涅夫

八月将近的几天里……时令已交秋季。

正是薄暮斜阳时分。骤然之间一阵倾盆大雨扫过我们辽阔的平原，既无雷声，也无闪电。

屋子前的花园整个儿沐浴在火红的夕阳里，被滂沱大雨淋了个透湿，热气腾腾，烟雾茫茫。

她坐在客厅里的桌子边，透过半开的门户若有所思地向花园里凝望。

我知道此时她心里想着什么；我知道此时此刻，经过短暂的，尽管是苦痛的斗争，她正沉浸于一种再也难以平静的情绪。

突然她站起来，迅步走进花园里，便看不见她的身影了。

时钟敲响，已过一个小时……又过了一个小时，她没有回来。

这时我便起身走出屋子，沿着她适才走的那条林荫小径走去。

周围的一切都已开始变暗；夜幕正在降临。然而小径湿润的沙土上看得见有一件圆圆的东西，透过浓浓的夜色发出显眼的红色。

我俯下身去……那是一朵年轻的、蓓蕾初绽的玫瑰。两个小时以前我在她胸前见到的正是这朵花。

我小心地捡起落入泥泞的小花，回到客厅后将它放到桌上，她椅子前面的地方。

她最终还是回来了，迈着轻轻的脚步走过整个房间，在桌子边坐了下来。

她的面容显得苍白而且楚楚有情；那双眼睑下垂、似乎变小的眼睛带着轻微的腼腆神色迅速扫视着两旁。

她看见了玫瑰，抓起它，望了望被揉皱、弄脏的花瓣，看了我一眼，于是那双眼睛突然停住不动了，滚出了晶莹的泪花。

“你为什么哭?”我问道。

“就为这朵玫瑰。你看看，它成了什么样子。”

这时我想到要说句意味深长的话。

“您的泪水能洗去花上的污秽。”我神色庄重地说。

“眼泪洗不掉，眼泪能将它烧毁。”她答道，于是她转身向着壁炉，将花朵扔进了正在熄灭下去的火焰。

“火焰能比眼泪更好地将它烧毁。”她不无勇气地大声说，这时她那双还闪着泪花的美丽的大眼睛便大胆地、幸福地露出了笑意。

我明白了，连她也已烧毁了。

念奴娇(赤壁怀古)

苏轼

大江东去，浪淘尽，千古风流人物。故垒西边，人道是，三国周郎赤壁。乱石穿空，惊涛拍岸，卷起千堆雪。江山如画，一时多少豪杰。

遥想公瑾当年，小乔初嫁了，雄姿英发。羽扇纶巾，谈笑间，樯橹灰飞烟灭。故国神游，多情应笑我，早生华发。人生如梦，一尊还酹江月。

春江花月夜

张若虚

春江潮水连海平，海上明月共潮生。
滟滟随波千万里，何处春江无月明！
江流宛转绕芳甸，月照花林皆似霰；
空里流霜不觉飞，汀上白沙看不见。
江天一色无纤尘，皎皎空中孤月轮。
江畔何人初见月？江月何年初照人？
人生代代无穷已，江月年年只相似。
不知江月待何人，但见长江送流水。

白云一片去悠悠，青枫浦上不胜愁。
谁家今夜扁舟子？何处相思明月楼？
可怜楼上月徘徊，应照离人妆镜台。
玉户帘中卷不去，捣衣砧上拂还来。
此时相望不相闻，愿逐月华流照君。
鸿雁长飞光不度，鱼龙潜跃水成文。
昨夜闲潭梦落花，可怜春半不还家。
江水流春去欲尽，江潭落月复西斜。
斜月沉沉藏海雾，碣石潇湘无限路。
不知乘月几人归，落月摇情满江树。

梦游天姥吟留别

李白

海客谈瀛洲，烟涛微茫信难求。
越人语天姥，云霓明灭或可睹。
天姥连天向天横，势拔五岳掩赤城。
天台四万八千丈，对此欲倒东南倾。
我欲因之梦吴越，一夜飞度镜湖月。
湖月照我影，送我至剡溪。
谢公宿处今尚在，渌水荡漾清猿啼。
脚著谢公屐，身登青云梯。
半壁见海日，空中闻天鸡。
千岩万转路不定，迷花倚石忽已暝。
熊咆龙吟殷岩泉，栗深林兮惊层巅。
云青青兮欲雨，水澹澹兮生烟。
列缺霹雳，丘峦崩摧。
洞天石扉，訇然中开。
青冥浩荡不见底，日月照耀金银台。
霓为衣兮风为马，云之君兮纷纷而来下。
虎鼓瑟兮鸾回车，仙之人兮列如麻。
忽魂悸以魄动，恍惊起而长嗟。
惟觉时之枕席，失向来之烟霞。
世间行乐亦如此，古来万事东流水。
别君去时何时还，且放白鹿青崖间，须行即骑访名山。
安能摧眉折腰事权贵，使我不得开心颜！

项目三

演讲口才训练

【导入案例】

美国内战结束后，陶克将军竞选国会议员，他的对手是他当年手下的一名士兵，名叫约翰·海伦。一位是功勋卓著的将军，一位是普普通通的士兵，几乎所有的人都认为，胜利一定属于陶克将军。竞选演讲开始了。

陶克将军的演讲慷慨激昂，他说："诸位同胞，还记得17年前那个激战的夜晚吗？我率领士兵到茶座山狙击敌人。那是多么艰苦的战斗呀！但我从没想过退却，因为我知道，为了我们的国家，为了正义和自由，我愿意付出所有，包括生命。我三天三夜没合眼，血战之后，我竟躺在树林里睡着了……"

比起陶克将军的演讲，约翰·海伦的演讲要朴实得多，他说："亲爱的同胞们，陶克将军说得不错，他确实在那次战斗中立下了汗马功劳。我当时只不过是他手下的一名普通士兵，和他一起出生入死。那次，他在树林里入睡时，我就站在他的身旁守护他。当时我携带着武器，饱尝寒冷的滋味。还时刻准备着用我的身躯为他挡着随时会射来的子弹。我在心中说，我是一名士兵，我要保护将军的安全……"

约翰·海伦的演讲赢得了民众热烈的掌声，他出人意料地赢得了选票和最终的胜利。

【案例思考】

当将军与士兵在竞选相遇，士兵约翰·海伦为什么能在竞选演讲中获胜？而陶克将军又为何失利？如果说这次竞选演讲改变了二人的命运，那么我们该如何掌握演讲技巧，提高自己演讲的魅力呢？

任务一　命题演讲口才训练

一、演讲基本知识

（一）演讲的概念

演讲又称演说或讲演。演讲者在特定的时境中，借助有声语言（为主）和态势语言

（为辅）的艺术手段，针对社会的现实和未来，面对广大听众发表意见、抒发情感，从而达到感召听众并促使其行动的一种现实的信息交流活动，这就是演讲。

演讲是一门借助演讲者主体形象、有声语言和态势语言（演讲的三要素），有中心、有条理地把自己的看法和观点与听众进行巧妙沟通的语言艺术。演讲者要以“真”感人，以“情”动人，而不是站在台上“侃大山”或自顾自地念稿。

（二）演讲的特征

1. 内容的针对性

确定演讲的主题时，必须考虑听众的年龄、性别、职业、文化程度、思想状况等因素。要求讲时能引起听众兴趣，讲后能满足听众要求。如果演讲对象是大学生，演讲主题一定要贴近其生活，例如，对生活的感悟，关于时事政治、社会问题的思考，对亲情、友情、爱情的探究，对成功的期待和努力，对就业前景的关注等。

2. 情感的鼓动性

所谓鼓动性，就是要用真切而深厚的感情去感染人、打动人，引起听众共鸣。演讲词中往往既有动人的事例、强烈的抒情，又有深刻的议论、富有哲理性的概括，力图做到以“事”动人、以“情”感人、以“理”服人，以唤起听众的热情，促使其行动。

3. 语言的可听性

演讲是通过听觉作用于听众的，为使听众听得清、听得懂，就要运用口语及通俗化语言，深入浅出地阐述自己的观点（学术报告例外）。语言必须生动形象，才能抓住观众的注意力；要“说起来上口，听起来顺耳”。

（三）演讲的作用

1. 演讲是传授知识的重要手段

人类科学文化的精华，主要靠教学演讲来传授；科学文化的新发现，要靠学术交流来发展；科学新成果，要靠科学讲座来推广。

2. 演讲是进行思想教育的基本工具

20 世纪 80 年代，蔡朝东的演讲教育了无数群众，“理解万岁”成了时代强音；90 年代，孔繁森事迹演讲团的演讲，掀起了向党的好干部孔繁森学习的热潮；在新形势下，在一些下岗职工“怨声载道”的时候，成功的创业者用自己亲身经历进行演讲，告诉人们：从头再来，努力就有机会……总之，演讲是宣传鼓动、唤起群众觉悟的重要工具。

3. 演讲是社会交际的必要技能

演讲在现代社交中应用得越来越广泛，大到外交中的礼仪祝词，小到新婚贺喜、生日祝福，以至于开业典礼、迎送致辞、节日庆祝，大学生的求职竞聘等，都需要进行演讲。在社交活动中，成功的演讲可以树立演讲者良好的形象，助其成功。

4. 演讲是提高口语表达能力的重要方法

演讲能使人增强自信心，克服当众说话的恐惧感。演讲能使人提高选词造句、组段成篇的能力，使口语表达精练、生动、逻辑性强。

（四）演讲的类型

关于演讲的类型，有多种不同的分类方法。从表现形式上分类，可以分为以下几类：

1. 命题演讲

即由组织者拟定演讲题目或指定范围，并经过一定准备后所作的演讲。如演讲比赛、教学演讲、学术讲座、出席会议时的讲话等，都是命题演讲。

2. 即兴演讲

是指演讲者在事先无准备的情况下，就眼前的情境、事物、人物临时有感而发、因兴而起的演讲。该类型演讲篇幅短，时境感和灵活性强，演讲难度较大，要求较高。

3. 论辩演讲

指的是两个或两个以上的人，就由某个事件、问题产生的不同意见而展开的面对面的语言交锋。如律师的法庭辩论、外交辩论，现在流行的“国际大专辩论赛”等。论辩演讲难度更大，要求辩手既要有丰富的知识，又要有敏捷的思维和较强的应变能力。

二、演讲基本功训练

演讲不同于平时讲话，它一般通过有声语言的停连、轻重、快慢、升降、语气等的控制，和眼神、表情、动作等态势语的变化去表达不同的思想感情。所以演讲基本功训练包括演讲者形象训练、有声语言训练和态势语训练。

（一）演讲者形象训练

1. 演讲者的仪表训练

演讲者的仪表指经过修饰之后的外表。

首先，要使自己容貌清新整洁。男同志要将头发梳理整齐，胡须修理干净；女士要注意发型大方，化妆得体，切不可浓妆艳抹，“点缀”过多。

其次，演讲者着装打扮要得体。演讲者的服装、发型，要与演讲的内容、场合、气氛相适应。例如，演讲题目是“继续发扬艰苦奋斗的作风”，演讲者却满身珠光宝气，势必引起台下哄笑；在抗洪救灾前线发表动员演讲，如果演讲者西装笔挺，那就非常不合适；夏季着装不可过分透与露，冬季不能穿得过于单薄。总之，演讲者着装要朴素、自然、得体。

最后，要穿出“和谐统一”的美感来。即鞋帽与衣服相配，上装与下装从款式到颜色搭配和谐，装饰物要和服饰及人物身份统一。

2. 演讲者的举止礼仪训练

进入会场时，要大大方方地有顺序地入场，并按组织者指定的地方落座，不要弄出声响。既不能东张西望，也不要与熟人打招呼、握手。

等待时，要集中精神听主持人讲话或听其他选手的演讲，不能躲在一边看稿或同其他人说笑、私语。这是对他人起码的尊重。

走上讲台时，要挺胸抬头，目视前方，双手自然摆动，迈着稳健有力的步子，边走边向听众微笑示意。面向听众站好后，不要急着讲，要正面扫视全场，微笑着用目光同听众交流。然后用合适的称呼向全场听众问好。接着以诚恳、恭敬的态度向听众鞠躬。注意鞠躬时既不是伸长下巴蜻蜓点水式，也无须弯腰 90 度。

站姿，要收腹挺胸，做到“松而不懈，挺而不僵”。两手自然放在身旁，手指自然弯曲。不可握成拳状，也不要伸直。女性也可两手相握，自然放于腹部。

站势一般有三种：一种为“丁字步”，有左丁字与右丁字之分，两脚不要靠得太近；一种为自然分列式，两脚平行，两脚距离男性与肩同宽，女性比肩稍窄；一种是前进式，两脚前后分开，一般后脚尖到达前脚腰。不管哪一种站姿，以自然舒适为宜。

演讲中头的动作不大，一般没有抬头或低头的动作，有时可用点头或摇头表示肯定或否定。如：“逃避、恐慌是不可取的(摇一下头)，目前最需要的是全国人民众志成城打胜这一仗！(点一下头)”

演讲完，要面向听众鞠躬，然后和上台一样，从容镇定地下场，不可慌慌张张跑下去。或面对听众的掌声，边说“谢谢”边向听众挥手。

公布成绩时，要泰然自若：既不能喜形于色，向观众举手示意，或与他人拥抱，也不能表现出沮丧、痛苦的表情；应表现出“胜不骄，败不馁”的气度。

(二)有声语言训练(为主)

有声语言训练包括：语气训练、语调训练、语速训练、重音训练、停顿训练等。它们的基本要求与朗读、朗诵大致相同。

(三)态势语训练(为辅)

态势语是指演讲者的表情、姿态、动作、手势等。它们是无声的语言，可以辅助有声语言来表达思想感情。

1. 表情训练

表情受两种因素的制约：一是对听众的态度，二是所讲的内容。就对听众而言，演讲者表情的基调应是微笑，它是“招人喜欢”的秘诀；就内容而言，演讲者的表情应随演讲内容的变化而变化。如：“当迈进师大的校门时，我特骄傲，特自豪(嘴角向上，喜上眉梢)。寒假回家时我遇到一个清华大学的老乡，他看了看我的校徽摇了摇头说：‘你可是投错门了，师大是贫民学校，清华才是贵族大学。’听了他的话我非常生气，对他说：‘我承认你们是贵族的后裔，然而我们师大人，却是贵族的老师！’”(肌肉收缩，眼睛圆睁)

表情中最重要的是眼神。人的喜怒哀乐、爱憎好恶都能从眼神中表现出来，因此演讲者要学会用眼睛说话，把自己的真情实感在眼睛里流露。如，讲到高兴处，就应睁开眼，让它散发出兴奋的光芒；讲到愤怒时，可瞪大眼，固定眼珠，让眼睛射出逼人的光芒；讲到愉快处，可松开眉眼，让眼睛充满令人喜悦的光彩；如果希望得到听众的认同、重视，你可无声地、冷静地用期待的目光注视你的听众。

一般来说，正视表示庄重，斜视表示轻蔑，行注目礼表示尊敬，双目大睁表示吃惊。最忌讳的是自始至终用一种眼神，眼神的变化要与有声语言、手势密切配合。眼睛不能无目的地乱转、仰视房顶、斜看窗外等。

演讲者眼神的变化主要有三种技巧：环视法、点视法、虚视法。

2. 手势训练

手势是演讲者运用手掌、手指、拳和手臂的动作变化来表达思想感情的一种态势语。它是一种特殊的语言，含义相当丰富，它的方向、位置、速度和力度都与情感有关。

(1)手掌的运用。①手心向上，胳膊微曲，手掌稍向前伸，主要表示贡献、请求、赞美、欢迎等意思。②手心向下，胳膊微曲，手掌稍向前伸。表示神秘、压抑、否认、制止、不喜欢等意义。③两手由分而合，表示团结、亲密、会面、积极等意义。④两手由合而分，表示空虚、失望、消极等意义。⑤指向人或身体上的某一部位。如：

"我想提出一个问题，请大家认真思考一下……"(掌心向上胳膊微曲手掌稍向前伸)

"让我们张开双臂，迎接这个灿烂的春天吧!"(左右两手分别向斜前上方伸出)

"让我们扬起理想的风帆，向着光辉的未来前进吧!"(右手向前上方伸出)

"你和我都是未来的人民教师。"(右手指观众和自己，拉近与听众的距离)

"看着这些孩子在网吧中一天天堕落，家长伤心、气愤却无可奈何(两手摊开)。政府有关职能部门，该拿出一些有力措施，来制止这种恶果的蔓延了。"(手心向下，胳膊微曲，手掌稍向前有力地伸出；或用切手，表示阻止)

"中国人民是无所畏惧的，就是天塌下来，我们也顶得起来!"(手心向上猛力推顶)

"我有一颗忠于祖国和人民的红心。"(右臂抬起，手抚心区)

"吸毒、嫖娼，这些旧社会遗留下来的害民害国的肮脏东西，必须彻底清除!"(左小臂向胸前，然后迅速向斜下方打出，表示厌恶、憎恨)

(2)手指的运用。①表示人格。伸出拇指，指赞颂、崇敬。②指示事物和方向，但不能指人。③表示数目。④比形状。⑤表微小或精确。如：

"同志们，千万要注意，这次实验是非常关键的一次!"(竖起右手食指)

"我们看到苹果树上挂满了这么大的苹果。"(用双手拇指和食指围成一个立起的圆形)

"飞机的发动机或电子舱里哪怕仅仅混进这么一小点铁钉，也会造成机毁人亡的灾难啊!"(用拇指和食指的小空隙比)

(3)拳头的运用。多运用在有关政治、法律道德等方面的演讲，表示愤怒、破坏、决心、警告等意义。有时也表示团结、有力之意。如：

"这个仇，我们一定要报!"(将右手握拳过肩并颤抖，表示愤怒和决心)

"让我们筑起新的长城。"(有力地举起右拳)

"一个有志青年，就要为中华的崛起而读书。"(有力地举起右拳)

(4)手与身体其他部位的配合。用手指指自己的头，表示思考、盘算、疑问；用手拍拍肩膀，表示担负工作、责任、使命，等等。

此外，手势活动在不同的区域有不同的意义。一般来说，手势在上区(肩部以上)

活动，多表达积极、宏大、激昂的内容和感情，如坚定的信念、号召、祝愿和抗议等。手势在中区(肩部至腹部)活动，多是叙述事物和说明事理，表达平静的心情。手势在下区(腹部以下)活动，多表示否定情感。

在运用手势时，还必须做到以下几点：

①合适：一是指内容与形式相符，即说的意思与手势表示的意思相合；二是指手势的多少要合适，既不能过多过频，也不能过少或没有。

②自然：每一个手势都要舒展、大方、轻松、自然，以产生美感和愉悦。不能想做又不敢做，表意含糊又不大方，给人一种胆小拘谨的印象。也不能夸张造作，像演戏。

③协调：手势应该和声音、姿态、表情等密切配合进行，节奏一致。

三、演讲的评判

(一)命题演讲的评分标准

1. 演讲内容的评分标准(4 分)

主旨：要思想深刻，有针对性，富有时代气息。(1.5 分)

材料：要准确可靠、新颖、典型。(1.5 分)

结构：要完整、严谨、匀称。(1 分)

2. 口语表达技能的评判标准(4 分)

①语言要有“上口”“入耳”的特征，能准确表达出演讲的思想内容。

②语言要具有形象性与生动性，能紧紧吸引住听众。

③普通话发音要准确、规范、清楚。

④语气语调语速等，要根据内容富于变化，抑扬顿挫明显，节奏感强。

3. 态势语表达技能的评分标准(2 分)

①眼神、面部表情、手势、站姿等，要自然优美，适度有用，协调一致。

②举止自然得体；仪表庄重、整洁、大方；精神状态好。

(二)评分办法

评委当场亮出评分。这种评分方式一般用于决赛。为了顾及现场的效果，保护选手的积极性，评委们可以先议定一个相应的起点分(一般为 8.0 分)，如果再将最高、最低分去掉，评分相对客观一些。当场亮分的好处是由于“一锤定音”，赛程比较紧凑，现场气氛会显得紧张而热烈，评分也多了一份现场的参与和监督。

四、演讲的实战技巧

(一)要提前试讲

所谓试讲，就是演讲者在充分准备的基础上，把演讲稿书面语言转变为现场口头语言的最初尝试和实践。对于初学演讲者来说，试讲就像演戏一样，是一种必要的彩排和预演。那如何试讲呢？

第一步——朗读，运用朗读技巧，在演讲稿上标示出停顿、语速、重音和句调，进行诵读。

第二步——记诵，从演讲稿和演讲的现场表达来看，演讲内容有不变和可变两种情况。“不变”的内容，如演讲稿的主要观点、总体结构、关键问题、基本数据以及人名地名等，这要作为重点，下功夫记牢背熟；而“可变”的内容，如事例叙述、情景渲染等，则可以一般记忆。这样不仅提高记诵效率，而且在正式演讲时可以即兴发挥。

第三步——讲述，就是模拟正式演讲。讲述必须在完全脱稿的情况下进行。一般分两步：首先是一个人独自讲述，并对演讲的语气、语调、体态、手势等进行反复地揣摩和练习；必要时，对着镜子练习，效果更好些。然后在宿舍或班级小范围内公开讲述，这实际是正式彩排。注意，讲述时一定要把言、声、情、态有机地结合起来，把演讲内容生动地表达出来，消除背诵的痕迹。

第四步——评析，就是对讲述情况进行分析。独自讲述时，可以通过录音设备进行自我评析，公开讲述时，可以请听者提意见。然后对自己的讲述进行必要的加工、修改和调整，使之不断完善。当然，讲述可以多次进行。

（二）要克服怯场心理

在演讲过程中，人们遇到的最大问题莫过于怯场。演讲者精神高度紧张，引起口干舌燥、面红耳赤、喉咙发紧、语无伦次、双手发抖、两腿打战，甚至于狼狈地逃离讲台。这就是怯场现象。其原因主要是演讲者缺乏经验，心理承受能力差；或一心想着成功而患得患失；或自我意识太强，怕被行家耻笑；或缺乏充分准备，信心不足；或用功不当，身体不适；或出现忘却或口误等意外情况。

（三）要有成功的临场发挥

1. 要有控制现场气氛的能力

演讲的成功不是靠背诵现成的讲稿而获得的。有经验的演讲者临场时总是善于适应现场情况，千方百计地调动和吸引听众的注意力，以对演讲场面进行有效控制，谋求最佳的演讲效果。要做到这些，应从以下几个方面入手：

(1)讲好开场白。这不但能引起听众的好奇心，拉近演讲者与听众之间的心理距离，还可以帮助我们克服怯场心理。

(2)脱离讲稿。脱离讲稿，既有助于增强听众对演讲者的信服感，也有助于演讲者表达感情，吸引听众注意力，从而更好地与听众进行面对面的交流。

(3)动静结合。一般来说，听众的注意力持续在30～40分钟内，如果你的演讲很乏味呆板，那么听众很快就厌倦了。相反，你的表情、动作非常有魅力、吸引力，听众即使听上两三小时也会觉得太短了。

(4)变换节奏。演讲的节奏，应根据内容而变化。应用抑扬顿挫的语调和快慢不同的速度进行演讲，才有魅力。

(5)设置悬念。一个悬念，就是一个惊叹号，一个问号，立刻会引起听众的好奇心；平铺直叙，一览无余，很难吸引听众的注意。

2. 要有应付临场意外的能力

(1)适当调整演讲的内容。有时听众对演讲者详细讲述的材料不一定感兴趣，而对一带即过的内容反而发生了浓厚的兴趣；有时在演讲比赛中可能出现与前面的演讲者讲述的内容相雷同的情况，这时应立即调整演讲内容，重新安排详略，或转换话题，补充新的材料，或在前人的基础上加以引申。如果无视听众的反应，就会引起听众反感甚至骚动。

(2)巧妙补救忘却。忘却即“卡壳”现象，在演讲中经常发生。缺乏经验的演讲者，一旦“卡壳”往往心情紧张，额上冒汗，手足无措，加之听众发出的嘲笑声、唏嘘声，越发惶恐不安，无奈只好中途退场，这对演讲者来说无疑是最大的不幸。

如何处置忘却这种现象呢？最常用的一种办法就是，忘掉的就忘掉吧，想到哪儿就从哪儿讲起。如果忘掉的几句话、几段话比较重要，演讲者又想起了，可采取“结尾补充”的做法，简单陈述几句。这样就可使整个演讲保持应有光彩。

如何避免忘却的现象发生？①情绪上要放松，不要怯场。②在演讲中，注意运用“思路先行”的方法：讲前一句时想到后一句，讲前半句时想到后半句。③除特殊情况外，演讲时要坚持用适中的语速完成。④不要被听众的某种不良情绪所刺激。

(3)对意外情况要保持信心。临场演讲时会出现一些意想不到的变化，如听众稀少，不够踊跃；演讲中听众反应冷淡或喝倒彩等。演讲者要随机应变，积极地重新组织演讲内容，扭转局面，打消对立情绪，赢得演讲的最终成功。

五、演讲稿例文

例文一

把握生命

佚名

各位同学：

大家好！

在我心中，有过许多梦想。我梦想长大后能做一番伟大的事业，能成为中国的爱因斯坦，21世纪的保尔，能为中华的腾飞做出自己的贡献。梦想着有一天，面对历史，我能够大吼一声：问苍茫大地，谁主沉浮？年轻的血液、年轻的棱角、年轻的心灵、年轻的憧憬，这一切都不断地激活着那个梦想。我为之兴奋、激动，为之欢呼、雀跃。站在新世纪的面前，我大声地喊道：来吧，我早已企盼多时了！

然而，就在现在，当我真的长大步入大学的时候，那曾有过的梦想却渐渐淡去。站在现实面前，我感到自己何等的渺小。梦想，那毕竟只是一个梦。今天，我考虑更多的是：毕业后怎么能到三资企业去工作，每月好能多挣500块钱。这大约就叫作成熟吧。

就在我为这所谓“成熟”而沾沾自喜的时候，心中那曾有过的梦想却时时闪过，就在我以为自己已经长大而自诩超脱的时候，一种痛苦悄悄地来临了。在深夜准备进入梦乡的时候，内心深处突然涌出一种感伤：一天就这么过去了，没有方向，没有目标，没有激动人心的欢乐，也没有刺入肺腑的哀伤；单调、空虚、无聊，这一切紧紧地包裹着我。更可怕的是明天还会如此！这时，一种强烈的要改变自己命运的欲望油然而生，它猛烈撞击着我的心房，撕扯着我的情感。我变得恐惧，难道一生就这样度过？待到有一天，当自己回首这一生的时候，该如何面对那份曾经有过的豪情与冲动？

我不断地反思，到处去找寻解脱这种痛苦的方法。直到有一天，我从他们的身上找到了答案：

凡·高，一代艺术巨匠，印象派绘画大师，遗憾的是这个称号是我们后人给予他的。在他的艺术生涯中，没有理解，没有荣光，一生与痛苦、压抑为伍。但今天，当我们面对着那幅《向日葵》时，跨越世纪的才华令世界为之倾倒。我想知道，是一种什么样的力量支撑着他在如此的境遇下还能奋然前进。我又想知道，是一种什么样的勇气能使司马迁受重刑而著《史记》，孙膑刖双足血凝兵书，又是一种什么样的信念使雷锋 22 岁的青春成为永恒，赖宁又何以成为过火的凤凰……答案只有两个字：志向

是志向，我们不也有过志向吗？不，那只是梦想。真正的志向，是建立在对其本身深刻的理解上，是一个人对其所蕴含全部意义的准确把握，是“衣带渐宽终不悔，为伊消得人憔悴”的痴情，是以生命相托的赤诚。树立此志向无疑是艰难的。

今天，我们有人实践着这样一种人生：追求享受而不愿坚持艰苦创业，追求潇洒而甘于生活的平庸，追求完美而缺乏责任。他们淡化理想，淡化未来，他们渴望荣誉又害怕付出，想要累累硕果又没有辛勤劳动。他们常喊“过把瘾就死”。最后他们打着这样的旗号走完一生，平平淡淡才是真。也许这是他们平庸地走下人生舞台最好的台阶吧。

人生为一大事而来，为一大事而去。曾子曰：“士不可以不弘毅，任重而道远。”《易经》云：“天行健，君子以自强不息。”青年，一个国家，一个民族的希望所在。大学生，作为这个群体中的佼佼者，振兴中华，责无旁贷。当我们每个人跨进大学的校园时，心中无不闪烁着那个梦想，那么现在就是让梦想成为现实的时候了。难道，我们还能有任何的犹豫吗？

我们这一代是幸运的，前辈人几代奋斗，用汗水、用鲜血、用生命建造了我们成长的家园。我们没有理由不去回报这一切的来之不易。面对大洋彼岸的文明，我们不能只有羡慕，历史注定我们不是乘凉者，民族振兴的大树有待我们去栽下。在校园里我们“激扬文字，指点江山，粪土当年万户侯”，但民族更企盼我们去实践这诺言，去完成那希望，去圆了那个做了太久的强国梦。

纵使艰难，也要树起那志向。为青春、为理想，为我们民族的振兴去奋斗一生。或许我们成不了伟人，或许我们一生会平平淡淡。但这不要紧，群星闪烁同样灿烂，只要我们是灿烂星系中的一颗。我们个人的力量或许是微小的，但这共同的志向把我们联系在一起，我们便能做出一番伟业。志向，我们人生的动力，行为的坐标。想把握生命吗？那就树起志向吧，它将是我们生命最终的归宿！

例文二

别让本该退休的父母为你再奋斗20年

赵星

朋友们：

上个月家里接待了两名哈佛耶鲁来华参观学习的大学生，席间谈到来中国这次交流的费用问题。这个费用大好几万，对于普通的美国家庭，甚至中产，也并不算低，但我家接待的两个女生，虽然都是来自美国中产家庭，一个费用是靠自己打工换来的，一个靠自己努力学习的奖学金，在北京能坐公交的肯定不打车，能吃食堂的肯定不去下饭馆。

你瞧，外国的孩子真惨啊，还是中国孩子最好命，别说打工了，二三十岁伸手向父母要钱，抱怨父母没本事的人都一堆一堆的，一副我没本事赚钱，就问父母要点吧的姿态。

前几天在社交软件上“拉黑”了一个朋友，因为我从认识他开始他就一直抱怨自己的父母没本事，没有多余的钱给自己，也没给自己买上大房子，让自己过得这么苦，所以自己的老婆总抱怨，小孩早教也上不起。

我说那你自己努努力啊，你是一个男人啊，都这么大了不能抱怨父母吧。他说自己根本不想工作，跟我不是一类人，不喜欢努力，只喜欢吃喝玩乐。我不是个嫌贫爱富的人，但我不喜欢抱怨父母的人，更不喜欢只抱怨不努力的人，于是“拉黑”了。

你以为这只是个特例吗？当然不是了。我收到过一种来信，数量还挺多的，大意就是自己有机会出国留学交换，但费用会很高，自己的家庭承担不起，父母也觉得没必要。但自己觉得是个好机会，想让父母卖房子换钱，自己以后会努力回报父母，但父母不愿意，该怎么办？我就奇怪了，他们咋那么有“自信”呢？出国读书要多少钱？你算过自己未来的工资能有多少钱吗？先不说卖不卖房子，你准备用多少年还清父母这笔钱？是父母太惯着你了么？不！是你太惯着自己了！

……

刘墉说：“今天有多少孩子，既要美国式的自由，又要中国式的宠爱，却没有美国孩子的主动，又失去了中国传统的孝道。然而这批孩子进入社会后，既要美国式的公司福利，又要中国式的铁饭碗，却没有美国员工的自律和中国传统的忠诚。从小讨价还价，长大后失去原则，该讲情的时候讲理，该讲理的时候说情。”

说得太对了，可别不承认！我有两个远房双胞胎妹妹，现在读大二，家庭背景不错，前几天来找我了解一下家教怎么找，以及是否安全。家教可能对于假期打工来讲挺好的，收入不错，但女孩子多少还会有点人身危险，于是我鼓励她们做点别的工作，超市促销员，咖啡厅打工等也不错的。结果她们告诉我：“这些我们都做过了，想做点新鲜的事情，锻炼一下自己，假期要自己赚点钱。”

这两个孩子，从小到大我也没见过三面，但这几句话让我对她们特别有好感。我就特别喜欢努力上进，主动承担更多的孩子。

有人问我：“我没什么特长，想兼职，做点什么好？”我说：“那下班后去咖啡厅打个小时工吧，积少成多，小时工也能学很多东西。”然而有的人怕丢脸，嫌钱少，觉得自己下班很累了，还去伺候别人，万一过劳死了怎么办？

前几天有人私信问我：“北京这么大城市，有没有不是很累，但是薪水尚可，能不加班的工作，能不能帮忙推荐一个。”你要找到了，推荐我好不好？你还是没有被钱逼到绝路上，你试试换你的父母为你挣钱，他们会这么挑吗？

很多人觉得自己在大城市太清苦了，工作做不好，老板脾气差，吃的穿的也都是地摊货，可哪个年轻人不是这么熬过来的呢？稍微努力点，就担心自己要过劳死了，赶紧对自己呵护备至起来。

你在外面觉得辛苦的时候，你的爸妈在家也真没有多好过。你的父母为你努力了二三十年了，现在轮到你承担更多一点了，你不想辛苦，那你本该退休的父母就要为你再奋斗20年。

谢谢大家！

（选自《初中生世界》，2017年第7期）

例文三

诚信，脆弱的珍贵

罗　欣

亲爱的朋友，你一定知道诚信是可贵的，但你想到过诚信的脆弱吗？是啊，诚信很可贵，也很脆弱！如小树一样经不起风雨，如新生婴儿般一旦失去呵护就岌岌可危，也和爱情一样是一件易碎的瓷器珍品。

请看：古代的周幽王，为博妃子一笑，随意燃起烽火，以致国破家亡，把军令当成了儿戏，周幽王的诚信不脆弱吗？如今的某些人民公仆完全置党旗下的庄严宣誓于不顾，肆意弄虚作假，以权谋私，这些人民公仆的诚信不脆弱吗？就连本应是一方净土的雅典奥运会赛场，也频频传来运动员违反体育精神的兴奋剂丑闻，本应主持公道的裁判故意错判误判，为百年奥运蒙上了阴影，这些运动员和裁判的诚信难道不脆弱吗？

同样，我对诚信的脆弱也有着亲身体验。去年，一张50元假币不慎落到了我的手上。当时，我直怪自己倒霉，一心想着如何挽回自己的“经济损失”，于是，假币待在了我的钱包里。好几次，我都跃跃欲试，但又怕别人认出来，也想到别人几天的辛勤劳动会在我的手里化成泡影，总有些于心不忍。50元也就成了我的一块心病。不久后，我去越南旅行，歪念又再次萌发，心想外国人总不会辨别人民币吧！就在掏钱的一瞬间，一个声音出现了：为了区区50元，丢掉自己的诚信，丧失自己的人格甚至中国的国格，这值得吗？我还是我吗？我顿时无地自容，不敢再往下想，也不知从哪里来的力量，我抽出假币，把它连同我的私心杂念撕得粉碎。这一刻，也只有这一刻，我才如释重负，找回了久违的轻松和快乐。

这，是多么真实而又多么纠结的取舍呀！如今，每想到那一念之差，我便体会到，诚信竟是那样的脆弱，它差一点被我亲手打碎；诚信又是那么的珍贵，那么的美好，原来和我们的生命一样，是无价之宝啊！

是的，诚信无价！因为它是人的道德追求，是人的生存法则，也是人与人、人与自然、人与社会之间平衡的纽带。试想，在一个诚信得到普遍遵守的社会，人人都能知道自己的明天是什么样子，人人都能自信地生活，正常地交往，共同致力于社会发展，这是多么美好啊！而在物欲横流、金钱至上的社会中，欺诈压倒诚信，丑恶驱逐良知，经济走向崩溃，最后也会毁了人类自己！

如今在我国，由于诚信缺失导致的企业三角债约为1.5万亿，每年市场交易中直接和间接的经济损失达5855亿，相当于我国年财政收入的37%，等于上千个贫困县一年的财政收入啊！对于我们一个发展中的大国，诚信缺失已经严重阻碍了我们前进的脚步！这时，我想到了《哈姆雷特》中那句经典台词："生存还是毁灭，这是一个值得考虑的问题。"

其实，答案只有一个：要生存，不要毁灭！要发展，不要落后！要诚信，不要虚假！

所以，随着我国社会主义市场经济体制的不断完善，呼唤诚信之声日渐升高，恪守诚信的典范层出不穷。在平凡的岗位上，"中国诚信公民"邓立明夫妇在唾手可得的大奖面前尽显诚信本色；在生命的最后关头，我们湖南涟源的普通矿工聂文清，用粉笔在安全帽上留下了自己的欠账清单，诚实守信的高尚人格正在铸造我们的民族精神！还有，"诚信政府""诚信经济""诚信档案"也正一一向我们走来，我们已从单纯的呼唤道德、呼唤诚信向制度化、系统化、人性化转变，我们要让老实人不再吃亏，要让全社会给予诚信更多、更有效的呵护。

朋友们，这还不够，我们每个人都是诚信建设中的火石，只有勇敢出击，才能擦出诚信建设中的火花，这成千上万的你中有我、我中有你，就能聚成熊熊烈火，驱逐、毁灭裹挟着虚假和欺诈的黑暗！因此，我们不要再用怀疑的眼光说，"我还能相信谁"，而应该思索"谁能相信我"，"做些什么才能相信我"，那样就会"谁都相信我"。到那一天，脆弱而珍贵的诚信便会长成参天大树，它的每片绿叶，都会沐浴阳光雨露，都能经受风霜雨雪，迎风招展，生机无限！

（选自《演讲与口才》，2005年第3期）

例文四

含笑的泪水

王志清

同学们：

"大学里什么最美？"这是当了一辈子农民的阿爸在写给我的一封信中提到的问题。大概是"不识庐山真面目，只缘身在此山中"吧！我一时竟说不上来，是校园早晨琅琅的书声吗？还是图书馆深夜不息的灯光？好像都是，又好像都不是。大学里究竟什么最美呢？

面对鳞次栉比的教学楼和藏书万卷的图书馆，从大山走来的我感到由衷的满足；

但是，当我面对书店精美的书籍和食堂算不得便宜的菜价时，囊中羞涩的尴尬就萦绕在心头。

昨天是系里给特困生发补助的日子，我和二十多名特困生同学都低着头，静静地坐在五号教室里，心情是复杂的。贫困是一种不能正视的痛苦，接受资助总有一种被“施舍”的味道。此时的我，神经变得特别敏感。一抹夕阳从窗口探入教室，想以它柔和的光辉照亮我的眼睛，但是很难，深秋的夕阳更让我伤感，我深深地埋下了头……不知什么时候，耳边响起了系主任的声音：“同学们：系里赞助的钱只能平均每人一百五十元，这对你们的生活实在是杯水车薪，然而它带来的信息是老师牵挂着你们。对于贫困，你们不是孤军奋战，你们的后方，除了家长，还有社会！希望你们一定要自强自立，完成学业，我国的大学生中至少有 60 万人来自贫困家庭，15 万人来自特困家庭。物质上的贫困并不可怕，精神上的贫困才是最可怕的。你们应该把物质上的贫困转化为精神上的财富，应该像沙漠中的植物一样更具有抗旱性，更应该生机勃勃。同学们，你们千万不要把贫困归罪于父母，他们在那样的条件下供养你们上大学已经很不容易了，而且你们所具有的适应艰苦环境的能力和质朴而坚毅的品性多半是受他们的影响，他们足以令人敬重！同学们，你们不能选择怎样生，但你们可以选择怎样活。”

系主任高昂而亲切的话语带着穿透人情世故的力量敲击着我的心，他的话是滚烫的，一下子融化了我梗塞于胸的块垒。同学们几乎都哭了，教室里像秋天叶落一样沙沙地响……

最为感动的时刻，是同学们依次接过红包，依次毕恭毕敬地鞠躬，神情突然成熟得有一点肃穆，致谢的声音挣脱着哽咽而沙哑。我也用颤抖的手接过红包，对着老师我深深地弯下腰去，泪水流下来。我心里明白，我不是仅仅为这一百五十元钱而致谢的……

傍晚，我收到了一封没有署名的来信，打开信封，秀丽的笔迹映入眼帘：

“志清师弟：贫困是我们共同的敌人。以前我认为贫困是尴尬的，贫困是一种不能正视的痛苦，今天老师的话让我明白了很多道理。我这一百五十元的补助给你用吧！我做家教是完全能维持生活的。让我们牢记老师的话吧，我们不能选择怎样生，但我们可以选择怎样活！——一位师姐手书”

几行并没有蕴含高深道理的文字却又一次让我热泪盈眶。

晚自习上，在柔和的灯光下，我含泪提笔给阿爸写了一封家书：“学校的生活宁静而充实，学校的师生亲切而善良。……老师和同学们的真诚之举，是这菁菁校园中最美、最美的……”

我想，读了那封家书，信佛的阿妈一定会在遥远的故乡祈祷，祝福我的老师和同学们：好人一生平安！谢谢各位同学！

（选自《演讲与口才》，1998 年第 5 期）

例文五

为了配得上父母的艰辛

莫言

昨晚在论坛上看到一段话："读初三时我特别喜欢玩网游，因为旷课太多，老师让我请家长。那次，家里正忙着秋收，母亲撇下农活就来了，我记得她还戴着一顶草帽。老师当她的面给我讲了沉迷网游的害处，也提到了游戏中的装备。临走，母亲就问我：那些装备是不是放宿舍了？我先拿回家，你在这儿好好读书！当时我就不争气地哭了，现在写这段字的时候也哭了……"他感慨：我曾暗自埋怨过父母都只是一介农民，现在想来，我的努力配不上父母的艰辛！

其实，我也看哭了。父母恩大，不管你是在教室里挑灯苦读还是在网游世界通宵鏖战，父母都在为你奔波劳碌啊！所谓父母，就是一边默默在后方筹备粮草，一边期待前线传来捷报的那个人。你若是放马南山，他们知道吗？

我至今还记得我的那个大学校友崔。刚入校时，目测，崔就是个如假包换的富二代，吃穿用都是极奢侈的。有一年，他办了一个轰动学院的生日PARTY，在一个大雪纷纷的冬夜，有哥们姐们有红酒香槟，据说花了三千大洋。在那个年头，这是笔不小的开销！

崔的挥霍还不止于此。毕业那一年，同学们纷纷去北上广深实习时，独独他一人去了彩云之南，带着小女友在大理闲逛，后来差点儿连毕业证也没混到手。

如果不是崔欠了许多钱，如果不是父亲来学校替他还债，谁都不知道，崔的父亲就是一个包塘养鱼的农民，那一年发了洪灾，血本无归。大灾之年，他却用父母的血汗钱办了场豪华的夜宴！

我有个朋友是证券公司高管，父母都在鄂西农村，她从小随着舅舅在城里读书。在那个实行接班制的年代，一个只有农业户口的孩子寄居在机关大院，本身就是一种卑微的存在。

朋友回忆，每当她扔下书包就要去院子里疯玩时，外婆都会在耳边轻声告诫她："放学先写作业，看别人玩你也玩，他们长大了可以接班，谁还跟你玩？"

朋友说：所以我从小就知道，我的父母比别人更辛苦，除了好好读书，没有人能帮到我！

我问：从小就知道父母的艰辛，会不会是一种伤害？

她笑了笑：已经成为现实的命运，别人却非要给你一个梦幻的描绘，那才是伤害。

好像也对！2012年，获得诺贝尔文学奖后，莫言站在瑞典学院的讲台上发表获奖感言，先回忆母亲："我记忆中最痛苦的一件事，就是跟随母亲去集体的地里捡麦穗。看守麦田的人来了，捡麦穗的人纷纷逃跑，我母亲是小脚，跑不快，被捉住，那个身材高大的看守人扇了她一个耳光。"

"看守人没收了我们的麦穗，吹着口哨扬长而去。我的母亲嘴角流血，坐在地上，脸上那种绝望的神情令我终生难忘……"

没有人问过莫言，为什么要在殿堂之上先讲农妇母亲的故事。也许大家都懂，莫言就是想告诉世界，他所有的努力，都是为了配得上母亲的艰辛！

例文六

大学生该如何准备就业

俞敏洪

我通常不鼓励大学生在本科的时候就开始创业，除非你的创业不用花太多的钱，或者有别人不可模仿的专利。为什么呢？因为创业的背后总有创业者的一个信念，那就是想成功。

统计数据显示，大学生由于没有工作经验，欠缺与社会打交道的能力，所以直接创业成功的比例相当低。在大学生创业的企业中，大约只有5%能够生存下来，真正成大器的连1%都不到。

所以，我比较主张大学生毕业后先在能学到经验的机构工作上几年，使自己的个性和人际交往能力更加成熟，使自己的技术更加熟练，然后再去创业，这样成功的比例可能就高一点。我自己创业之前就曾在北大工作了七年，而且从北大出来以后还为别的培训机构工作了两年，之后才创立了新东方。当然，每个人的领域不一样，情况也有所不同。但总的来说，如果你想稳妥地创业，积累经验还是非常重要的。一个能够放下自己身价的人通常将来也能走得更远，因为心态决定了结果。就就业心态和就业准备而言，我觉得大学生应该做到以下四点。

第一，为大学四年划定阶段和目标。进入大学后的前两年是准备和储备阶段。由于之前高考太辛苦，让人变成了“非人”状态，所以在大学的一二年级，你应该从心理上把自己还原成轻松状态，在把功课学得比较好的情况下，尽可能生活得轻松一点，把知识学得广泛一点，这是一个综合素质的准备阶段。真正的就业准备是从大学三年级开始。就找工作而言，三年级和四年级这两年要做的最重要的一件事是搞清楚你毕业以后找工作的主要方向是什么。

第二，增加通用技能的准备。所谓通用技能，就是指英语、电脑操作等技能，这是你到任何一个单位工作都必须用到的技能。

第三，积累实践经验。实践经验对于任何一份工作来说都是很重要的。美国大学生上大学期间一定要出去实践，而且不一定拿工资。你如果到新东方来实践，即便是管理一个月的教室，那也算是工作经验，至少你知道了工作是怎么回事。更重要的是，如果你真的干得很好，你走的时候老板会给你写一封推荐信，这对你未来找工作一定是有好处的。所以，在大学三四年级寒暑假里，大学生一定要找机会去实习，在实践中累积经验。

第四，学会与人打交道。学习与人打交道就从与你的同学相处做起。与人打交道时，最重要的心态是分享心态。中国的一些独生子女比较自私，什么东西都要独享，跟别人从感情上到物质上的平等交往能力比较缺乏。我举个例子来说明什么叫平等交往和分享心态。比如，你有六个苹果，有两个处理这些苹果的选择。第一个选择是到树林里把这六个苹果全部吃完，然后再回宿舍，别人谁也不知道你有六个苹果。表面上看，你得到了全部六个苹果，但实际上你失去了用六个苹果跟别人去交换无穷资源的可能性。另外一个选择是你自己吃一个苹果，把另外五个带回宿舍，分给你宿舍里的其他五个同学。表面上看，你失去了五个苹果，但实际上你得到了五个同学的认可和好感，你们开始了感情交往和互相帮助，最后的结果是你换回来的无形资源比你五个苹果的有形价值要大出不知多少倍！这就是整体上的社会交往原则。你记住，这个原则将无往而不胜：在大学跟同学分享，到了单位跟同事分享，创业时跟合作伙伴分享。分享原则会使你成为最受欢迎的人，也自然会为你赢得更多的尊重和支持，最终助你走向成功。

最后再补充一点。在我个人看来，一个人要找到好工作需要具备两个要素：过硬的专业知识和综合素质。专业知识的获得相对简单，我主要来说说综合素质。在我心目中，有五种素质非常重要。第一是诚恳和诚信。这意味着你这个人不但要看上去可靠，而且行动上也可靠。第二是踏实。诚恳和诚信不意味着踏实，我发现很多大学生很诚恳，并且有诚信，但做事却很浮躁。要知道，任何时候，重任都不会交到浮躁的人手里。第三是沟通能力。一个人不但要有才能，还要有良好的沟通能力，这样才能与团队成员和谐相处。第四是创新能力。你得能够提出新思想、新主意，让大家感觉到你想到的东西有价值，而且别人都没想到，这样你的职位就会得以提升。第五种也就是最后一种素质是无私。为什么无私放在最后？因为我觉得每个人都有私心，关键是要把私心限制在大家可以接受的范围之内，同时最好通过利他的方式表现出来。

如果把上述这些时刻放在脑中，我相信你不仅会如愿就业，而且会在未来的事业道路上勇往直前，取得成功。

例文七

人生有四个宝藏

林清玄

虽然我从小就很穷，但是我一直和别人说，没关系，穷人有很多宝藏是有钱人没有的。

穷人的第一个宝藏：每一天都睡得着。这个世界上很多有钱人晚上要吃安眠药才睡得着，可是因为我家里以前实在太穷了，连在泥土地上、木板上都睡得着，现在有床睡当然躺下去就睡着了。

穷人的第二个宝藏：每一餐饭都吃得下。我小时候连蟑螂都吃过了，现在还有什么可挑剔的呢？所以我什么都吃得下。

穷人的第三个宝藏：不怕人生的转弯。我是从非常穷困的环境中走出来的，当我现在需要做一个人生选择的时候，我都会想，大不了就是回到 14 岁那年，背着一个布袋，布袋里面装一个玻璃瓶，就那样离开家乡。

穷人的第四个宝藏，非常重要：处处无家，处处家。看起来我好像没有地方可以住，但其实到处都是我的家。我喜欢爬山，爬到山顶上从山上看下来，看到台北最繁华的地方屹立着的大楼。我就很感慨：有钱人的家乡在哪里？有钱人的家乡在百货公司，在超级豪宅，在大楼里面。穷人的家乡在哪里？穷人的家乡在天空，在远方，在森林，在河海交界的地方。我没有什么可畏惧的。自从我立志要当作家，我就每天在街上乱走，然后看看有什么好的事情、好的题材可以写。

有一天我走到一个村庄，看到一个小孩子蹲在围墙边，脸上露出非常幸福而神秘的微笑。我跑过去看，结果发现他旁边有一个空的汽水罐子，那他坐在那里做什么呢？打嗝，一边打嗝一边微笑。打嗝竟然是这么幸福的事情！我从小都没有喝汽水喝到打嗝的经验，我就站在那个小孩子的前面发誓，这辈子一定要有一次喝汽水喝到打嗝，如果没有喝汽水喝到打嗝就誓不为人。过了一年，机会来了，我远房的一个亲戚要结婚，借我们家的晒谷场宴客，果然送来了一卡车的汽水。我蹑手蹑脚地跑到那个堆放汽水的地方，提了两瓶大瓶的汽水跑到茅房躲起来，把门拴住，用牙齿把汽水的盖子咬开，一口气就灌完750毫升的汽水，坐在那里准备打嗝。

可是严重的事情发生了，我不但没有打嗝，还放了三个屁，到底要喝多少才会打嗝？我不知道。我又拿起第二瓶，喝完之后肚子胀得很大，好像怀孕九个月一样。等了半天，终于有反应了！我的肚子咕噜咕噜地响起来，突然一口气从肚子里升上来，打了一个嗝。原来打嗝的滋味是这么美好。接下来我又打了很多嗝，每一次深呼吸就会打嗝——这时候才发现茅房的味道挺不错的。然后，我打开门，发现外面阳光普照，一瞬间就觉得人生多么美好。后来我写了一篇文章，叫作《幸福的开关》。我说幸福的开关并不是你拥有很多的财宝，而是你要打开心里的那个通往幸福的状态。打开之后，即使是非常微小的事情，你也可以感到幸福；打开之后，即使是人生非常大的挫败，你也可以感觉到幸福。

例文八

悼念玛丽·居里

爱因斯坦

在像居里夫人这样一位崇高人物结束她的一生的时候，我们不要仅仅满足于回忆她的工作成果对人类已经作出的贡献。第一流人物对于时代和历史进程的意义，在其道德品质方面，也许比单纯的才智成就方面还要大，即使是后者，它们取决于品格的程度，也远超过通常所认为的那样。

我幸运地同居里夫人有20年崇高而真挚的友谊，我对她人格的伟大愈来愈感到钦佩。她的坚强，她的意志的纯洁，她的律己之严，她的客观，她的公正不阿的判断——所有这一切都难得地集中在一个人的身上。她在任何时候都意识到自己是社会的公仆，她极端谦虚，永远不给自满留下任何余地。由于社会的严酷和不平等，她的心情总是抑郁的。这就使得她具有那样严肃的外貌，很容易使那些不接近她的人发生误解——这是一种无法用任何艺术气质来解晓的少见的严肃性。一旦她认识到某一条道路是正确的，她就毫不妥协地并且极端顽强地坚持走下去。

她一生中最伟大的科学功绩——证明放射性元素的存在并把它们分离出来——所以能取得，不仅是靠着大胆的直觉，而且也靠着在难以想象的极端困难情况下工作的热忱和顽强。这样的困难，在实验科学的历史中是罕见的。

居里夫人的品德力量和热忱，哪怕只要有一小部分存在于欧洲的知识分子中间，欧洲就会面临一个比较光明的未来。

例文九
天天面对永恒
海明威

尊敬的与会来宾，你们好！

我不善辞令，缺乏演说的才能，只想感谢阿弗雷德·诺贝尔评奖委员会的委员们慷慨授予我这项奖金。

没有一个作家，当他知道在他以前不少伟大的作家并没有获得此项奖金的时候，能够心安理得领奖而不感到受之有愧。这里无须一一列举这些作家的名字。在座的每个人都可以根据他的学识和良心提出自己的名单来。

要求我国的大使在这儿宣读一篇演说，把一个作家心中所感受到的一切都说尽是不可能的。一个人作品中的一些东西可能不会马上被人理解，在这点上，他有时是幸运的，但是它们终究会十分清晰起来，根据它们以及作家所具有的点石成金本领的大小，他将青史留名或被人遗忘。

写作，在最成功的时候，是一种孤寂的生涯。作家的组织固然可以排遣他们的孤独，但是我怀疑它们未必能够促进作家的创作。一个在稠人广众之中成长起来的作家，自然可以免除孤苦寂寥之虑，但他的作品往往流于平庸。而一个在岑寂中孤独工作的作家，假若他确实不同凡响，就必须天天面对永恒的东西，或者面对缺乏永恒的状况。

对于一个真正的作家来说，每一本书都应该成为他继续探索那些尚未到达的领域的一个新起点。他应该永远尝试去做那些从来没有人做过或者他人没有做成的事。这样他就有幸会获得成功。

如果已经写好的作品，仅仅换一种方法又可以重新写出来，那么文学创作就显得太轻而易举了。我们的前辈大师们留下了伟大的业绩，正因为如此，一个普通作家常常被他们逼人的光辉驱赶到远离他可能到达的地方，陷入孤立无援的境地。

作为一个作家，我讲得已经太多了。作家应当把自己要说的话写下来，而不是讲出来，再一次谢谢大家了。

【拓展训练】

1. 举止礼仪训练。

(1)亮相训练“亮相”训练，即演讲者上场后开口前的态势语训练。

目的：克服怯场心理，培养良好习惯。

内容：仪表、表情、走姿、站姿、鞠躬、环视、正视。

要求：仪表——服饰整洁、得体、适度淡妆。

表情——精神饱满、落落大方、从容镇静、面带微笑。

走姿——轻快、稳健、目视前方，上身略前倾。

站姿——抬头、挺胸、收腹，两臂自然垂于身体两侧。女性，丁字步；男性，平行分列步或前后错开步。

鞠躬——上身前倾 45 度，目视下方点头，然后抬头起身，目视听众。

正视——目视正前方，可集中看一个点，也可不聚焦某一点某一人，而是把听众作为一个整体来看。

环视——面带微笑，以诚挚的目光正视前方，以正视方向为起点，眼睛随头部转向左方(或右方)45 度，然后转向右方(或左方)45 度。

方法：首先由学生对镜练习，然后要求学生以演讲者的身份走上讲台，鞠躬行礼，环顾会场后正视前方，然后下场。由同学和老师给练习者找问题，要特别注意纠正由于紧张而导致的咳嗽、低头、摆体、手插衣兜、后背手、抓耳挠腮、玩弄衣角等下意识的动作和不雅站姿。

2. 从演讲稿例文中找一部分，标上诵读的标志，进行有声语言综合训练。

3. 态势语与有声语言配合训练。

目的：将态势基本功用于演讲实践。

要求：动作自然大方、适时，与表情、眼神、演讲词协调一致。

方法：学生首先背熟演讲词，然后按教材设计好的动作与演讲词配合起来，对镜反复练习，最后登台演示，老师和同学共同评价是否合格，问题在哪里，如何改进。

特别说明：这是为练习态势语而设计的，手势较多，实际演讲过程中使用不能这么频繁。

(1)演讲词："历史上真正成就伟大事业的人，都把祖国的命运(右手伸出，腹部略弯，头部随右手向右微转，眼睛注视右手指示的方向)与自己的命运(同样伸出左手)紧紧联系在一起(两手掌心向内合拢在一起)，在他们的胸怀里(将合拢的双手分开，掌心向上，然后双手收回)，始终跳动着一颗追求至真、至善、至美的爱国之心(右手抚胸)。"

(2)演讲词："党把我们撒向哪里(右臂向前平伸，掌心向上，向身体右前方划弧线，做撒种状)，我们就在哪里扎下坚实的根(右手前伸掌心向下，五指向下分开伸直，作根须扎入泥土状)，长出茁壮的芽(右手五指合拢，尖部向上，作芽状)，开出灿烂的花(右手上移，五指骤然分开，作花朵开放状)，结出丰硕的果(五指迅速收拢，握成向上的拳头，呈圆圆的果实状)！作为跨世纪的一代，青年朋友们，快丢掉悲观失望，快抛弃迷惘、彷徨(左手掌心向后，左臂向左侧后方果断地一挥，作丢弃状)，成材的路就在脚下，要看你有没有勇气大步踏上(右脚上前一步，左脚跟上，身体直立前移，昂首挺胸目视前方)！"

(3)演讲词："我们此时此刻想吃这么大(双手比)，这么红(用食指指讲台上方的横幅)，像蜂蜜一样甜的柑橘吗？……""城外有座钟鼓楼，插了半截在天里头(五指并拢，手掌直立，向上直插)，家乡有座云峰山，站在山顶能摸着天(手心向上摸)……""朋友，欢迎你们到我的家乡来，我非常愿意当你们的向导，到时候我会说：'各位朋友，请跟我来(伸出左手)，请跟我来(高扬右手)，请跟我来(边招手，边退)’……”

(4)演讲词《“0”的断想》：

“0是谦虚的起点，骄傲的终点。(右手掌心向上，抬小臂，微伸指向左，然后向右移动指向右)”

“0的负担最轻，但任务最重。(右手抬至肩下，回手握成拳)”

“0是一面镜子，让你认识自己。(手掌向前横伸如持镜子状，然后掌心对向自己)”

“0是一只救生圈，让弱者随波逐流。(用双手比大圆，成救生圈样；翻转掌心向下，由内向外缓缓移动)”

“0是一面敲响的战鼓，让强者奋勇前进！(抬起左手带动小臂作擂鼓状，右手向右前上方有力伸出)”

注意：手势含义要明确，态势语与有声语言配合要合拍、自然。

(5)演讲词《大楼和土地》：

我家门前有一座漂亮的大楼，它高高地站在街上，傲慢地昂着头，望着天。(头稍稍昂起，呈目空一切状)

一天，它对身边的小楼说：(身体稍侧向左，眼睛往水平线以下瞧)“你们又矮又丑，真难看(左手指小楼，微微摇头)。”它又低下头，对脚下的土地说：(身体稍侧向右，眼睛往下瞧)“你是更不用说了(右小臂弯曲，手掌在身体的右侧摇一下)，黑不溜秋地在我脚下躺着，有啥出息(双手背过去，挺胸，头向左上方昂起)？”

土地说：“别看你个子高，长得好看，可是没有我，你就站不起来。”(身体稍向左侧，眼睛往左上方瞧，面部表情丰富，不卑不亢)

大楼说：“没有你，我照样站，气死你！(对着土地，双手叉腰，面部显出扬扬得意的神态)”土地气得浑身发抖，它把身子往上一拱(先稍拉身体，而后脚跟稍抬，身体晃动上提)，大楼就倒了(双手在下区摊开，微笑，声音中透着笑意)。

一个人如果骄傲了，瞧不起他身边的朋友，脱离他的母亲，他的祖国，那他一定会像大楼那样失败的。

4．态势语设计训练。

(1)给下面的每一句话设计一个手势：

①“大家安静，安静！”

②“我讲的这个问题非常重要！”

③“这么一讲，我们不就完全明白了吗？”

④“注意，有一点切不可大意！”

⑤“有人想这么办不行，这是触犯刑律的，绝对不行！”

(2)结合下列语段，设计出恰当的态势语，进行“配形”演讲。

①请相信我——一名新兵的誓言吧，让我们扬起生命的风帆，乘风破浪，奋勇前进！

②同学们，让我们与父母坦诚相处，来共同享受融融乐乐幸福无比的家庭生活吧！从我做起，从现在做起，用我们的孝心，用实际行动来报答父母的养育之恩！

③十八岁，我们脚踏大地，头顶青天；十八岁，我们仰望明月，追赶太阳；十八岁，我们不畏艰难，不畏险阻，敢踏破荆棘泥泞；十八岁，我们倾热血为江，以信心筑船，证明自己便是远方的航标灯。

④同学们，我的同龄人，我的朋友们！不为别人，就为自己，就为岁月赐给我们年轻的臂膀和这一腔热情，伸出你年轻的双手吧！擎起希望的火炬，让我们劈风斩浪，走向辉煌的明天！

5. 从下面题目中选择一个，按照写作演讲稿的要求，写作一篇演讲稿。

(1)学子的苦与乐　　(2)文凭与水平

(3)我爱我的专业　　(4)爱情与友情

(5)命运靠自己掌握　　(6)真诚无价(或《谈诚信》)

(7)我眼中的金钱　　(8)做一个自信的人

(9)要勇于推销自己　　(10)毕业前夕的告别演讲

6. 用上次写好的演讲稿，或另选演讲稿，注意演讲开头结尾的设计，经过熟记试讲，进行班级演讲实践课或举行全班的演讲大赛，时间不超过5分钟。

任务二　即兴演讲口才训练

一、即兴演讲的概念

即兴演讲的“兴”是“兴致”“兴趣”“感触”。即兴演讲就是演讲者在事先没有充分准备的情况下，就眼前人物、事件、场景、气氛临时起兴而主动或被迫地当场发表演讲。

这种演讲，有两种情形：一是虽然没有讲稿，但有一定的思想准备，譬如，出席某种会议，参加某种聚会或座谈会，估计要讲话，或者因为某种话题某种情境，引发了讲话的动机，因而在讲话之前，已经选准了话题，酝酿了腹稿。二是毫无思想准备，被迫讲话，譬如，参加某种聚会或典礼等，被主持人指名道姓或被他人推举，与会者又一致附和，无法推托，只好站起来讲话。在这样的情况下，常常是站起来以后，还不知从何说起。这两种情况，都可视为即兴演讲，但后者是严格意义上的即兴演讲。

另外，作为演讲比赛和训练中的“即兴演讲”，要求演讲者先抽签，然后按签上规定的题目准备几分钟，最后登台演讲，以训练演讲者的临场发挥能力。实质上，这是一种无完全准备的命题演讲。

总之，“事先没有充分准备”，“临时起兴”是即兴演讲的两个基本条件。

二、即兴演讲的特点与类型

(一)即兴演讲的特点

1. 情境的现场感

即兴演讲是演讲者从当时所在的现场，如参加的会议、庆典、竞赛现场等，就地取材，从现场上的“人物、事件、场景、气氛”引发话题，又围绕现场的主题展开。因此，即兴演讲具有很强的现场感。

2. 应用的广泛性

(1)应用主体的广泛性。无论政府要人，还是平民百姓，无论商贾农夫，还是教授学生，无论政治家、军事家，还是产品推销员，都可以拿起即兴演讲的工具，为表达、宣传自己的观点服务。

(2)应用场合的广泛性。从重大的国际会议到日常生活中的各种会议、聚会、庆典等，都有即兴演讲的用武之地。

(3)用途上的广泛性。即兴演讲在生活中的方方面面都可以发挥作用，如可以用其宣扬观点、树立形象、化解矛盾、鼓励先进、祝颂庆贺、应聘竞选、推销产品，等等。

3. 形式的多样性

即兴演讲可以是现场自由发挥式，也可以是限题回答式；可以是一人独讲式，也可以是多人轮讲式(如常见的电视节目主持人的即兴演讲)；可以是有问有答式，也可以是个人自叙式。充分体现出即兴演讲灵活自由的优势。

4. 篇幅的短小性

即兴演讲强调主题明确，言简意赅，不做长篇大论，一般只有几百字，有的甚至只是三言两语。

(二)即兴演讲的类型

即兴演讲可分为两种基本类型：一种是带有测试和比赛性质的临场演讲，可称之为“竞赛型”即兴演讲。另一种是在各种生活场景中的即兴演讲，可称之为“生活场景式”(实用型)即兴演讲。这两种即兴演讲各有其特点和要求，在构思技巧上也有很大差异。

三、即兴演讲准备方法

(一)预测性准备

即演讲前有预见地做一些推测性准备，具体包括：

(1)心理准备。在参加一个会议或活动之前，可以先设想一下自己是否有可能需要讲话，如何讲，讲什么，怎么讲。有了这种心理准备，可避免突然被“点将”后的那种吃惊、慌乱、尴尬或恐惧心理，能够迅速实现角色转换：由配角转向主角，由听者转向讲者，快速进入演讲状态。

(2)材料准备。如果事先已经知道会议或活动的内容和主题，可以简单地翻阅一下相关资料，临时扩大知识储备量以充实自己的大脑。这样，在被突然“点将”发言时，你就能对某一问题旁征博引，讲得头头是道，从而赢得听众对你的刮目相看。

(3)酝酿腹稿。如果时间和情况都允许的话，演讲者还可以先酝酿一下腹稿，形成一个大体框架，如迅速概括演讲的主题，组织演讲结构等，明白自己要讲一个什么问题，先讲什么，后讲什么，如何结尾等。当然，要注意观察现场和他人的演讲情况，可对自己原有的设计及时做出调整。

（二）临场性准备

即演讲者在毫无思想准备的情况下被突然“点将”或者虽然有事先准备，中间却突然出现意外，这时就要尽量争取临场准备时间。

(1)动作延宕。就是利用某种动作来拖延时间，在施展动作的同时，调整自己的心理状态，让大脑快速进行工作，然后开始讲话。如端起茶杯喝口茶水，拉拉椅子，向听众点头或招手致意等。

(2)语言延宕。就是先说些与主题关系不大的、无须深入思考、易于表达的题外话，以便大脑迅速组织材料，确立讲话的主旨、中心等，然后再切入主题。这样就可以避免演讲中冷场的尴尬。

四、“竞赛型”即兴演讲的构思技巧

即兴演讲比赛，所用的题目都由抽签决定。签上的内容，有的是一个明确的标题，有的是一段文字材料或一幅漫画，并没有题目，题目要由演讲者自己定；有的是一个小品或电视画面，要求回答问题并发表即兴演讲。

这种即兴演讲实际上是一种口头作文。一般说来，由于这种演讲受现场气氛和听众对象的制约较少，且一般不能从现场情景生发，而主要是受所抽题目或材料制约，所以它比“生活场景式”即兴演讲难度要大一些，对于演讲者即兴发挥的能力也是更严格的考验，所以考试、比赛常用这种形式。这种演讲最关键的问题就是处理好审题和取材这两个问题。

（一）命题性即兴演讲的构思技巧

1. 审题

审题是这种即兴演讲的第一步，也是最重要的一步。

这种即兴演讲的题目多为议论文，大致分为两类：一类是论点式题目，一类是论题式题目。论点式题目即规定了演讲的观点，如“珍惜青春”“人生的价值在于奉献”“真诚无价”，演讲者没有选择论点的自由，你必须按题目要求，调动自己的知识积累和生活经验去证明它。而对于论题式题目，如“青春的使命”“人生的价值在哪里?”“谈诚信”，它只规定了论述的范围，演讲者可以在规定的范围之内，根据自己的感受，先确定论点，然后再选择材料论述之。

2. 取材(表现为“结构形式”)

这种形式的竞赛实质上是口头作文，所以取材的方式(结构形式)和平时作文一样，一般有三种：

一是“纵向扫描法”。即扣住所讲的题目，从历史发展的角度看问题，以前怎么样，现在怎么样，将来会怎么样，或者对问题进行由浅入深地考察，主要着眼于事物的发展与变化(即“递进式”)。

二是“横向拓展法”。即根据事物的多面性从相互联系的角度看问题，从不同的方面来考察这一事物，或从此事物与其他同类事物的异同出发，来揭示这一事物的独特之处(即“并列式”)。

三是“正反对照法”。即所谈问题和事物的正反两面加以比较，鲜明揭示其是非优劣，告诉人们应该怎样做，不应该怎样做(即“正反对比式”)。至于临场到底采用哪种取材(结构)方式，据题而定。

此外，如果给的题目是记叙文或说明文，按照该种文体的结构方式来安排结构就可以了。其他方面，如开头、结尾、语言特点等，与一般演讲稿相同，这里不再赘述。

(二)材料性即兴演讲的构思技巧

不管给的是哪一种材料，文字、漫画、影视片断、小品等，虽不给具体的演讲标题(个别情况下给标题)，但主题还是有的。所以谨防跑题是演讲者应当重视的首要问题，要想防止跑题，必须做到以下几方面。

1. 审准主题，选好事例

请看下面的材料：“一位游客来到一条乡村马路，见到一个路牌，上面写着‘马路封闭，不能前进’。他见前面没什么障碍，自信旅游经验丰富，便继续前进。不久，他发现一座桥断了，不得不回头。当他来到刚才放置路牌的地方时，见到路牌背面写着：‘欢迎你回来，傻瓜!’请就此发表演讲。”

某演讲者在演讲时分析出游客由于不听信路牌上的说明，盲目自信，才做出了可笑的事来的。他拟定的演讲主题是：“要善于接受他人的忠告。”应该说，主题的确定没有错。然而他演讲所引用的事例却不够贴切。他演讲时说：“……实际上像游客那样的人，在我国古代就有，大家一定听说过拔苗助长这个故事吧，其中那个农民自作聪明，违反植物生长规律，过分热心地帮助禾苗生长，结果事与愿违，遭到了自然规律的惩罚……”说这个事例不够贴切，是因为材料中的游客在行为之前有他人的奉告——路牌，而拔苗助长的故事里却没有，这一点与演讲主题“要善于接受他人的忠告”不符。假如这个演讲者用“曲突徙薪”这个故事就切题了(曲突徙薪：《汉书·霍光传》记载，有一户人家，新房的炉灶上装了个直直的烟囱，烟囱旁堆满了柴火，有人劝他把烟囱改弯，把柴堆搬开，免得发生火灾。这一家人不听劝告，后来果然失火，烧毁了房子)。

2. 主题多元性材料要注意主次

在主题多元性的材料中，一般来说，有一个主题是主要的、明显的，我们称之为主主题；其他处于次要地位、不够明显的主题，我们称之为次主题。当演讲主主题时，次主题可不提及；但如果演讲者抛开主主题，而采用次主题时，则应该在演讲中提一下主主题。否则，要么听众会觉得你分析能力欠佳，竟然分析不出材料的主要思想；要么听众会认为你看问题偏激、片面，你演讲的说服力会因之受到影响。请看下面一则材料：

“作家纳斯列金一次穿件旧衣服去参加宴会，他进门时没有人理睬他，也没有人给他安排座位，他既尴尬又生气。当即返身回家把最好的衣服穿起来，又来到宴会上。只见主人马上起立迎接他，给他安排了座位，摆上了饭菜。纳斯列金并不因此感谢主人。他脱下外衣按在菜肴里，戏谑地说：‘外衣，吃吧!’主人感到不解。纳斯列金讥讽道：‘你们的酒菜不就是给我的衣服吃的吗？’主人的脸羞红了。”请就此故事发表演讲。

“人际交往中不能以衣帽取人”——这是材料的主主题；“社交中衣着应尽可能讲究”——是材料的次主题。演讲者采用了次主题。他讲道：“以衣帽取人是待人接物之大忌；然而，从另一方面看，参加宴会等社交活动，衣着应该尽可能整洁华贵，这不仅仅是个人着装习惯问题，还能体现对主人及其他客人朋友的尊重。在交际中，恃才傲物、目中无人、不拘小节是令人讨厌的。纳斯列金明明有好衣服不穿，相反穿了旧衣服去参加宴会，这种做法并不值得恭维，他因此而受到冷遇不值得同情。”

演讲者对主题多元性材料的处理是成功的，既概述了主主题，又重点在次主题。

3．比喻性材料要抓本体

请看下面一则材料：一幅漫画，画一幼儿园阿姨给孩子发糖，每人发给一块糖，其中有一个孩子把分得的一块糖扔到地上，坐在地上大哭大闹。这时，阿姨手拿一大把糖，交给这个哭闹的孩子。漫画的题目是：“哭闹的孩子多给糖”(副标题是：并非指幼儿园)。请就此发表演讲。这则材料是一幅漫画，漫画本身是喻体，它的本体是讽刺老实人吃亏，而光棍无赖却能占便宜的不良社会现象。如果分析不出本体，而仅仅将思维局限于喻体上，大谈幼儿园阿姨施教不当，大谈溺爱孩子不利于孩子健康成长之类，那么，演讲就跑题了。

有些比喻材料是不完全比喻。请看下面一则材料：“一幅漫画，画一个人拿着一支笔，想在意见本上提意见，可意见本却挂得高高的，他根本就够不着它。漫画的名字是‘有意见往上提’。”请就此发表演讲。在意见本上提意见是现实生活中常见的现象，但把意见本挂得高高的是现实生活中没有的。这则材料是比喻某些领导只不过戴着听取意见的假面具，而骨子里是十分害怕、反对提意见的。遇到这种半喻半本的材料，一定要格外留心。不能错把喻体当本体。请看某演讲者的演讲片断：“……有的领导看上去像是在接受意见，实际上却非真心实意，他们把意见本挂得高高的，让人无法取下来；有的把意见箱挂在墙上，却从没见有人打开过，那上边的锁也开始生锈……你既然挂出来了意见本，但又挂得那么高，让人无法取下来，那么，这挂与不挂又有什么区别呢?”这位演讲者就犯了“以喻当本”的错误，审跑题了。

4．注意事项

①演讲时必须引述材料。因为演讲是一个整体，你不引述而直接去分析它，会让人觉得很突兀或莫明其妙。②引述部分放的位置自由处理，只要合适就行。③要根据需要，用自己的话复述材料中与自己观点相关的内容、数据、人名、地名。引述数据、人名、地名可使用模糊法，如数字用约数，外国人名可说“一个外国人”，等等。④演讲虽短，但必须举事例作论据。⑤一般结构为：引述材料——分析并引出论点——举例论证——结尾。

五、“生活场景式”即兴演讲构思技巧

这种演讲是根据各种生活场景中的中心事件和听众对象即兴而发。它虽然看似没有讲题限制，在讲什么、怎么讲的问题上可随意选择，但实际上并不是随心所欲、信

口开河。因为演讲总是在特定的场合中，以特定的身份，针对特定的事物和特定的听众对象而言的。所以，要成功地进行“生活场景式”即兴演讲，演讲者必须做到“四把握”和“四捕捉”。

（一）“四把握”

1. 把握现场气氛

生活是五光十色的，不同的场景有不同情势，如欢迎、欢送、祝贺、哀悼、竞选、就职、联欢、答谢等。各种特定场合有各种不同的气氛，如庄重严肃、轻松欢快、喜庆热烈、悲伤惋惜等。演讲一定要与场合、气氛和谐一致，才能使听众产生好感。反之，则大煞风景，使人难堪，自己的形象也黯然失色。比如，严肃场合，你的演讲不能有笑料成分；而欢快场合，你的演讲就不能一本正经。

2. 把握听众情况

在各种场合的即兴演讲中，有时听众的构成较单一，如来自本单位；有时听众的构成较复杂，如来自社会各层面。不管哪一种情况，演讲不能迎合一部分，无形中得罪另一部分。如，作为单位领导，在表彰先进的大会上，不能只对先进人物大加赞扬，把成绩归功于他们，对其他职工只字不提，这样必然会挫伤大部分职工的感情，以后不好开展工作。当然演讲应针对主要听众，不一定面面俱到，比如，在婚礼上的祝词，就主要是说给新郎新娘听的。

3. 把握事情实质

不同的生活场景以不同的事情为中心，不同的事情有不同的意义。即兴演讲既然是因某件事而发，那么就必须准确把握住这件事的实质性意义。这样，演讲才不会偏题，才能给人以启迪。比如说在欢迎会和欢送会上的演讲，虽然两者都有一个“欢”字，但实质上不同。欢迎会上主要是讲真诚地期盼，而欢送会上的演讲主要是由衷的惋惜和中肯的评价。比如在婚礼上讲话却大谈计划生育的意义，就难免遭人冷眼。

4. 把握自己身份

在各种生活场合中讲话之前，演讲者必须考虑清楚，自己与听者的关系怎样，是站在哪个角度、以怎样的身份、代表谁来讲话——同学、同事、上级、下级、朋友、亲戚、主人或客人，等等。只有这样，你才能确定自己讲话的出发点，才能出言得体，分寸适度，恰到好处。更重要的是把握好这一点，就能充分展示你的演讲特色。因为自己这个“角色”常常是别人不能替代的，有些内容是别人讲不出来的。例如，你是以介绍人的身份在婚礼上致辞，那么新人的恋爱过程则是你得天独厚的讲话内容。如果你只像一般来宾那样表示祝贺，就没有抓住关键，没有发挥身份优势。每个人的身份不同，实际上给即兴演讲提供了切入讲题的不同角度，把握住了这一点，你的演讲就会新鲜有趣，独具特色。

把握好了以上四方面，你的即兴演讲的立意、选材、思路展开就有了明确的方向，较容易抓住头绪。

（二）"四捕捉"

1. 捕捉现场主题，从主题说起

在很多情况下，活动现场的布置都有明显的主题标志，这时，你可以以"主题"为由头，展开演讲。如在一次标有"人与人"主题的班会上，演讲者发表了《让我们登上理解的小舟》的即兴演讲，开篇说："很高兴站在这熟悉的讲台上与大家畅谈'人与人'……面对这玄乎的主题，我该讲些什么呢？我们在不同的环境下与不同的人相处，在学校要与老师、同学交往，那么，在这儿我就谈谈同学情吧！"

此外，要善于利用现场各种可用的资源，包括描述现场的某些布置（如讲坛上的盆花或墙上的标语等）所带给你的某些联想，或评述其他刚讲完话的演讲者的某些与你话题发生巧合关联性的话语。这样做很容易激发听众高度的兴趣与认同，而且你的机智表现也能有效增强演讲的感召力和说服力。

2. 捕捉现场感受，从感受说起

身处演讲现场，耳闻目睹了现场的人、事、景，免不了会产生这样那样的感受，抓住感受，就会有话可说。如在一次"学雷锋精神"的演讲比赛上，主持人发表即兴总结，开头说："同学们好！今天我有幸欣赏16位同学的演讲，我的感受是：我经历了一次小小的原子弹试验。因为此时此刻，我想起了西方的一个生动比喻……"由此，话匣子一下子打开了。

3. 捕捉现场话题，从话题说起

即从现场七嘴八舌的议论中，捕捉能激活思维的话语。抓住这样的话语，很便于借题发挥，引出演讲。如王强刚被选为班长后发表即兴演讲："同学们，感谢大家的信任！既然同学们选举了我，我就希望大家支持我。刚才，有的同学说，'王强，就等你新官上任三把火了！'这使我忐忑不安。不过，在我看来，我们班不存在烧三把火的问题。"这样，同学的一句话成了引子，借"火"烧"火"，顺理成章了。如下文例文三，这位老师就是因为考到专科学校的同学说"考到这，与其说是成功不如说是失败"这句话引起的即兴演讲。再如例文四，就是从"当官了，别忘了照顾一下兄弟们"这句话引起的即兴演讲。

4. 捕捉现场人物，从人物说起

这里的"人物"是指演讲现场一些事业有成，或有名望、有影响的，或自己所熟悉、敬慕的人。从他（她）的身上找引子，极易水到渠成。如浙江大学有一个博士，在一次与当代演讲家邵守义先生的见面会上，他发表即兴演讲："邵老师、各位学友：大家好！邵老师，其实我见过您多次了。不过，这次我是见到您真人了。我是《演讲与口才》十年的读者了，以前呢，只在报纸杂志上见到您。今天趁邵老师在这，我要讲讲我与《演讲与口才》——不得不说的故事。"这个由头抓得好。

即兴演讲的开场白，除以上四个方面外，也可以从"四把握"中选定其中任何一方面因素为由头，切入主题，然后顺理成章，一气呵成。

六、即兴演讲赛范例

例文一

启航——征程——港湾

杨清和　等

按：最近，重庆师范学院举行了一次别开生面的即兴演讲赛，演讲赛的规则是：①每三人为一组(事先分好)，随机抽题，准备1分钟后开始即兴演讲；②要求三人演讲的内容健康、紧密相连，并紧扣时代，结合实际，反映当代大学生的思想、精神和激情；③每人演讲时间不超过100秒。

这篇演讲的A、B、C三部分，就是杨清和所在的组三个成员的演讲稿，经杨清和整理而成。此演讲获一等奖。

A. 启航

朋友们：

当第一缕阳光冲破黎明的黑暗时，我们扬起了启航的风帆。在由一片金色的阳光和蓝色的海水织成的画卷里，我们真正启航。启航是艰难的。中国足球酝酿了四十年才站在了世界杯的启航线上；中国努力了十五年才启航于WTO；经过了十二年的奋斗，我们才开始了大学的生活。启航是艰难的，但我们有青春，艰难算什么呢？有什么比得过青春，比得过青春的自主权？每一次启航我们都有充分的准备，每一次启航我们都满怀信心。我们还怕什么呢？有青春作鞭，有时代作风，我们的启航还会不成功吗？

B. 征程

朋友们：

每一次启航都意味着又一次征程。

从出生那一刻起，我们便开始了人生的征程。

从收到大学录取通知书的那一刻起，我们便开始了大学的征程。

从足球冲入世界杯的那一刻起，从中国被正式批准入世的那一刻起，我们又踏上了征程。

我们翻过耸入云霄的高峰，渡过波涛汹涌的大海，穿过了没有人烟的森林，我们正经受着无数的困难和磨炼的洗礼。

因为征程，我们沐浴风雨；因为征程，我们倾听雷鸣；因为征程，我们欣赏了美轮美奂的风景——

征程是一段路，征程是一首歌。踏上了征程，我们勇往直前，激情澎湃；踏上征程，我们龙腾虎跃，义无反顾。

C. 港湾

朋友们：

因为启航，我们义无反顾。因为义无反顾，我们漂泊到美丽的港湾。

我们的帆曾被撕破，我们却渡过了大洋。

我们曾被雷鸣惊吓，我们却勇往直前。

我们的鞋曾被磨破，我们却走过了那段长满荆棘的崎岖小路。

我们的先辈曾抛头颅，洒热血，我们却成立了新中国。

我们收获了。那喜马拉雅山顶的五星红旗可以作证，那太平洋边越过的战舰可以作证，10 月 7 日的足球赛可以作证，11 月 10 日的世贸会议可以作证……

慢着，大家别以为我是在信口胡诌，中国入世和中国足球冲入世界杯怎么从启航一下子就到了港湾？其实啊，人生的征程不光是冲刺，而是启航——冲刺——港湾——再启航——再冲刺——再到港湾的循环过程。

所以，作为新世纪的大学生，我们应该坚持不懈地奋斗，驾着“三个代表”的时代巨浪，勇敢地攀登人生的高峰，尽情地亮出你我靓丽的风采！

（选自《演讲与口才》，2002 年第 4 期）

例文二

假如我是经理

佚名

同学们，朋友们：

今天我演讲的题目是“假如我是经理”。

记得孩提时，我有一个梦想——长大了当一个总经理。那时候，我经常拿起半导体打电话、拿本书当文件读。一玩就是半天，还经常忘了吃饭。

如今我长大了，学习了很多知识，懂得了许多道理。我有幸生在改革之年，亲眼看到在改革大潮中，涌现出一批批优秀企业家，他们有胆识、有能力、有开拓精神，为企业创效益，为国家创财富！当我看到青年企业家苏锦国的事迹后大为震惊，他把一个乡镇企业变成电脑控制的全自动化系统企业。我更羡慕他们，敬佩他们！我期盼着，总有一天，我也一定要成为名副其实的总经理。

有人说，“太狂妄了”，我说，“这不是狂妄而是自信”。为了事业成功，这种“狂妄”和“自信”又有什么不好呢？我记得拿破仑曾经说过这样一句话：不想当将军的士兵，就不是好士兵。

假如我当了经理，我要千方百计地搞好企业的经营管理，把我们公司的经营管理搞得井井有条。我设法引进先进技术，开发新产品，提高产品质量。我要让全体干部掌握好经营管理的理论，让职工懂得企业经营管理的好坏是关系到一个企业存亡的关键。我要求工人对技术精益求精，努力学好科学文化知识，提高业务水平和自身素质；让我们的产品，在国内名列前茅，冲出亚洲，走向世界！

……

同学们，朋友们，形势在发展，科学在前进，民族在腾飞，新时代赋予我们澎湃的热血，豪迈的激情，深沉的紧迫感、责任感、危机感！我们每一个有志青年，要相信自己，满怀信心，勇敢地为自己确立宏伟的目标，坚信自己的理想一定会实现！

“江山代有才人出，各领风骚数百年”，对于现在还未走出校园的我们，要深入学习，扎根于社会，老实、踏实、扎实地学习，当十年、二十年后的今天，在人们对中国刮目相看的时候，我们应该让自己无愧于时代，无愧于我们伟大的中华民族。同学们，朋友们！争雄跃进吧！

例文三

在迎新生大会上的即兴演讲

张海铭

同学们：

作为你们的一名老师，我理解你们踏入校门后的复杂心情，我也在校园中听到了你们关于成功与失败这个话题的讨论。考入我们学院，有些同学认为是人生的成功，有些同学则认为是人生的失败。高考已经尘埃落定，这其中的酸甜苦辣固然值得我们咀嚼和回味，这其中的经验和教训固然需要我们反思和总结，但是，如果仅仅以此评定人生的成败，未免失之于浅薄，以此放弃人生的追求，未免显得浮躁。

关于成功和失败，这无疑是一个十分有意义的话题，值得我们从各个视角和不同层面进行深入的探讨，但是，我在今天既无意武断地评价谁是谁非，更不想简单地褒贬哪种看法，我想把当代青年都非常喜欢的著名作家林清玄关于“成功”的一段话送给大家，也许我们在短时间内不能透彻地领悟这段话的含义，但如果能够引起大家的一些理性的思考，就说明我们已经有了一个良好的开端。什么是成功的人？林先生回答说：“就是今天比昨天更有智慧的人，今天比昨天更慈悲的人，今天比昨天更懂得爱的人，今天比昨天更懂得生活的人，今天比昨天更懂得宽容的人。希望同学们都能成为一个成功的人！”

例文四

就任指导员的即兴演讲(节选)

胡妍

“9”是一个很好的数字，它寓意深刻，含义丰富。“9”含有圆满之意。“9”的上半部分是一个圆，好像桌上这个圆杯。“9”的下半部是一撇，形似杯中外溢的水，水满才会溢。这正好体现了我们九连岁岁丰收，事事圆满。“9”又意味着信心百倍和全面胜利。“9”与“酒”同音，喝壮行酒体现革命战士对革命事业充满信心；喝庆功酒则标志革命事业取得伟大胜利。难怪在我接到就任咱们九连指导员的命令后，领导和战友们都说我运气好。

到九连后，我才真正发现，我的运气不是反映在“9”的寓意上，而是体现在我们九连的历史上。我们连是一个敢打敢拼，富有战斗力的集体，连队组建半个世纪以来，无论执行作战任务还是施工生产任务，件件圆满完成，年年都喝庆功酒。我们九连也是一个团结的集体，有一个良好的内部环境，战友之间亲如兄弟，官兵之间情同手足。在过去战争年代，在今天社会主义建设时期，在完成许许多多的艰巨任务过程中，这种友谊得到了检验，这种团结得到了巩固。九连还是一个很有希望的连队，从同志们的精神面貌，从连队这火热的战斗生活场面，从荣誉室这一面面锦旗上，我看到了九连的明天，我和大家一样，对九连充满了胜利的信心。

面对这么一个吉利的数字，面对这么一个先进的连队，面对这么多充满期望的笑脸，我深深感到责任的重大。我虽无三头六臂，但我有九连一百来号兄弟的支持，有九连精神的鼓舞和鞭策，我坚信，在未来的岁月里，我们九连的各项工作一定会取得圆满成功，我们一定会酿制出一杯满满的庆功酒。在我离开九连之时，我们将会举杯痛饮，庆祝我们的胜利。当然，在喝庆功酒时，我希望听到九连全体同志从内心里说出这样一句话——指导员无愧于我们，无愧于光荣的九连。

（选自《演讲与口才》，2017 年 1 月下）

例文五

第 28 届中国电视金鹰奖获奖演讲

胡歌

我想说句心里话，今天能拿到这个奖，并不是因为我的演技有多么好，而是因为我很幸运。首先我可能比更多的人更早知道演员应该是怎么样的。我要感谢郑佩佩老师，我的第一部戏是跟她合作的。在拍摄现场的时候，我记得是在横店的深秋，那个时候天气已经非常非常凉了，她拍戏的时候没有助理。有一场戏是她躺在地上，剧组在布景、布光，她就一直在那里躺了将近半小时的时间，那个记忆让我非常深刻，她让我知道演员在现场应该是什么样的。

然后我还是很幸运，我比更多的人更早的知道了什么样的演员才是真正的演员。我要感谢林依晨，在拍摄《射雕英雄传》的时候，她对我说了两句让我刻骨铭心的话。第一句话是，“演戏是一个探索人性的过程。”第二句话是，“我是在用生命演戏。”这两句话我会记住一辈子。

还有就是我有很多机会看到生活中一个真正的演员是什么样的。我昨天非常有幸和李雪健老师搭同一班飞机来到长沙，李雪健老师德高望重，这么高年龄，他只带了一个随行人员。我很惭愧，我带了三个，而且体型都非常壮硕。所以今天这个奖杯到了我手里，它并不是代表了我到了多高的高度，而是代表了我刚刚上路。这是一条创新之路，也是一条传承之路。艺术是需要创新的，但是追求艺术，敬业精神是需要传承的。谢谢大家！

例文六

舞会开场白

李俊

尊敬的各位来宾，年轻的朋友们：

大家晚上好！

虽然最近一段时间都是阴雨绵绵，天似乎很少有放晴的日子，但此刻我的心却有如阳光般灿烂，晴朗无比。因为今晚相聚于此的都是一群年轻的朋友。看着大家一张张充满青春活力的面庞，我不仅为之陶醉，为之感染，思绪也似乎一下子被激活了，此情此景似乎又让我回到了学生时代。记得在学校念书时，每年到了“五四”前夕，校团委也要举办这样的舞会，促进同学间的交流，增进彼此间的友谊。

我想今晚局团委举办这样一场舞会，其目的也是这样。我知道，在座的许多朋友在工作上是能手，在业务上是骨干。在生活中的您又是怎样的呢？不妨在今晚的舞会上尽情地展示一下，让我们看一看您的另一面吧！

年轻的朋友们，音乐已经响起，还犹豫什么呢？让我们抛开一切的羞涩与隔阂，唱起来，跳起来，舞起来，让幸福和快乐伴随我们度过一个美好的夜晚！

（选自《演讲与口才》，2002 年第 12 期）

例文七

竞选学生会主席演讲稿

刘其团

尊敬的领导，亲爱的同学们：

大家好！我叫刘其团，商英 04—4 班班长，一个待人真诚、敢说敢做、认真踏实的人。很荣幸今天能够站在这里参加竞选，非常感谢大家给予我这个机会。我竞选的目标是学生会主席！

学生会主席，不简单，必须具有较高的组织、协调能力和开拓创新精神，并能与学生们和谐、亲密地相处……还有很多很多条件，而我也许就是符合这些条件的最突出的一个！刘其团，一切皆有可能！

我不去想是否能够成功，既然选择了远方，便只顾风雨兼程。

我有十三年的当班长的经验，被评为河南省优秀学生，一年前光荣地加入了中国共产党。这些只是我辉煌的过去！现在，坚持“每天前进一步，永远真诚服务”的宗旨，心中荡漾着“一切为了同学，为了一切同学，为了同学一切”的誓言，我一定能够构建务实、诚信、高效、创新，永远真诚服务的新一届学生会班子；一定能够打造团结、活跃、睿智，一切皆有可能的河南农业职业学院学生会强势品牌！

我不去想身后会不会袭来寒风冷雨，既然目标是伟岸的大山，留给世界的就只能是认真踏实的足迹。

如果我当选为主席，我一定会兑现我的承诺：第一，多多为同学办实事，使学生会成为全院同学可以依靠的温馨的家园；第二，积极争取校内重大活动的参与权、举办权，把河南农业职业学院的学生活动做大、做活、做强；第三，通过申请、拉赞助等方式大力筹措经费，保证比上年经费增加 50% 以上，使学生会能为大家办更多的好事！因为“大家好，才是真的好”！

我不去想未来是平坦还是泥泞，只要心中充满执着和热爱，一切都在意料之中。

今晚，我想起了中国申奥代表团所说的一句话：“你们所做的任何决定都将改变历史，但是只有一种选择可以创造辉煌的未来。”你们选我刘其团当学生会主席，就是选择了辉煌的未来！各位同学，你们所期望的主席，不正是像我这样敢想敢做的人吗？给我一分信任吧，我将回报你们二十分的满意！

记住我的口号：团结就是力量，让我们一起去开拓！

谢谢大家！

例文八
北大新任校长王恩哥送给学生的十句话

第一句话，结交“两个朋友”：一个是运动场，一个是图书馆。到运动场锻炼身体，强健体魄；到图书馆博览群书，不断地“充电”“蓄电”“放电”。

第二句话，培养“两种功夫”：一个是本分，一个是本事。做人靠本分，做事靠本事，靠“两本”起家靠得住。

第三句话，乐于吃“两样东西”：一个是吃亏，一个是吃苦。做人不怕吃亏，做事不怕吃苦。吃亏是福，吃苦是福。

第四句话，具备“两种力量”：一种是思想的力量，一种是利剑的力量。思想的力量往往战胜利剑的力量。这是拿破仑的名言。一个人的思想走多远，他就有可能走多远。

第五句话，追求“两个一致”：一个是兴趣与事业一致，一个是爱情与婚姻一致。兴趣与事业一致，就能使你的潜力最大限度地得以发挥。恩格斯说，婚姻要以爱情为基础。没有爱情的婚姻是不道德的婚姻，也不会是牢固的婚姻。

第六句话，插上“两个翅膀”：一个叫理想，一个叫毅力。如果一个人有了这“两个翅膀”，他就能飞得高，飞得远。

第七句话，构建“两个支柱”：一个是科学，一个是人文。这是大科学家钱学森一再强调的。一个大写的“人”，必须由科学与人文这两个支柱来支撑。

第八句话，配备两个“保健医生”：一个叫运动，一个叫乐观。运动使你生理健康，乐观使你心理健康。我这个人没有什么别的兴趣与爱好，就是几十年来养成了两个习惯：日行万步路，夜读十页书。

第九句话，记住“两个秘诀”：一个是健康的秘诀在早上，一个是成功的秘诀在晚上。黎明即起，锻炼身体，强健体魄，争取健康地工作50年。必要时晚上还要加班加点，主要用来读书、思考、写作。大科学家爱因斯坦说过：人的差异产生于业余时间。业余时间能成就一个人，也能毁灭一个人。

第十句话，追求“两个极致”：一个是把自身的潜力发挥到极致，一个是把自己的寿命健康延长到极致。现在人们的潜力一般才发挥到3%～5%，据说如能发挥到10%，你就能背过120部英国的百科全书，所以要争取把自己的潜力发挥到极致。

【拓展训练】

1. 下列题目中任选一个，准备几分钟作即兴演讲。

(1)我的业余爱好　　　　(2)我的一个愿望

(3)我最尊敬的人　　　　(4)我的爸爸(妈妈)

(5)我所在的集体　　　　(6)家乡风光

(7)一句格言给我的启示　　(8)广告评说
(9)一部电影(或电视剧)的观后感　　(10)学习普通话的体会
(11)我的家乡话(与普通话相比较)　　(12)人人都应该遵守交通规则
(13)社会公德要人人遵守　　(14)美好的环境需要大家来维护
(15)我们该张扬什么样的个性　　(16)假如我是×××

2. 请根据下面材料，作3分钟即兴演讲。

(1)在大学校园里“六十分万岁”的思想经久不衰，一届传给一届。玩世不恭者说：“若是不考试，一切皆可抛。”有的振振有词：“六十分足矣，多一分浪费，少一分犯罪。”“不是我们不想好好学习，也不是不想取得好成绩，问题在于学得再好，分数再高，也没用，到毕业工作时知识又老化了。”对诸如此类的观点论调，你是怎样看的？

(2)材料：人对人要尊重，人对自然也要尊重。尊重表现在各个层面：同学之间，朋友之间，同事之间，亲人之间，都有一个互相尊重的问题。就是国与国之间也是如此，就拿日本来说吧，日本侵华多少年，中国人对这段历史是不会忘记的。如今，促进中日关系的友好发展，我们是诚心诚意的。但是，既要尊重历史，又要面对现实。如果日本违反国际准则，肆意篡改历史，伤害中国人以及其他亚洲国家人民的感情，我们则是坚决不答应的。请以“尊重”为话题，发表即兴演讲。

提示：

①设问式开头：“我时常问自己：人世间万事万物，唯有什么最值得尊重？……”

②引用式开头：“一位哲人曾经说过：只有尊重别人，别人才会尊重你。……”

③呼告式开头：“朋友，学会尊重吧！它会使你更具有人格魅力。……”

④比喻式开头：“尊重是绽放在心灵沃土上的一朵圣洁的花，它会使人际关系更美好。……”

⑤排比式开头：“雨露滋润禾苗，那是对生命的尊重；果实迎接收获，那是对劳动的尊重；学生感谢老师，那是对教育的尊重；儿女回报父母，那是对亲情的尊重……”

⑥对比式开头：“尊重别人，就是尊重自己；轻慢别人，就是轻慢自己。……”

(3)材料：在社会生活中，人人都扮演着不同的角色。有的是编剧，有的是导演，有的是主角，有的是配角。你扮演的是什么角色？是主角，还是配角？是生活的主人，还是附庸？你的亲人、朋友，又是怎样的角色？请以“角色”为题目，进行即兴演讲。

提示：

①设问式开头：“面对时代的挑战，我们青年人究竟应该担当什么样的角色呢？”

②引用式开头：“一位作家说过这样的话：‘大社会也离不开小角色。’”

③呼告式开头：“朋友，请为你的人生角色定位。”

④比喻式开头：“在社会大舞台上，我们每一个角色都要出场亮相。”

⑤排比式开头：“戏剧舞台上的角色是多种多样的，有主要角色，有次要角色，有正面角色，有反面角色……”

⑥对比式开头：“在现实生活中，有人争当主角，有人甘当配角。”

3. 根据下列各种生活场景，作即兴演讲(或写即兴演讲词)。

(1)请以班级新年晚会节目主持人的身份写一篇简短的讲话稿，内容包括：①向大家致以新年的祝贺。②介绍晚会内容。③预祝晚会成功。

(2)你们慕名已久的×××老师就要来做你们的班主任，在×××老师到来的欢迎会上，请你代表全班同学讲话。

(3)做了你们两年班主任的××老师因工作关系(或攻读研究生)，即将离开本校，在全班的欢送会上，请你代表全班同学致欢送词。

(4)你的同学举行十八岁生日庆祝会，请你结合他本人的特点，发表简短的讲话，表示祝贺。

4. 你的老师举行60岁生日会，并即将退休。你来为老师祝寿，请发表即兴讲话。

5. 新学期开学不久，班里组织一次个人才华展示表演晚会，你是主持人，你准备讲些什么?

项目四

论辩口才训练

【导入案例】

在主题为“顺境/逆境更有利于人的成长”的国际大专辩论赛决赛上，反方盘问正方的环节中，正方马薇薇和反方庄志凯进行了激烈的辩论。

庄智凯：对方辩友，今天你来参加国际大专辩论会，如果说今天你遇到都是实力非常强的队伍，而他们的实力都超出您方所预期的实力，那么，下次您再参加这场比赛的时候，您会不会更充分地准备，更认真地准备，因为担心会遇到更强的对手？

马薇薇：可是无论我的对手多么强，都有我的教练、队友，还有场下的观众支持着我，我觉得这是我发展的顺境。在这种顺境之中，无论遇到多么强的对手，我都会迎难而上，取得成功的，谢谢你。

庄智凯：对方辩友的意思是说，下次遇到更强的对手，您方就不打算更认真地准备，因为觉得现在这个程度就可以打败更强的对手的吗？

马薇薇：不，就算您是我的对手，您也不是我的困境，我觉得您是我成长中的动力，您的关心和鼓励，我都非常感谢。

【案例思考】

这场辩论正方和反方分别用了哪些辩论技巧？如果你是反方，该如何继续辩论下去呢？

任务一　认识辩论口才

“一人之辩，重于九鼎之宝；三寸之舌，强于百万之师。”古往今来，人们在长期利用自然、改造自然的活动中以及社会交往中，由于某些观点和意见的不同，进行口头上的争论，通过争论提出观点和论据，以明辨是非，探求真理，解决矛盾，达到思想认识上的统一和共识。随着社会的发展，论辩的作用受到广泛的重视，大到联合国大会解决世界性问题的论辩，小到家庭生活中琐碎小事之争，论辩可以说是无时无处不在。事不辩不清，理不辩不明。通过论辩，开诚布公，明辨是非，去伪存真，揭露谬误，求证真理，从而求得问题的解决，推动社会的发展和进步。论辩需要辩才，即思维敏捷，口齿伶俐，敢破敢立，善守善攻，广而博，旷而达，等等。

一、辩论的概念

辩论，也称论辩。从字面上解释，论是立论、证明，即确立自己观点的正确性，目的在于“立”；辩是辩解、辩驳，即指出对方观点的谬误性，目的在于“破”。

辩论由论题、立论者和驳论者三个要素组成。辩论中的论题也叫辩题，它是辩论的题目，是辩论双方争论的对象。论题一般是一个问题，也可以是一个判断，围绕这个问题，立论者和驳论者各自提出相互对立的观点。立论者是在辩论中针对论题首先提出或坚持某个观点的一方，驳论者是反驳立论者观点的一方。

因此，辩论，就是对立双方围绕同一问题，力求证明自己的观点正确、说服对方或者战胜对方而相互论争的过程；同时，这一过程也是批驳谬误、探求真理的过程。

二、辩论的特点

辩论属于口才的范畴，它要通过语言的运用来进行，比一般的说话、演讲要求更高，是有声语言的最高境界，除了具备各种口语表达的特征之外，它还具有以下主要特点。

1. 针锋相对

辩论双方的观点是互相矛盾或冲突的，辩论者既要证明自己观点的正确性，又要针对另一方的观点进行有力批驳，因此辩论的内容必然是针锋相对的，呈现出一种攻与守的对抗状态。

【情景案例】

在亚洲大专辩论会决赛上，作为正方的台湾大学辩论队针对反方的发言，做出了以下提问：“我想请问对方辩友，如果说人性真的是本恶的，我们来请问下面几个问题：如果说呀，驯兽师可以改变狮子的本性的话，那么我们想想看，我们可以教狮子敬礼，也可以教狮子行善吗？我再想请问对方辩友，如果说今天是人性本恶的话，对方辩友说的种种教育，那可能实行吗？谁会信任谁，由哪一个性善的人来教，还是性恶的人来教呢？如果说性恶的人来教的话，那谁会服谁呢？他教的凭什么就是善的呢？今天对方辩友最根本的关键的矛盾错误就在于说，他相信人性本恶，但本恶的人会摒弃恶的价值吗？本恶的人会喜欢恶吧。”

2. 论证严密

在辩论中，双方针锋相对、唇枪舌剑，往往要经过数个乃至数十个回合的交锋，这就要求辩论者事先应对论题作全面的考虑，构建起一个比较严密的理论和论证体系。每一方都必须使己方的观点鲜明集中，论据充分有力，论证逻辑严密、无懈可击。否则就有可能顾此失彼，破绽百出，不仅无还手之力，甚至缺招架之功，终致溃败。

【情景案例】

在“跳槽是否有利于人才发挥作用”的论辩中，有这样一节辩词：

正方：张勇，全国乒乓球锦标赛的冠军，就是从江苏跳槽到陕西，对方辩友还说他没有为陕西人民作出贡献，真叫人心寒啊！

反方：请问到体工队可能是跳槽去的吗？这恰恰是我们这里提倡的合理流动啊！对方辩友戴着跳槽眼镜看问题，当然天下乌鸦一般黑，所有的流动都是跳槽了。

正方举张勇为例，他从江苏到陕西后，获得了更好地发展自己的空间，这是事实。反方马上指出对方具体例证引用失误：张勇到体工队，不可能是通过“跳槽”这种不规范的人才流动方式去的，而恰恰是在“公平、平等、竞争、择优”的原则下“合理流动”去的，可信度高、说服力强、震撼力大，收到了较为明显的反客为主的效果。

3. 应对机敏

不管是哪种类型的辩论，都是辩论双方同处于一个辩论现场。虽然很多辩论可在事前进行充分准备，尽量做到知己知彼，但辩论现场双方你来我往、短兵相接、风云变幻，往往会有意想不到的情况出现，这就要求辩论双方都要反应机敏，善于随机应变。一方面是指反应要及时，对对方提出的观点和问题迅速做出反应。如果反应迟缓，就会使己方处于劣势；如果长时间不发言，对方和听众就会认为你方已被驳倒或已同意对方的观点。另一方面是指反应要正确，应对要巧妙。当对方发言时，要善于抓住其内容要点，捕捉破绽，然后快速反应，进行有力的辩驳，打击对方的要害，出奇制胜。

【情景案例】

在“真理是否越辩越明”的辩论中出现过如下一例：

反方三辩：如果必须有其他条件的配合，那么辩论如何还是追求真理的充分条件呢？再请问对方辩友，“遗传之父”曼德尔他是通过豆苗的实验还是与豆苗进行辩论来找到遗传的定律呢？

正方二辩：我不得不提醒对方注意，今天我们讨论的是辩能不能使真理明的问题。可是对方举出的各种实例都没有辩的参与其间，根本就没有辩，如何论证你方观点呢？

反方四辩：谢谢对方辩友，终于退出了一步，承认许多真理根本不用靠辩，就像曼德尔找出遗传的真谛就没有经过辩这个过程！

正方四辩：既然对方辩友都不承认有辩，那我们今天的命题你们又怎么论证真理不会越辩越明！

反方二辩：谢谢对方辩友终于承认了辩不是一个充分条件，因为在许多条件下辩是不需要存在的。再请对方辩友解释一下，星球之间的距离、轨道之间的引力是如何通过辩来论证的呢？

正方二辩：对方总说事实是很重要的，难道说事实能解决一切吗？要让人相信人是由猿猴进化来的，是不是要牵来一只猴子把它变成人我们才相信呢？

三、辩论的类型

辩论是社会生活中的常见活动，一场电影、一部小说、一桩特殊事件，某个社会现象或问题，都能够引起不同意见之间的争辩。

辩论作为适用领域较广的社会活动，其表现形式很多，根据不同的标准，可划分出不同的种类。在辩论学界，为学习和研究方便，人们一般将辩论分为日常辩论、专题辩论和赛场辩论三种类型。

1. 日常辩论

是指人们在日常生活中因对某些问题所持的立场、观点、看法等不同而进行争辩，通过辩论，努力证明自己正确、对方错误的活动。这种论辩往往是即兴的、无准备的。

【情景案例】

父子二人经过五星级饭店门口，看到一辆十分豪华的进口轿车。儿子不屑地对他的父亲说："坐这种车的人，肚子里一定没有学问！"父亲则轻描淡写地回答："说这种话的人，口袋里一定没有钱！"

2. 专题辩论

是指在专门的场合对某一领域或某一部门的特定议题进行的辩论。如决策辩论、法庭辩论、外交辩论、谈判辩论、竞选辩论、学术争鸣、论文答辩等。各种形式的专题辩论存在论辩场合、参辩各方身份、论辩目的等的不同，各有其特点和作用。

【情景案例】

1960 年 4 月下旬，周恩来总理与印度谈判中印边界问题，印方提出一个挑衅性问题："西藏自古就是中国的领土吗？"

周恩来总理说："西藏自古就是中国的领土，远的不说，至少在元代，它已经是中国的领土。"

对方说："时间太短了。"

周恩来总理说："中国的元代离现在已有 700 来年的历史，如果 700 来年都被认为是时间短的话，那么，美国到现在只有 100 多年的历史，是不是美国不能成为一个国家呢？这显然是荒谬的。"

印方代表哑口无言。

在周总理的反驳中，用了两个对比性材料来否定对方的观点。700 年与 100 年相比较，你要否认 700 年而承认 100 年显然是站不住脚的，其结果是承认 100 年就得承认 700 年这个事实。对比在这里产生了巨大的力量。

3. 赛场辩论

是指有组织的、按一定规则进行的，围绕同一个问题，双方当面交锋，各自论述自己的观点和见解，抨击对方论点，以求评判出胜负的一种智力竞赛活动。需要注意的是，赛场辩论尽管双方立场针锋相对，但他们各自所捍卫的观点，并非本意，而是由抽签所决定的。由于赛场辩论最能锻炼参赛者的思维能力、应变能力和语言表达能力，并且赛场上论辩双方唇枪舌剑、激烈交锋所迸发出的智慧火花、思想魅力和精妙的语言，都使赛场内外的人们受益匪浅、乐在其中，因而越来越受到人们的重视和欢迎。

四、辩论的作用

辩论，作为口才的一种表现形式，历史悠久。早在古希腊、罗马和我国春秋战国时代，就有许多辩论佳话。从古到今，雄辩家们尽情挥洒自己的智慧，展现自己的口才，为辩论史谱写了一篇篇灿烂辉煌的乐章，使辩论的作用发挥得淋漓尽致。

首先，辩论有助于人们发现真理，认识真理，弘扬真理。辩论作为社会活动的一种，可以使人们在认识自然、认识社会的过程中，更好地区分正误，明辨是非。因为真理只有在同谬误的斗争中才能被人们所认识，才能得到发展。因此，辩论对社会的作用主要表现在它能帮助人们发现真理，认识真理，捍卫真理，弘扬真理。俗话说“理不辩不明”。辩论是打开真理之门的钥匙，是人与人之间争取相互理解的中介，是达成共识谋求合作的途径。

其次，辩论有助于开发智力，锻炼思维，提高应变能力。参加辩论，要求参与者头脑灵活，思维严谨，反应敏捷，因此，辩论必然有助于辩论者智力的开发，有助于培养辩论者思维的完整性、准确性、清晰性和敏捷性，提高其应变能力。

最后，辩论有助于培养良好口才，提高竞争意识。在辩论中，任何一方要想在辩论中取胜，除了观点正确、材料丰富、辩驳有力外，口头语言表达能力也是非常重要的。因此为适应辩论并力求在辩论中取胜，辩论者必须事先训练口才，培养出色的口才；辩论中你来我往、唇枪舌剑，也为磨砺口才提供了极好的机会。辩论的最终目的，就是要捍卫己方的观点，批驳对方的观点，它实质上就是一种竞争，是知识的、智力的、口才的综合竞争。任何人要想在辩论中取胜，就必须有不甘退让，坚持己见，敢于竞争的精神。

任务二　辩论语言的特点及技巧

一、辩论语言的特点

辩论是使用语言来进行的一种竞赛，是一种高水准的语言游戏。不管是哪一种类型的辩论，双方的立场及缜密的推理，都需要通过准确、流畅、优美的语言来传递。辩论语言的特点主要有以下几点。

1. 精确性

辩论时思想跳跃幅度大，时间节奏快，辩论材料涉及面广，引用资料、概念多，语言容量大，所以辩论语言要准确达意，严谨缜密；要忠实于信息传递内容，不能随便编造事件，要对客观事实负责。

2. 逻辑性

包括论证辩驳、论据使用、推理演绎、语言表达等方面的逻辑性。辩手语言的逻辑性将直接影响评委和观众的印象分。辩论过程是一个充满逻辑论证的过程，需要严谨的科学态度和广博的知识。因此，辩论不但带有浓厚的学术色彩，而且是一种滴水不漏的思辨之战。

3. 攻击性

辩论语言是具有挑战性的攻势语言。辩论不单是回合战，更是歼灭战，有效地攻击对手论点中的不足，可直接击倒对手的观点。但在辩论中应注意不能有过激的语言，要保持良好的辩风。

4. 艺术性

语言本身具有艺术性，具有极高的美学欣赏价值，而辩论语言特有的理性、严谨、简洁、流畅、说服力和号召力，更使它具有很高的艺术魅力。我们追求辩论艺术的目的，就是通过准确、激昂、灵动的语言展示深邃的思想震撼人心的精神魅力。诗词、成语、谚语、格言、典故、修辞手法等的巧妙运用，都有助于体现辩论语言的艺术美。

5. 多样性

辩论语言是有声语言加无声语言(肢体语言、姿态语言、实物语言等)的配合。在辩论场上，各种有声、无声的语言不但在辩论双方之间传递信息，更是把辩论双方的立场、依据和争论传递给评委和观众；同时，评委和观众的态度，也会反馈给场上队员。

6. 简洁性

因辩论要现场面对听众和评委，赛场有时间限制，所以辩论语言要简明扼要，短促明快，句式结构要简短，力求言简意赅。

7. 感染性

辩论语言要感情真挚，声情并茂。既要以理服人，又要以情动人，如能做到生动幽默，不但可以大大增强辩论语言的感染力，还可营造场上的气氛，给对手造成一定的心理压力。

二、辩论的技巧

辩论，尤其是辩论赛，是一种集知识、思辨、技巧于一体的智力的竞技和谋略的较量。它除了对辩手的知识积累、思维反应等方面要求较高外，更要求辩手灵活运用辩论方法和技巧，在辩论中做到攻守自如，最大限度地发挥辩论艺术的魅力。

(一)进攻技巧

不管是实用性辩论(如法庭辩论)，还是表演性辩论(如辩论赛)，其本质都要求进攻，因为只有进攻才能对论敌实施有效的打击，才能取得辩论的胜利。在进攻时，首先要解决的问题是从什么地方进攻，只有找准了突破口，找准了最佳的进攻点，才有可能顺利地实施进攻并取得战果，也就是说，要攻其要害。

所谓要害，亦即实质，它是双方争论的焦点，关系到对方立论的基础。一旦抓住要害实施有力打击，就会动摇对方立论的基础，收到事半功倍的效果。在对手防守严密的情况下，要根据事先的准备和对手的发言，迅速地判断其要害之所在。

如“温饱是谈道德的必要条件”这一辩题的要害是：在不温饱的状况下，是否能谈道德？在辩论中只有始终抓住这个要害问题，才能给对方以致命的打击。

在对方漏洞较多的情况下，一样要抓要害，不应在无关大局的细小枝节问题上纠缠，也不要因为处处可攻，便捡起那些易于取得表面效果(如博得一时的掌声)的漏洞进攻。辩手要经得起诱惑，分得清方向，否则便不能给对方立论的核心以毁灭性的打击。

在攻其要害这个大原则下，可以攻其弱点，如对方有理由方面的弱点，如理由不真实、不充分，便可直接攻击理由方面的弱点；如辩手本身有知识面窄、说话前后矛盾等弱点，则可用“点名法”攻击这一弱点。另外，还可攻其不备。这种不备不一定是对方论证体系里面的，它只要与论题相关，便可作为进攻点。

找准进攻点之后，又如何进攻呢？下面择要介绍几种进攻的方法。

1. 指斥法(揭示矛盾法)

即直截了当地指出对方的错误之所在，或是论点与事实相违背，或是对方论证中自相矛盾，或是对方“偷换概念”，这是最简单却也最有效的进攻方法之一。

【情景案例】

在一场题为“建设节约社会重在消费节约还是生产节约”的辩论赛中，正方向反方质询：“2004 年我国餐饮业的食物浪费高达 6000 亿元，一年浪费掉三年生产节约的总和，请问二辩，如何解决消费浪费速度超过生产节约速度的问题？”反方回答道：“对方辩友说错了吧，2004 年餐饮业事物浪费总和只有 600 亿元，怎么到了您口中，轻轻巧巧就增长十倍呢？”

正方的提问原本非常尖锐，但是由于口误，直接导致对方可以不顾问题本身如何，就数据论数据，反而让观众认为自身举证数据不当，有虚张声势的嫌疑，从而让质询目的无法达到。当然，这里反方的单刀直入是需要勇气的，如果自身对数据了解不够清楚，那么效果会适得其反。

2. 双刀法(两难设问法)

两难设问的目的是向对方提出一个问题，这个问题的回答包含正反两种选择，但无论对方做何种选择，结果都是难以接受的。双刀法表面上是让对方享有选择余地，对手必须在给定的两个结论中选定或陷入其中一项，实质上却是自己掌握主动权，因任何一项选择都对双方不利，前后夹击对方，使之无路可逃。

【情景案例】

子贡问孔子：“死人有知、无知也？”孔子曰：“吾欲言死者有知也，恐孝子顺孙妨生以送死也；欲言无知，恐不肖子孙弃不葬也。”其实这里子贡的问题对于孔子来说就是个没有正确答案的问题。不能回答的原因孔子自己说了出来：“我要说人死后有意识，担心孝子老想着死后的事，影响了生前的孝顺；我要说没有意识，不孝的人以此为借口不肯埋葬老人。”

3. 归谬法

在论辩中，面对一个荒谬的论题，不予正面直接揭露、反驳，而是以它为起点，遵循“有此必有彼”的必然联系，引申出一个更为荒谬的论题，这就是归谬法。因为引申出的结论的荒谬性一目了然，对方的观点便不攻自破了。

【情景案例】

武汉大学队对马来西亚大学对就“金钱是不是万恶之源”进行辩论中，马来西亚大学队指出：“今天对方主辩的逻辑很有趣。他今天告诉我们，因为对金钱的追求是无限的，而对财富的占有却是有限的，所以金钱就是万恶之源了。那既然我说，我对道德的追求也是无限的，可是我所拥有的道德也是有限的，所以道德也是万恶之源吗？照这样的逻辑，今天健康也是万恶之源，今天，爱情也是万恶之源了。”

4.“明知故问”法

对答案明确的问题或已知的事实，只因答案对对方不利，便故意将问题提出，置对方于困境。

【情景案例】

在辩论“顺境(逆境)更有利于人的成长”时，正方中山大学在辩论中，明知故问对方：“请问人们去救助战乱饥荒地区的孩子，是不是为了让他们摆脱逆境，更好地成长呢?”因为该问题的答案显然对反方不利，所以正方不仅明知故问，而且由此延伸下去进行不断追问。反方先是用“救助战乱饥荒中的孩子是人们的怜悯和爱”来回避，但正方接着追问“为什么我们要付出我们的关爱呢，不正是因为看到他们身处逆境，不利于他们的成长，我们才要付出关爱吗？如果逆境更有利于他们的成长的话，我们应该对他们表示羡慕，让大家都去贫困山区，不是更有利于大家的成长吗？……如果我们的怜悯却阻碍了他们在逆境中成长的话，这不是一种道德的虚伪吗?”

(二)防守技巧

在辩论中，有进攻就有防守。防守是为抵挡对方进攻，巩固己方阵地而采取的自我保护措施。进攻和防守，既对立又统一。以攻可以为守，以守可以为攻。所以高明的防守并非一味消极的死守。

1. 反证法

就是用证明与原论点相矛盾的反论点的虚假，来确定原论点正确的方法。

【情景案例】

相传在甘罗七八岁的时候，有一天看见他那在当朝为官的外公，回家后长吁短叹，闷闷不乐。于是他就向外公打听到底发生了什么事。原来皇上听信谗言，给甘罗的外公出了个难题：找一枚公鸡下的蛋。甘罗听了后说：这事情好解决，我替你去办。第二天，甘罗叫外公在家休息，他穿着外公宽大的官服上朝去了。皇上及大臣看到他这身打扮，既感到好笑又觉得好奇。于是问甘罗：你外公不来上朝，他到哪里去了？甘罗不紧不慢地说：外公生小孩子了。皇上听了大笑着说：小家伙骗人也不讲点技术含量，男人会生小孩子吗？甘罗马上接上去说：既然男人不会生小孩子，那么公鸡又怎么会下蛋呢？皇上只好收回成命。

2. 以退为进法

在辩论中，当己方的观点受到猛烈攻击，硬挡效果并不理想时，有时用以退为进的方法也可获得有效的辩护。

【情景案例】

在2000年全国大专辩论赛决赛，关于"城市交通问题主要是设施问题还是管理问题"的辩论中，反方向正方提问："请对方用交通学当中著名的波动理论给大家解释一下在借位换位中的UW，为什么能够从负值转为正值?"正方回答："对方辩友，今天我们是在进行大专辩论赛，并不是进行知识竞赛，您一上来就问我一个纯知识性问题，不仅我不是非常清楚，在座的评委和观众也不是非常清楚，假如对方认为这和我们的辩论非常有关系的话，请详细解释一下，让我们来展开一场有意义的辩论!"乍一看，反方问正方UW如何从负值转为正值的数据问题，正方并没有回答。但是现场观众却为反方叫好。这是因为，数据本身的提出一定要让观众能够理解和接受，如果是太学术性的数据理论，就违背了辩论赛尊重观众的宗旨，不得人心。

3. 以攻为守法

当对方攻击自己时，如果无法正面辩护，则可主动出击，反驳对方的要害，迫使对方转攻为守，自顾不暇，以达到守住己方阵地的目的。

【情景案例】

香港大学队对武汉大学队就"经济发展和环境保护可否并行?"进行辩论，在自由辩论阶段，双方有这样一个回合的较量：

反方：既然对方同学说经济发展和环境保护可以相互促进，那么请教对方同学，经济发展最快的工业革命时期，为什么促进出了八大公害、十大污染、十六大环境问题？

正方：我发现对方同学真的是非常恋旧，为什么你说来说去都是大工业时代？放眼现在，已经是走到了经济时代。请正面回答我方问题，这两者关系到底是正相关还是反相关？谢谢。

面对反方提出的犀利问题，在无法给出清楚解释的情况下，正方的战术是抛出反方同样不能解决的问题来质问对方，通过毫不退却的进攻，扭转弱势局面，从而维护己方的观点。

4. "模糊应接"法

在辩论中，有时对方会在形势对己方不利的情况下，穷追不舍，提出一些棘手的问题。对于这些你不能不回答，又不能明确回答的问题，使用模糊回答，常可摆脱困境。

【情景案例】

在南京大学对辅仁大学辩论“知难行易，还是知易行难”时，正方指出，“人非生而知之者”，所以孔子说，“学而不已，阖棺乃止”，孔子又说，“学而不厌，诲而不倦”。请问对方同学，这是知易吗？对这一尖锐的提问，反方采取了“模糊应接”法：“对方同学举了很多关于辛苦的例子，但是辛苦流汗就是艰难吗?”这样一个反问，既回避了对方的话锋，又巧妙地把话语的主动权拉回到了自己一方，有利于引出己方的观点。

（三）机变技巧

在论辩中，不可能时时处处都想得很周到，一点漏洞也没有。准备不充分，仓促应战，或自己在辩论中出现明显失误给对方以把柄的情况，常常会发生。要应付这些意外情况，可采用以下机变技巧。

1. 缓兵之计法

在辩论中，当对方提出一些事先没有准备的问题，而在仓促之间难以回答时，为了能够不露声色地争取时间，可用缓兵之计。常用的缓兵技巧有两种，一是先故意提一些问题。如对方提问过后，可以故意问对方，“这个问题还要我回答吗”，或“不知您要求我从哪个方面来回答这个问题呢”等，通过这些提问，尽量争取时间，考虑怎样回答对方的问题。二是假装没有听清楚，请对方再将问题讲一次。

2. 补错法

在辩论中，有时可能失言或讲错话，这就要及时补错，不然马上就会被对方抓住，作为攻击的把柄，使己方陷入被动。可采用以下方法补错：

一是移植，即把错误移植到别人头上。如可以这样说：“这不是我的看法，而是别人的看法，我下面正准备驳斥这个观点。”这样对方就不好再次攻击你的错话了，可以变被动为主动。

二是补说，即进一步引申、补充自己不恰当的话，使之变为正确。如可以说：“请等一等，我的话还没有说完呢，我刚才的话还应做如下补充……”这样既挡住了对方的进攻，又修正了自己的话。

三是将错就错，在自己讲错话之后，自己也意识到了，或对方指出来了，这时可干脆将错就错，巧妙地改变错话的含义，将错的东西转化为正确的东西来论证。

【情景案例】

一位辩手在解释“三纲五常”中的“三纲”的内容时，错说为“臣为君纲，子为父纲，妻为夫纲”，正好把君臣、父子、夫妇的关系弄颠倒了，引来哄堂大笑。这位辩手意识到自己说错话后，立即补充道：“请大家注意，我说的是‘新三纲’啊。现在我国人民当家做主，是主人，而领导不管官位多高，都是人民的公仆，岂不是臣为君纲？我国实行计划生育，一对夫妇只生一个孩子，这孩子成了家里的小皇帝，岂不是子为父纲？现在许多家庭中，妻子的权力远远超过丈夫，‘妻管严’‘模范丈夫’比比皆是，岂不是妻为夫纲？”话音刚落，掌声骤起，这自然是对这位辩手巧妙运用“将错就错”法的肯定。

当然，辩论的方法和技巧还有很多，需要在辩论实践中不断学习，不断探索，不断提高，灵活运用。

任务三　辩论赛的组织

自 20 世纪 80 年代以来，华语辩论赛在我国和华语地区蓬勃开展，至今方兴未艾。最近几年，在我国各类校园文化活动中，各种辩论赛更是成为一个重要的文化盛事，长盛不衰，魅力无限。

常见的辩论赛类型有“一对一”“三对三”“四对四”等不同类型，各有所长。辩论赛的组织模式也日趋多样化，组织辩论赛应根据具体情况决定比赛形式。

一、辩论赛的准备

目前流行的辩论赛，基本上是一种表演性的辩论。正反双方的观点是由抽签决定的，因而如何辨析辩题，形成对己方有利的观点，是辩论的前提。

1. 分析辩题

为了把辩题分析透彻，可分四步进行。首先是把握辩题的含义，即辩题表达了什么样的思想。因为辩题一般由概念构成，所以实际上是要搞清楚辩题中每个概念的含义。而对概念的界定又是多种多样的，有广义与狭义之分，有特指和泛指之别，其内涵与外延也有不同的范围。有时候，如何定义概念就成了树本方旗帜的关键。我们可以通过对关键性概念下定义的方式获取有利于己方的生机与活力。

【情景案例】

正方辩题为“高消费在市场经济条件下利大于弊”，在分析辩题时会发现，这个题目与传统的消费观念相抵触，与目前的国情也不协调，很容易被击倒。为了化解危机，正方在“高消费”定义上下功夫，先试图将“高消费”概念解释为“超前消费”，给以美化，但效果不好。后来他们又查遍有关专著，也未找到有利于己的解释。他们经分析研究，为高消费作了如下定义：高质量、高档次、高品位的消费。前两者是对消费对象的要求，后者是对人们消费心理的要求。这个定义与以往认为高消费就是寅吃卯粮、入不敷出的消费观有了根本的不同，给人耳目一新的感觉。实践证明了他们的定义在辩论中有效避免了被动。

2. 制订辩论方案

《孙子兵法》有言：“知己知彼，百战不殆。”打仗如此，辩论也一样。“知己知彼”首先就是要求“知己”，即对己方各方面的情况有全面而正确的了解。比如己方的观点是否正确，支持观点的论据是否充分，论证有无漏洞，与辩论有关的材料是否准备充分，己方队员的性格、心理、论辩经验如何等。其次是“知彼”，论辩者应对对方的观点、论证方法、优势、劣势，对方可能存在的漏洞以及对方队员的性格、心理等方面的因素做较深入的了解。广义的“知彼”，还包括对辩论的时间、场所、听众和评委的文化层次、职业、年龄、兴趣爱好及对辩题的倾向有所了解，以便因人、因题、因时、因地综合考虑一种能应对各种情况的最佳辩论方案，搭起逻辑严密的辩论框架。

辩论的两大基本元素是“论”与“辩”。“论”就是“立”——正面论证己方观点的正确，“辩”就是“破”——辩驳对方的错误。“辩”是中心，“论”为“辩”服务。

设计辩论方案，可按以下步骤进行：第一步——破题，如上所述。第二步——立论。一是确立己方的理论基点（中心论点），表述时要有严密的界定；二是将中心论点分解为若干个理论支点（分论点）；三是理清中心论点与各分论点之间，以及各个分论点之间的逻辑联系。第三步——预测。一是预测对方立论角度的各种可能；二是找出辩题中对对方不利之处，预测对方论证时可能出现的薄弱环节，作为己方辩驳的突破口、打击点。

【情景案例】

在辩“儒家思想”是不是“四小龙”经济快速成长的主要推动因素时，反方南京大学在设计辩论方案时，感到在反方立场（即“儒家思想”不是“四小龙”经济快速成长的主要推动因素）进行辩论相当有难度。

首先，辩论赛举办地点新加坡是尊孔和提倡儒家思想的国家，观众和评委中不少人都是儒家思想的崇尚者。再从实际情况看，“四小龙”的经济在近期的确发展快速，令世界瞩目。在这种背景下，他们认真地从历史与现实、经济与文化、辩论的思想倾向和观众情感色彩等方面进行了综合分析，先确定了不批儒家思想，相反要充分肯定儒家思想的总战略。而后又抓住“题眼”——“主要”二字做文章，即承认儒家思想是经济快速成长的推动因素之一，但同其他推动因素相比，它不是主要的。这样就把争辩的焦点从“是不是”转移到“主要与否”上，有一定的出奇性。但是他们又意识到，这个角度并非十全十美。因为只要承认儒家思想是推动因素之一，也就会为本方阵地留下缺口，主要与次要之辩难以说清，因而缺少全胜的把握。于是，他们再行思索，终于选出新的角度，确定了“把儒家思想的功能拒之于经济领域之外”的战略，即在经济领域之外，充分肯定儒家思想的积极作用，但是绝不承认它是经济发展的推动因素。它充其量不过是经济发展的一个背景条件，而正确的战略选择和政策协调才是主要推动因素。最后，他们总结出四句话：辩题性质——经济、事实；时空范围——“四小龙”、近 30 年；辩论内容——国民生产总值增长的原因，而非其他；儒家思想——非常好，但不具备经济功能。至此，终于为本方找到了有利的辩论角度。后来的辩论实践证明，他们通过分析辩题所确定的战略是成功的。

3. 准备辩词

要想在辩论赛中取胜，辩词的写作是非常重要的。辩手的发言，除自由辩论外，都需要事先写好辩词，尽管也常有即兴辩驳的时候，但这仍要围绕着辩词里的攻防重点进行，所以说，写出好的辩词是辩论赛取胜的必要条件之一。

由于辩词是围绕着辩题及相应的理论框架而作，并且有时间限制等因素，因而有其特点及要求。

(1)理论框架要严密。所谓理论框架，是指围绕辩题研究设计出的有利于己方攻防辩驳的理论思路。要想在辩论中取胜，构筑逻辑严密、攻防得当的理论框架是基础，也是关键。辩词的撰写也才能有的放矢，构建起一个完整、严密的论证体系。

【情景案例】

在关于"艾滋病是医学问题还是社会问题"的辩论赛里，复旦大学队构建的理论框架是：

一、艾滋病是在社会中发生、发展的，必须用社会系统工程加以管理，因而是社会问题。

二、艾滋病有其特殊性，这就是它的传染性和社会危害性，它已经成为一种严重的社会公害，它已经远远地超出了医学的范畴，因此，控制艾滋病只能依靠社会整体力量。

这一理论框架设计合理，攻防严密，为复旦大学队赢得辩论赛的胜利奠定了坚实的基础。

(2)论据要充分有力。辩论赛上每个队员的独立发言时间只有短短的三四分钟，而且需要互相配合，这就要求要善于选择充分有力的论据来证明己方的观点或反驳对方的观点。

一般来说，论据有理论论据和事实论据两大类。理论论据包括各种学科的科学理论知识、名人名言、格言警句、成语诗文等；事实论据可以是古今中外的各种典型事例，也可以是概括性事实，或有关统计数据等。值得注意的是，由于辩论赛具有竞争和表演的性质，在运用论据时，最好能够适当考虑听众及评委的情况，可引用一些与比赛所在地密切相关的事例，给听众及评委熟悉感、亲切感，激起听众及评委的共鸣，这也是赢得听众及评委好感的一种策略。

【情景案例】

在 1999 年国际大专辩论赛的决赛上，在论证己方辩题"美是主观感受"时，西安交通大学的樊登的发言让人印象深刻：

我方认为，美是情感的想象活动所引起的精神愉悦，它需要感受于存在而会于心灵，如果美是客观存在，像这张桌子一样的话，那么我们根本就不用"感"，也不用"会"，只要"看"就可以了，这样倒也方便！只不过我们看到的将会是千篇一律的美，因为美是客观存在的，那么只要大家的视力差不多，对美的认识就应该是相同的呀！

这样一来，就有一些问题不好解释了，为什么我们要不断地交流，对于音乐、绘画、美术，包括辩论的感受？为什么人们对于一些问题总是不能达到一种共同的默契呢？这样一来对方就需要解释的是，为什么蒙娜丽莎的微笑，让我们猜测了几个世纪？为什么宋元的山水画至今我们说不尽，道不完？为什么大家对一块奇石的看法会截然相反？为什么那么多的艺术流派会百花齐放？这么多的"为什么"，对方同学怎么解释？其实哲学家休谟早就解释过了，他说：美从来就不是物质的客观属性，根本没有客观的标准。这一点与中国传统文化也暗暗呼应。从孔子的"智者乐水，仁者乐山"到柳宗元的"夫美不自美，因人而彰"都在说明着这个道理。如果对方同学还不相信的话，那我可以告诉诸位：实验心理学的学者们早就用科学研究的方法证明了，任何线条啊、颜色啊，本身并不具备美的标准，而人类为什么会对这些线条颜色的组合产生感情，觉得它美呢？那是因为我们对它倾注了很多的情感与想象，加上各自不同的文化背景，才构成了我们这个斑斓的美的世界。所以我们才能够见到国旗、国花，觉得它们是最美的；所以我们过三峡时，看到的不是山，而是等待(时间警示)夫婿归来的女子；所以我们见到黄河就能够感受到母亲般的情怀。说到这儿，我感觉到我们的生活是多么的美好！我们可以感受、想象、去听、去看，人类在客观世界就已经受到了太多的约束，如果我们美的这种自由的体现，还要被对方用客观的标准来束缚住的话，那我只能说我感觉到非常的悲哀！谢谢！(掌声)

(3)行文要严谨有序。由于辩手的发言是说给对手、评委及听众听的，考虑到一听即过的特点，要求辩词要具有很强的条理性。

从结构上来看，辩词的构成与一般文章的结构有共同之处，也可分为开头、主体、结尾三个部分，但由于辩论赛场的特点及时间的限制性，因此，辩词的写作要求以开门见山，直截了当进入正题为好。

开头部分可以有呼语和引言，呼语常用"谢谢主席，各位评委、大家好"，"谢谢主席，各位好"等词语，表示一种文明礼仪。

引言用来反驳对方的谬误和提出自己的观点，提出观点应开门见山，简明扼要。常用"我方认为""我方主张""我方的立场"等词语来引入。

主体部分为展开具体论证，为使听众听起来条理清楚，常用序数词"第一、第二、第三"或"首先、其次、再次"等来分出层次或段落。这一部分从内容上看，应以立论为主，反驳为辅。具体论证重点应根据事先制订的辩论方案及构建的理论框架而定，几位辩手要有明确合理的分工，或侧重逻辑分析，或侧重理论分析，或侧重事实论证，或侧重价值判断等。

结尾部分应简练，可小结可反驳，也可用"谢谢、谢谢各位"等词语来作结。

(4)语言要生动流畅。辩论赛的辩词如同演员的台词一样，要讲究语言的生动性和口语化，既可以使评委和听众容易接受，又可增强辩论的说服力和感染力，收到更好的现场效果。恰当使用各种比喻、拟人、夸张、双关等生动形象的修辞手法，运用成语、谚语、格言、诗词、典故以及幽默诙谐手法等，都是使辩论语言生动、优美、简练的有效手段。辩论语言还应该要注意口语化，句子结构应尽量简短，多使用设问句、反诘句及各种语气词等，都有助于语言的通俗化、口语化。

4. 赛前演练

赛前准备是否充分，是决定辩论成败的关键。各项准备工作完成后，就要集中精力进行赛前演练，以求胸有成竹、熟能生巧、配合默契。赛前演练可以按这几个步骤进行：个人演练→一对一演练→队内合练→模拟演练等。赛前演练还应包括自由辩论的攻防设计、应对技巧等，以及对双方交锋中可能出现的各种情况的预测，谋划攻防得当的战略战术，以求知己知彼，掌握主动，争取获胜。

二、辩论赛的组织与评判

组织一场辩论赛，是一项复杂的系统工程。至少应注意做好以下几个方面的准备工作：组建一个高效运作的组委班子，选择恰当的辩题，选择适合的辩论模式，组织优秀的参赛队伍，组成公正的评判团，要有相应水平的观众群，等等。每一个方面的工作都应认真仔细做好，才有可能取得比赛的成功。

1. 赛场论辩的角色

在团队的论辩活动中，双方都各由 5 人组成代表队，每个队有 4 位辩手和 1 位后备队员。一般 4 位辩手的分工要求是：

一辩。一辩重逻辑。一辩担负从逻辑上分析辩题并从内容上表明立场、确立观点的使命。一辩为程序性发言，发言稿可以事先做好准备，临场只做表述。一辩应该仪态大方、举止文雅、思路清晰、语音清丽(一般一辩多由女性担任)。

二辩。二辩重理论。二辩是实战开始后的第一人。对于正方来说是“接招”和“还击”的第一人。二辩的反击是否有力会给观众和评委留下实战的第一印象，并关系着全队的军心和士气。二辩担负着较为抽象的理论阐述任务，应该有丰富的理论功底和广博的知识。

三辩。三辩重事实。三辩要以充分有力的事实进行辩驳。这时最需要的是强烈的辩驳意识，需要机智、敏锐、有反应能力。言辞要犀利，语言要风趣、幽默，表达要形象、生动。

四辩。四辩重价值分析。四辩担负着最后的总结陈词的任务。四辩应该是一位演说家，他既要总结归纳出对方出现的漏洞、谬误，又要回顾、阐述己方已经确立的观点、论据和结论。

2. 比赛程序

(1)主席致开场词，介绍该场参赛队员、评判团成员和比赛规则。

(2)开篇立论开始，正反两方一辩依次进行，时间各 2 分 30 秒。

(3)攻辩时间 6 分钟，每队各 3 分钟。

(4)攻辩小结，每队各 1 分 30 秒。

(5)自由辩论 8 分钟，每队各 4 分钟。

(6)观众提问，每方最多 2 个问题，每次回答用时不超过 1 分钟。

(7)正方四辩总结陈词，时间 3 分钟。

(8)反方四辩总结陈词，时间 3 分钟。

(9)评判团进行评判，工作人员计分做统分工作。

(10)请本场的评判代表分析赛情。

(11)主席宣布本场比赛各队的得分情况及最后结果。

(12)本场比赛结束，退场。

3. 辩论模式(四对四团体辩论赛)

(1)陈词阶段

正方一辩陈词(2 分 30 秒)。

反方一辩陈词(2 分 30 秒)。

(2)攻辩阶段

正方二辩选择反方二辩或三辩进行一对一攻辩 (1 分 30 秒)。

反方二辩选择正方二辩或三辩进行一对一攻辩 (1 分 30 秒)。

正方三辩选择反方二辩或三辩进行一对一攻辩 (1 分 30 秒)。

反方三辩选择正方二辩或三辩进行一对一攻辩 (1 分 30 秒)。

正方一辩攻辩小结 (1 分 30 秒)。

反方一辩攻辩小结 (1 分 30 秒)。

攻辩规则：

①攻辩由正方二辩开始，正反方交替进行。

②正反方二、三辩参加攻辩。正反方一辩做攻辩小结。正反方二、三辩各有且必须有一次作为攻方；辩方由攻方任意指定，不受次数限制。攻辩双方必须单独完成本轮攻辩，不得中途更替。

③攻辩双方必须正面回答对方问题，提问和回答都要简洁明确。重复提问和回避问题均要被扣分。可以提出与题目有关的合理而清晰的问题，并可以随时停止辩方之回答。但问题明显不合理时，辩方可说明理由，并拒绝回答。每一轮攻辩，攻辩角色不得互换，辩方不得反问，攻方也不得回答问题。

④辩方可以要求攻方重述其问题，但不得恶意为之，否则视为违规。

⑤正反方选手站立完成第一轮攻辩阶段，攻辩双方任意一方落座视为完成本方攻辩，对方选手在限时内任意发挥(陈词或继续发问)。

⑥每一轮攻辩阶段为 1 分 30 秒，攻方每次提问不得超过 10 秒，每轮必须提出三个以上的问题。辩方每次回答不得超过 20 秒。用时满时，以笛声终止发言，若攻辩双方尚未完成提问或回答，不做扣分处理。

⑦四轮攻辩阶段完毕，先由正方一辩再由反方一辩为本队做攻辩小结，限时 1 分 30 秒。正反双方的攻辩小结要针对攻辩阶段的态势及涉及内容，严禁脱离比赛实际状况的背稿。

(3)自由辩论阶段

正方先开始，双方各 4 分钟。

自由辩论规则：

①自由辩论时间总共为 8 分钟，每队各 4 分钟。

②自由辩论必须交替进行。当自由辩论开始时，先由正方任何一名队员起立发言。完毕后，反方的任何一位队员应立即发言，双方依次轮流发言，直到双方时间用完为止。

③在自由辩论时间里，每一位辩手的发言次序、次数和时间均不受限制。

④当一队的发言时间剩 30 秒时，将有一声笛声提示，当该队的发言时间用完时，会有两声笛声提示，该队应立即停止发言。

⑤如果一队的发言时间已经用尽，另一队还有剩余时间，则该队的辩手可以继续发言，直到该队的时间用完为止。

⑥自由辩论是检验一个队整体配合能力以及每一位辩手实力的重要阶段。辩手应充分利用这段时间，简洁明了地加强自己的论点，机智有力地反驳对方的论点，如果流于空洞无物的攻击或有意回避对方的质询及发言观点，或者出现语误、空场等情形，都将影响该队的成绩。

注：各队辩手辩论中可将资料集中在自制卡片上，发言时以备参考，但不能宣读事先已拟好的稿件或展示预先准备好的图表或字板，在自由辩论时队员可以相互提供发言线索。

(4)观众提问

观众向正方提出一个问题。(答问时间 1 分钟)

观众向反方提出一个问题。(答问时间 1 分钟)

观众向正方提出一个问题。(答问时间 1 分钟)

观众向反方提出一个问题。(答问时间 1 分钟)

观众提问规则：观众提问阶段正反方的表现计入比赛成绩。观众提出的问题需经两位以上评委判定有效后，被提问方才能回答。正反方各回答两个观众提出的问题，双方除四辩外任意辩手作答。一个问题的回答时间为 1 分钟，如一位辩手的回答用时未满，其他辩手可以补充。

(5)总结陈词阶段

正方四辩总结陈词(3 分钟)。

反方四辩总结陈词(3 分钟)。

结辩规则：辩论双方应针对辩论会整体态势进行总结陈词；脱离实际，背诵事先准备的稿件，适当扣分。

总计耗时 32 分钟。

4. 时间提示

①每位辩手发言时间剩 30 秒时，将有一次笛声提示，当辩论时间用完时，有两次笛声提示，辩手应立刻停止发言。

②攻辩小结阶段，每方使用时间剩余 10 秒时，记时员以一次笛声提醒，用时满时，以两次笛声终止发言。

③自由辩论阶段，每方使用时间剩余 30 秒时，记时员以一次笛声提醒；用时满时，以两次笛声终止发言。

④两次笛声响时，发言辩手必须停止发言，否则做违规处理。

5. 评分标准 团体部分，共 300 分

(1)辩论阶段评分，计 200 分。陈词：30 分；攻辩：40 分；攻辩小结：20 分；自由辩论：60 分；回答观众提问：20 分；总结陈词：30 分。

(2)综合印象分，计 100 分。语言风度：50 分；团体配合，临场反应：50 分。

6. 胜负判断

(1)每场比赛的胜负判断由评委团的综合评定决定，分数高者获胜。

(2)最佳辩手只作为个人奖项的评审依据，与判断每场胜负无关。由评委集体商议评出，不设置分数标准。

【拓展训练】

1. 分析下列案例中主要使用了哪些辩论方法和技巧。

(1)有一户人家，母亲刚去世不久，还处于服丧期。有一天，他们家偶然煮了一锅红米饭来吃。这事被一位迂腐的读书人知道了，他特地赶往煮红米饭吃的人家，指责他们在服丧期间不该吃红米饭。有人问读书人：为什么不能吃红米饭？那读书人说：红是表示喜事的颜色，你们难道不知道吗？这时主人接上口说：照你这么说，那些煮白米饭吃的人，他们的家里都有丧事吗？

(2)药剂师走进邻居一个书商的铺子里，从书架上拿下一本书来问道："这本书有趣吗？""不知道，没读过。""你怎么能卖你自己未读过的书呢？"书商："难道你能把你药房里的药都尝一遍吗？"

(3)鲁迅《花边文学·奇怪》：

"……我们的古人对于分隔男女的设计，也还不免是低能儿；现在总跳不出古人的圈子，更是低能之至。不同泳，不同行，不同食，不同做电影，都只是'不同席'的演义。低能透顶的是还没有想到男女同吸着相通的空气，从这个男人的鼻孔里呼出来，又被那个女人从鼻孔里吸进去，淆乱乾坤，实在比海水只触着皮肤更为严重。对于这一个严重问题倘没有办法，男女的界限就永远分不清。"

"我想，这只好用'西法'了。……防止男女同吸空气就可以用防毒面具，各背一个箱，将氧气由管子通到自己的鼻孔里，既免抛头露面，又兼防空演习，也就是'中学为体，西学为用'。"

(4)妻子做错了一件事，丈夫没好气地说："当初我说什么来着？你偏不听！请你以后记住，男人的思考总是对的，判断准确无误，而女人恰恰相反！"妻子接上说："是啊，你选我做妻子是绝对正确的，而我选你做丈夫是大错特错的！"

(5)加拿大前外交官郎宁 1882 年出生于湖北省襄樊市，靠吃中国奶妈的奶长大，他的父母是美国传教士。他 30 岁参加加拿大省议员竞选时，有人攻击他"是吃中国人的奶长大的，身上一定有中国血统"，他回答说："你们是喝牛奶长大的，那你们身上一定有牛的血统！"

(6)有个病人对住院处的护士说："请把我安排在三等病房，我很穷。""没有人能帮助您吗？""没有，我只有一个姐姐，她是修女，也很穷。"

护士听了生气地说："修女富得很，因为她和上帝结婚。"病人："好，您就把我安排在一等病房吧，以后把账单寄给我姐夫就行了。"

(7)赫尔岑是俄国著名的文学批评家。他有一次参加一个晚会，晚会上演奏的轻佻音乐使他非常厌烦，他不得不用手捂住耳朵。主人向他解释："演奏的是流行歌曲。"赫尔岑反问一句："流行的乐曲就是高尚的吗？"主人听了很是吃惊："不高尚的东西怎么能够流行呢？"赫尔岑笑着说："那么，流行性感冒也是高尚的了？"

2. 请分析下面一段辩词中攻辩双方使用的辩论方法和技巧。

下面是 2003 年"国际大专辩论赛" 决赛时中山大学对世新大学就"顺境/逆境更有利

于人的成长”所作辩论中，正方与反方进行攻辩交锋的精彩对话。请分析体会攻辩双方使用的辩论方法和技巧。

梁佑诚：延续刚才的话题，请教对方辩友，为什么我们孙悟空不直接飞往西天，马上取经呢？

马薇薇：因为他是孙悟空啊，他有72变。可是要换了我去取经的话，一变都没有，可能第一难的时候，就已经被老虎吃了，您还要故意这样磨炼我吗？

梁佑诚：说得非常好，所以您看嘛，就是因为你怕被老虎吃，这些逆境都让你成长，如果你没有遇过逆境的话，你下一次要如何面对这样的困难呢？

马薇薇：对方辩友，难道您不怕被老虎吃吗？那您真是明知山有虎，偏向虎山行啊！请教对方辩友，你们所说的绝境跟逆境有什么本质的区别吗？

梁佑诚：那在这之前，请教对方辩友，您方会认为成功跟成长有什么分别呢？

马薇薇：所有的成长不一定都成功，但是成长包括成功。对方辩友请正面回答我的问题，绝境跟逆境有什么本质区别？

梁佑诚：首先我方认为没有必要回答为什么，因为对方辩友今天根本上在前提上是错误的，他们让我方所选择的是什么，在成功和失败当中，您要选择什么，我们大家当然就会选择成功。但是问题，今天我们谈的是在成功之前那段过程，对方辩友请你告诉大家，在过程当中，为什么顺境更有利。

马薇薇：我方一辩已经说得很清楚了，原来对方辩友是概念轰炸机，逆境不成，提出绝境，然后绝境解释不出来，又使出了凌波微步。请正面回答，绝境跟逆境到底有什么区别？

梁佑诚：如果自己解释不清楚的话，人家听不进去，那到底是谁的错，我想大家心知肚明。对方辩友到现在还没有清楚告诉大家，你们认为顺境的定义是什么。

马薇薇：是从生理、心理社会化两个层面四个点，我们都论证得非常清楚了，倒是对方辩友，从来不解释逆境跟绝境的区别。

梁佑诚：那请问在生理、心理上怎么样更，才算是“更”。

马薇薇：我方一辩刚才说得非常清楚了，难道您还让我再给您复述一遍吗，您从来不回答我的问题，是不是因为你们的逆境是不太逆，有点逆，还有一点物质帮助，又得到了人们的支持，这是人间仙境吧！（正方时间到）

梁佑诚：是你方把我方的“逆”讲成“绝”，然后把你方的“顺”讲成是非常奋发向上，当然我们就没有办法回答了。对方辩友完全没有办法理清今天的前提，我们要怎么辩论下去呢？对不起，我们不认同这样的态度，谢谢。

3. 请分析这篇辩词在立论、论据、论证，以及文章结构等方面的特点。

下面这篇辩词是1993年全国大专辩论赛决赛反方复旦大学队一辩姜丰就“人性本恶”所作的立论陈辞（正方：台湾大学队；论题：“人性本善”）。

姜丰：谢谢主席，大家好！我先要指出一点的是，康德并不是一个性善论者。康德也说过这样一句话：“恶折磨我们的人，时而是因为人的本性，时而是因为人的残忍的自私性。”对方不要断章取义。另外对方所讲到的种种善行，那完全是后天的，又怎么能够说明我们命题当中的“本”呢？神话归神话，现实归现实。对方同学请你们摘下玫瑰色的眼镜看看这个现实的世界，就在你陈辞的这三分钟当中，这个世界又发生了多少战争、暴力、抢劫、强奸。如果人性真是善的话，那么这些罪恶行为到底从何而来呢？对方为什么在他们的陈辞当中，自始至终对这个问题避而不答呢？我方立场是：人性本恶。

第一，人性是由社会属性和自然属性组成的，自然属性指的就是无节制的本能和欲望，这是人的天性，是与生俱来的；而社会属性则是通过社会生活、社会教化所获得的，它是后天属性。我们说人性本恶当然指的是人性本来的、先天的就是恶的。

第二，提到善恶，正如一千个读者眼中会有一千个“哈姆雷特”，一千个人心目当中也许会有一千个善恶标准。但是，归根到底恶指的就是本能和欲望的无节制扩张，而善则是对本能的合理节制。我们说人性本恶正是基于人的自然倾向的无限扩张的趋势。曹操不是说过“宁可我负天下人，不可天下人负我”吗？路易十五不是也说过“在我死后哪怕洪水滔天”吗？还有一个英国男孩，他为了得到一辆自行车竟然卖掉自己三岁的妹妹。这些对方还能说人性本善吗？

第三，虽然人性本恶，但是我们这个世界并没有在人欲横流中毁灭掉，这是因为人有理性(时间警示)。人性可以通过后天教化加以改造。当人的自然倾向无限向外扩张的时候，如果社会属性按照同一方面推波助澜，那么人性就会更加堕落；相反，如果我们整个社会倡导扬善避恶，那么人性就有可能向善的方向发展，这一点也不正说明了儒家思想所倡导的修齐、治平、内圣、外王是何等重要吗！对方辩友，如果真的是人性本善的话，那么孔老夫子何必还诲人不倦呢？

今天，对方辩友所犯的错误就在于以理想代替现实，以价值评判代替了事实评判。从感情上讲我们同所有善良的人一样也是希望人性是善的。但是历史、现实和理性都告诉我们，人性是恶的！这是一个事实，我们只有正视这个事实，才有可能扬善避恶。谢谢各位！

4. 对辩模拟练习。

(1)针对下面辩题，由某位同学做仲裁，进行一对一的对辩练习(对辩过程中，仲裁要作阶段性小结，对于偏离论题和避题不辩的情况，及时指出。对辩结束时，仲裁再作出具体的评价)。

①有人说，逢年过节，为过世的老人烧点纸钱，这和送花圈一样，是对老人的一种缅怀，无可非议。请就此展开辩论。

②现在，都说小学生学习负担过重，但还是有不少家长让孩子利用节假日去参加各种类型的培训班。你对这种现象是支持还是反对？

③正方：酒香不怕巷子深　　反方：酒香也怕巷子深

④正方：不要这山望着那山高　　反方：这山望着那山高，历来如此

⑤正方：大学生就业难　　反方：大学生就业并不难

⑥正方：现代社会更需要通才　　反方：现代社会更需要专才

⑦正方：大都市发展应鼓励私人购车　　反方：大都市发展应限制私人购车

(2)针对下面辩题，进行“一”对“众”的对辩强化训练。具体做法是：主辩独自为一方，对方可安排三至五个人与之对辩。即主辩轮番与众对手进行争辩，各方每次限说1分钟。

①正方：名师出高徒　　反方：名师未必出高徒

②正方：逆境能成才　　反方：逆境未必能成才
③正方：君子不言利　　反方：逐利未必非君子
④正方：好汉不吃眼前亏　　反方：好汉要吃眼前亏
⑤正方：好人有好报　　反方：好人未必有好报
⑥正方：有志者事竟成　　反方：有志者事未必成

5. 在下列给出的辩题中，任选1～2题目，按全国大专辩论赛模式组织至少两场辩论赛。

(1)网聊有聊/无聊
(2)电脑使人更聪明/更笨拙
(3)信息高速公路对发展中国家有利/不利
(4)人无个性必平庸/未必平庸
(5)大学生广泛交友弊大于利/利大于弊
(6)大学生应先择业后就业/先就业后择业
(7)男女之间有纯粹的友谊/没有纯粹的友谊
(8)大学生的学习主要是在课内/在课外
(9)知足者常乐/不知足者常乐
(10)现代社会更需要通才/专才
(11)成大事者不拘小节/要拘小节
(12)人的自我实现过程重于结果/结果重于过程
(13)青年成才的关键是自身能力/是外部环境
(14)顺境/逆境更有利于人的成长
(15)近墨者黑/未必黑
(16)时势造英雄/英雄造时势
(17)功可以补过/功不可以补过
(18)好马不吃回头草/要吃回头草
(19)治愚比治贫更重要/治贫比治愚更重要
(20)美是客观存在/是主观意识
(21)艺术的主要功能在于教化/在于审美
(22)对历史文化遗产应以保护为主/开发为主
(23)外来文化对民族文化的发展利大于弊/弊大于利
(24)知识积累比知识创新更重要/知识创新比知识积累更重要

6. 在第5题给出的辩题中，任选1题，认真分析辩题，给正反双方设计适当的辩论方案。

实战模块

项目一

社交口才训练

【导入案例】

天津有一家临海的大酒店，常有各国的水手前来就餐。这天，几位外国的海员来到这里，特意点了一份该酒店的名菜——红烧鲤鱼。外国朋友吃得津津有味，却一直只吃鱼的上半边而不动鱼的下半边，年轻的中国服务生见了，小心翼翼上前，用筷子把鱼翻了个身。没想到，也正是他的这个举动使外国水手吃了一惊，愠怒地纷纷站了起来。为什么？因为他们常年在海上航行，最忌讳这个“翻”(“翻船”)地动作。眼见外国朋友愤然站起，年轻的服务生有点慌乱，一时变得手足无措。恰好，有位中国的女学生也在此就餐，而且恰好她的爸爸是名海员。她准确地猜到了外国朋友的心思，于是急中生智，笑眯眯地举杯上前，满面春风地解释道：“请先生们注意，这个动作叫‘鲤鱼翻身’，用我们中国人的话说，就是，只要鲤鱼打个滚儿，翻个身，就能一步登天变成龙，直上天堂！服务生把鱼翻了个身，就是在祝贺先生们步步高升！”外国朋友听了，这才转怒为喜。这个女学生聪明地把“翻”由“翻船”巧“翻”成了“鱼跃龙门”，化不吉为吉祥如意，才避免了一场风波。

【案例思考】

这个故事给了我们什么样的启示？社交语言的特点和基本要求是什么？该如何掌握社交技巧，提高社交口才呢？

任务一　社交口才训练

人是社会的产物，人的价值只有在社会关系中才能得到确认。当代社会已跨入了信息时代的门槛，人与人之间的联系、沟通、合作显得愈发重要。在这样的背景下，要想人生精彩、事业成功，就要掌握一定的社交技巧。社交的方式多种多样，但无论采取哪种方式，都离不开语言(有声语言和肢体语言)这一重要媒介。社交中受人欢迎、具有魅力的人，一定是掌握社交语言技巧的人。

一、日常交际的基本原则

1. 互利原则

社会交往的功利性和互利性决定了人际关系的利益化底色，表现为物质上的互利、精神上的互惠和感情上的互悦。也就是说除了物质的等价交换外，友谊、人情、观念、看法，甚至是一个真诚的微笑、一道鼓励的目光、一声关切的问候，都可以是社交中重要的交换筹码。因此，在社会交往中既要“利己”，又要“利他”，如果只知索取，不肯付出，只争利益，不做牺牲，只顾自己，不管别人，甚至损人利己，或把自己的快乐建立在他人的痛苦之上，这样的“交往”是不能持久的。

2. 平等原则

平等是建立良好社会关系的前提。在现代社会，人与人之间只有社会分工和职责范围的差别，而没有高低贵贱之分。不论职位高低、能力大小、年龄长幼、职业差别、财富多少，人人享有平等的政治、法律权利和人格的尊严。因此人与人之间交往要一视同仁，相互尊重，不亢不卑。要做到不干涉他人的隐私，不侵害他人的人身权利，也要做到尊重别人的生活习惯和民族风俗。

3. 诚信原则

诚实守信是人际交往中的基本要求。孔子说“民无信不立”，只有以诚相待、光明磊落、恪守信用，才能相互理解、彼此接纳、互相团结，才能建立起真挚持久的友谊。在社交场合，第一要守时，与人的会见、会谈、会议等，绝不应无故拖延迟到。第二要守约，与人签订的协议、约定要说到做到，即“言必信，行必果”。故在社交场合，如没有十分把握就不要轻易许诺他人，不然反落得一个不守信的恶名，会永远失信于他人。

4. 宽容原则

人与人之间由于思想观念、学识经验、性格脾气等方面的不同，在交往中难免产生矛盾或摩擦，这就需要我们在人际交往中给予别人理解、谅解、宽容、谦让，能设身处地为他人着想，谅解他人的过失。若为了逞一时之勇、拼一时之气，斤斤计较，得理不饶人，而后造成交往断绝，友谊破裂，那就是因小失大，得不偿失了。宽容是建立良好人际关系的润滑剂，能“化干戈为玉帛”，从而赢得他人更多的信任与尊重，结交更多的良师益友，获得更多的机会，所谓“忍一时风平浪静，退一步海阔天空”。

5. 发展原则

事物无时无刻不在变动发展，人与人之间的交往也不例外，人们总是处于相互依赖、相互制约、相互影响的动态关系之中，因此，要以发展的眼光看待人和事，对人的思想、行为的变化要持客观、公正的态度，不要成为动辄就“想当年”、对任何新事物都看不惯的“九斤老太”。另一方面，自己也要跟上时代的发展，与时俱进，不断更新旧观念，学习新知识，结交新朋友，使自己在社交活动中游刃有余，得心应手。

二、日常社交语言的基本要求

1. 真诚

生活中我们讲究实实在在做人，踏踏实实谋事。在社交中要讲究“以诚相见”，表现出来的态度应该是真心实意、诚恳热情的，端庄而不过于矜持，谦虚而不矫饰虚伪。社交语言所包含的信息应该是真实可信的，切忌言语虚情假意、尖酸刻薄，或是信口开河，散布谣言。

【情景案例】

西奥多·罗斯福是美国第26任总统。他的男仆詹姆斯·亚默斯的太太有一天问他鹌鹑鸟长什么样子，因为她从没有见过鹌鹑鸟。面对这样的问题，罗斯福不仅没有丝毫的不耐烦，反而详细而认真地向詹姆斯太太描述了一番。过了一段时间，有一天，詹姆斯家的电话铃响了，詹姆斯太太拿起电话，原来是总统本人。他打电话给她，是要告诉她，她窗口外面恰巧有一只鹌鹑鸟，又说倘若她往外看的话，可能看得到。罗斯福用此类的耐心和真诚赢得了身边工作人员的普遍尊重。

2. 切境

除了真诚，在社交活动中，还要讲究策略和应变，一味地实在，就会显得“憨实”。社交口才要讲究语境(即语言交际所处的现实环境或具体情况)。这就要求事前对社交对象的社会地位、文化背景、兴趣爱好、性格脾气等情况有所了解，并根据当时的环境、气氛、情绪等作灵活适当的调整。如果不分场合，不分对象，信口开河，那就是不合时宜了。

【情景案例】

1972年美国国务卿基辛格博士到中国进行中美恢复外交关系前的谈判。当他飞抵北京时，适逢久旱后的一场大雨，基辛格犹豫不决地站在机舱门口，注视着外面的大雨，看起来情绪不佳。这时，前往迎接的中方代表黄华快步迎上去，朗声说：“欢迎您，博士先生，您给北京带来了一场及时雨!”这句非常切境的话，意味深长，说得基辛格眉开眼笑。

3. 有效

社交的功利性要求社交语言必须实用有效。要使社交语言有效，必须要根据社交对象的语言接受能力和表达能力，采取适当的表达方式，表达相应的内容。

【情景案例】

有一个秀才去买柴，他对卖柴的人说：“荷薪者过来!”卖柴的人听不懂“荷薪者”(担柴的人)三个字，但是听得懂“过来”两个字，于是把柴担到秀才前面。秀才问他：“其价如何?”卖材的人听不太懂这句话，但是听得懂“价”这个字，于是就告诉秀才价钱。秀才接着说："外实而内虚，烟多而焰少，请损之。"(你的木材外表是干的，里头却是湿的，燃烧起来，会浓烟多而火焰小，请减些价钱吧。)卖柴的人因为听不懂秀才的话，于是担着柴走了。

4. 得体

就是语言表达适当、妥帖、恰如其分、恰到好处。具体来说，就是要：

(1)适时。就是掌握说话的时机，该说时说，该止时止。既不能滔滔不绝，不给对方插话的余地，也不能做总是随声附和的"应声虫"，更不能在别人说话时随意打断。

(2)适量。就是根据语境要求，说话的语量适当，该多说时不少说，该少说时不多说。有时需惜语如金，有时需长篇大论。

(3)适度。就是根据社交场合和对象，把握分寸，不要过分，避免失态。如同学、同事、朋友之间开玩笑，应该无伤大雅，双方都感到轻松愉快，有助于加深友情。但如果当着众人的面揭人伤疤，戳人痛处，取笑他人的生理缺陷，或不分场合对象地说些粗俗鄙陋的笑话，那只会令人反感。

【情景案例】

进大学第一天，晓琳跟班上刚认识的同学一起聊天，聊着聊着就说到了出生地和高考成绩的话题，突然有一个人问："什么？这里是你的第一志愿？我是失算才进这里的。"还有："你是从乡下来的吧？"他可能想开个小玩笑，但晓琳却笑不出来。

任务二　社交口才基本技巧

现代社会，随着人们交际活动的日益增多，信息交流愈加频繁，交际口才就显得更加重要，可以说，口才已成为决定一个人生活及事业优劣成败的一个重要因素。但是，口才并不是天生的，事实上，许多口才出色的人，包括一些著名的演说家，他们也是经过了努力学习和训练才拥有了一副能说会道的好口才。古希腊卓越的雄辩家德摩斯梯尼，年轻时有口吃毛病。为了纠正口吃，清晰地发音，他把小石子含在嘴里朗诵，迎着大风讲话。他还经常朗诵诗歌、神话、悲喜剧，经过苦练，终于成为一位闻名于世的雄辩家。也许你现在口才还不是很好，只能羡慕别人的口若悬河、伶牙俐齿，但只要你肯用功努力，通过科学的学习和锻炼，掌握一定的方法和技巧，你一样可以成为口才大师。

一、话题引入技巧

(一)自我介绍

自我介绍是推销自我的重要手段和方法，也是进入社交场合的一把钥匙。如何介绍自己，给对方或其他人留下深刻的印象，使得他人和自己有共同的话题，使得谈话得以继续和深入，这是一门艺术。世界上没有完全相同的两片叶子，每个人都拥有自己独特的个性和特点，因此，如何运用语言进行自我介绍，给对方留下良好的第一印象呢？下面介绍几种常用的自我介绍方法：

1. 开门见山

就是介绍时直截了当，不加修饰，不绕弯子。如："我叫张翼，弓长张，羽翼的翼，××学院2006届文秘专业毕业生。"

2. 突出特点

就是在介绍中突出自己与众不同的个性特点或爱好特长，令人印象深刻，过目不忘。如："我叫孙小莺。感谢父母给了我一副夜莺般的歌喉，凭着我对音乐的执着热爱和不懈努力，我曾经获得过××杯大学生声乐大赛通俗唱法第一名。歌唱是夜莺的使命，我将用我全部的热情为大家歌唱!"

3. 巧用谐音

因名字中的字与其他字字音相同或相近，得出不同的解释，往往会收到意料之外的效果。如："我姓李名洁。理解是永远的渴望，理解是永远的追求，所以，同学们都非常喜欢我，常常对我说'李洁(理解)万岁!'"

4. 敢于自嘲

就是以自身的外貌缺陷或性格缺点等进行自我揶揄，表现出诙谐幽默的性格和开朗豁达的气度。自嘲并不是自轻自贱，敢于自嘲的人反而会令人敬佩其勇气。如："我叫高宏伟，但正如您所看到的，我是不折不扣的'名不符实'，我身高不过1.65米，长相平凡，按时下姑娘选择对象的标准属于'三等残废'。但是，我从不因我的身高相貌而自卑，因为我始终相信——浓缩的就是精华!"

5. 引经据典

就是借用成语、典故、名言等介绍自己的姓名，如运用得当，则可以显示自己的学识，增添雅趣。如："我的名字叫姚红杏。古诗云'红杏枝头春意闹'，愿我的到来能使大家感受到春天的气息!"

6. 应景即情

就是根据当时语境的特点，随机应变，信手拈来，使姓名切合当时的环境、气氛，相得益彰。如："我叫郑旺达，是刚上任的销售部经理。希望在今后的工作中得到大家的理解和支持，在大家的共同努力下，我们的销售业绩一定会节节攀升，我们的公司一定会像我的名字一样——兴旺发达!"

7. 巧借东风

就是把自己的姓名与相关的著名的地名、人物、故事等联系起来，使人由此及彼，产生联想，达到借其名气，加深印象的目的。如："我叫诸葛慧，也许与计谋过人的诸葛亮有同宗之源的缘故，大家也都爱叫我'小诸葛'。以后要是同学们遇到什么烦心事尽管来找我，我会借诸葛亮的智慧替您出谋划策!"

8. 巧作钩联

如："我的名字叫许以海。中国有句成语叫'以身相许'。那么，我愿把我的身心，我的全部青春与智慧，奉献给为商海服务的电视台商务频道，奋力为经济改革大潮推波助澜!”介绍者把自己的名字中包含的两个字与“以身相许”相勾连，间接表达了对求职岗位的满腔热情；“海”字与“大海”“商海”相钩联，十分巧妙。

（二）介绍他人

在社交活动中，介绍与被介绍是交友的方法之一，也是交谈的前奏。如何得体地介绍他人呢？

1. 符合礼仪

在正式庄重的场合，要注意介绍的顺序，一般是遵守“尊者优先知晓”的原则，也就是把己方介绍给对方，把地位低的介绍给地位高的，把年轻者介绍给年长者，把男士介绍给女士，等等。在介绍一个以上的对象时，不要称其中的一人为“我的朋友”，因为这暗示其他人不是你的朋友，显得不礼貌。集体介绍时，主人可按座次进行，也可从地位、职务高者开始介绍。自己被主人介绍给别人时，要站起来表示敬意或欠身点头示意，不要端坐不动，面无表情，无动于衷。自己给别人介绍，一般应征得被介绍人的同意，可以说“请允许我给大家介绍××”。

2. 称呼得当

称呼语受社会因素、地域因素、文化因素、环境因素以及个人因素等的影响，并不是一成不变的，如对男士的称呼，就有“同志”“师傅”“大哥”“兄弟”“先生”等，在不同的交际环境要选择不同的称呼，不可随意称呼。在正式的社交场合，或者说交际对象之间是一种较为拘谨或公务来往的关系时，可以冠以职务、职称、职业等，如赵处长、李工程师、王老师、大使先生、警察同志等。在非正式的场合，或者说交际对象之间比较熟悉，关系较为密切时，可以称“老张”“小周”“郑阿姨”“××同志”等。只有在很亲密的关系时，才可以称呼小名、昵称、别名或对方认可的外号。

3. 简洁适当

介绍的话语不要太多，能传达出被介绍者的姓名、职业、职务、特点等信息即可。如“张经理，这就是友兴公司的业务代表何先生”；“爸爸，这是我们班的灌篮高手黄刚”；“吴小姐，这位是我的老同学马骏，他跟您一样喜欢音乐”。

二、话题选择技巧

话题是谈话的中心，它不仅关系到交谈的成败，而且往往被视为个人品位、志趣、教养和阅历的集中体现。对谈话者来说，选择一个合适的话题，是使谈话“投机”，保证谈话顺利进行的关键。话题的选择应当遵守怎样的原则和要求呢？

【情景案例】

放假了，小林和小张一起去附近商场的美食城吃饭，旁边座位上是好几位带孩子的妈妈，她们完全不管旁边坐的男女老少大家吃得正香，大谈孩子的屎尿屁话题，有时候会具体到某种物质的形状及颜色。可怜小林和小张面对着一大份酸汤鱼，耳朵里听着屎尿屁，举了几次筷子都没吃下去。

（一）话题选择的原则

1. 遵守“TPO”原则

T 即时间，P 即地点，O 即场合（occasion）。交谈内容务必要与交谈的时间、地点与场合相对应，否则就有可能犯错误。交谈者要学会入乡随俗，力求言谈话题及其表达形式同所在场合的氛围相协调。悲痛的场合，要把令人高兴的话题藏在心里；随便的场合，话题自然可以开放些；正规的场合，话题一定要注意持重雅致。一定要认清哪些话题适宜大庭广众下提及，哪些话题只能在小家庭中谈论，否则只会引起他人的反感。最后，要善于把话题引到自己想解决的问题上来。

2. 符合身份

交谈者的身份也是语境的构成要素之一。交谈内容的选择一定要符合自己的身份。

3. 因人而异

所谓因人而异，即指在交谈时要根据交谈对象的不同而选择不同的交谈内容。由于性别、年龄、职业、文化层次的差异，交谈对象的思想水平、性格特征、审美情趣以及接受、理解语言的能力不会相同，在交谈中感兴趣的话题也会不同。例如，青年人对前途、爱情等话题较感兴趣，老年人对身体健康的话题感兴趣。因此，在交谈中要尽量选择对方感兴趣和熟悉的话题。

（二）话题选择的要求

1. 选择既定的主题

也就是交往双方事先约定的主题。而在公共社交场合，应选择大家都可以介入又都方便发表意见的话题，即寻求共同的经验范围。如现场气氛、环境布置、天气、当日新闻、国际形势、文艺演出、体育比赛等，切忌只谈个别人知道或感兴趣的事，或只与个别人交谈而冷落其他人。

2. 选择高雅的主题

如文学、艺术、历史、哲学等。这一主题的前提是忌讳不懂装懂，以免贻笑大方。

3. 选择轻松的主题

比如文艺演出、旅游观光、风土人情、流行时尚。

4. 选择擅长的主题

谈话者要选择一个自己力所能及的、有话可说的话题，才能把话谈好，引起对方的共鸣。

5. 注意寻找新话题

在已有的话题中寻找大家有兴趣的细节作为新的话题，这样就使谈话更具创新和吸引力，能保持谈话始终在趣味盎然的氛围中进行。

（三）话题选择禁忌

1. 忌主动提及别人的隐私

尊重别人的隐私，是尊重他人人格的表现。反之，你若毫不顾忌别人的感受，一味地“刺探”别人的隐私来满足你的好奇心，会影响彼此之间谈话的效果，进而损害人际关系。比如，别人的恋爱、婚姻正遭遇某种挫折，而且又不愿向旁人透露时，你若在交谈中一味地刨根究底，就会引起反感。

【情景案例】

张先生是北京市的一名个体出租车司机，在北京申奥成功后掀起的学英语的浪潮中，张先生自学英语，并成为他所在公司的学英语标兵，为此张先生感到自豪。一天，张先生的车上来了一位外国客人，张先生觉得这正好是个锻炼自己的机会，便主动向他问好，对方发现北京的出租车司机居然会流利的英语，显然很高兴，不一会儿，两人聊了起来。在交谈中，张先生开始和对方像熟人一样拉起家常来。“您今年多大了?”对方没有正面回答却说：“你猜猜看。”张先生转而又问：“你有家了吧？有孩子吗？是儿子还是女儿?”这位外国客人开始不耐烦起来，面对着路边的建筑说“北京比我原来想象的要漂亮多了”而岔开了话题。后来的一路上，这位外国客人始终保持着沉默，直到到达目的地下车。张先生很是纳闷，难道我的英语太差他听不懂吗?

2. 忌主动提及别人的伤感事

与别人谈话，要留意别人的情绪，话题不要随意触及对方的“情感禁区”。比如，当你的交谈对象正遇到某种打击，情绪很沮丧时，你与之交谈，对方又不愿主动提及伤感的事，你最好回避这类话题，以免使对方再度陷入“情感沼泽”，进而影响彼此间的继续交往和交谈。

3. 忌主动提及别人的尴尬事

当别人在生活中遇到某些不尽如人意之事时，你若与之交谈最好不要主动引出相关话题。比如，别人正遇上升学考试不及格，抑或提拔升迁没如愿，抑或某项奋斗目标未获预期的成功等，此时若不顾别人的感受而主动问及此事，就会使交谈对象产生排斥心理。总之，与人交谈时，要“投其所好”与“避人所忌”。

【情景案例】

一日，有位男士十分痛苦地用手捂着牙痛部位，询问营业员是否有治疗牙疼的速效药。营业员找出一种药后告诉男士，这是癌症和术后患者止疼的特效药，还一再强调治疗癌痛效果很好。男士听后勃然大怒：“你咋这么卖药，我是牙疼，又不是癌痛，推荐这种药诅咒我吗?”说完愤然离开药房。男士为什么对营业员不满？就是因为对方反复强调治疗癌痛，犯了人们的忌讳。

最后，还要避免选择只与自己有关的话题。另外，男士一般不参与女士圈内的话题议论，与女士谈话时要宽容、谦让、尊重，不随便开玩笑，也不可与女士无休止地攀谈，否则会引起对方的反感和旁人的侧目。

三、话题控制技巧

【情景案例】

一位早年毕业于某高等院校中文系，勤勤恳恳工作了几十年的老教师退休了，为此，学校为他和另一位曾多次荣获过“先进”的退休老同志一并举行了一个欢送会。与会同志和领导对他们的工作和为人进行了热情洋溢而又非常得体的肯定和赞扬，相比之下，对那位曾多次荣获过“先进”的老同志的美誉则尤多。当轮到两位受欢送的退休老同志致答辞的时候，他们对大家的赞誉作了深情的感谢。一时间，会场里充满了一种令人动情的温馨气氛。作为答谢，话本该说到这里为止；然而，那位老教师却并未就此打住，却由人们对另一位“先进”的赞扬引发了感触，并作了颇为欠当的联想和发挥：“说到先进，很遗憾，我从来也没有得过一次……”话犹未尽，坐在他对面的、平日与他相处得不很融洽的一位青年教师突然抢了话头：“不，那是我们不好，不是你不配当先进，是怪我们没有提你的名。”话语中带着一种不肯饶人而又让人难堪的“刺”。冷不防，老教师的眼角眉梢被“刺”出了一股感伤的表情，一时间会场中出现了一种怏怏不悦的尴尬气氛。一位领导见势不对，马上接过话茬儿，想把气氛缓和一下。照理说，这时，他应避开“先进”这个敏感的话题，转而谈论其他。然而，他却反反复复劝慰那位退休老教师，叫他对“先进”的问题不要在意，说没有评过先进，并不等于不够先进，先进不仅在名义，更要看事实，如此等等。一席话等于是把本应避而不谈的话题做了重复和引申，使本已尴尬的局面显得更为尴尬。

（一）话题插入

交谈时，为了表示尊重，一般不要轻易打断对方的谈话，要尽量让对方把话说完，这是一种基本修养。在参与别人的谈话时，要特别注意运用适当的技巧，照顾到对方的感受，以免给对方留下不愉快的印象。方法有以下几种：

第一，要了解别人的谈话主题。

第二，在插话之前，需要先和交谈双方打个招呼，不应贸然插入。可在对方说话的间歇，以婉转的口气，很自然得体地插话，如“我能够有幸加入吗?”，或“不打搅吧?”，或“对不起，请让我提个问题好吗?”，等等。得到许可后，方可加入。

第三，不能喧宾夺主。一般情况下，参与别人的交谈，要以原来的交谈者为主。不可自己一加入就口若悬河，滔滔不绝地唱起主角。有些人自视口齿伶俐，碰到别人谈话，他总要插进去说上一大堆话，在说话时又不顾及对方的心理，以至影响交谈者的兴致。

第四，参与者一般不应擅自提出新话题。交谈双方可能会有特定的交谈目的，这时，后来的参与交谈者一般不要插入新的话题，以免打乱别人的计划。但在很随便的场合下，如果交谈的内容不固定、交谈的气氛较轻松，这时可在征得双方同意的前提下，适当转换话题。

第五，要善于退出。一旦发现自己加入后，原来的交谈者都缺少了兴致；或觉察到双方有排斥你的意思，比如，老是谈及与你无关的话题。这时，应及早退出谈话，以免让别人对你产生不好的印象。

（二）话题深入

当对方侃侃而谈，谈锋正健，有利于深化交谈主题时，就要鼓励对方把话继续说下去，从而使对方作更详尽、更明确、更清楚的阐述。其具体方法是：

第一，激励诱导法。抓住对方谈话的内容，顺水推舟，给予适当的引导，以便交谈深入进行。例如可以适时插话，或简述你过去的同样经验以印证说话者的观点；或直接表达你对说话者的观点的理解、赞同。这类引导语很多，如："你这话很关键，如果大伙就此能取得共识，问题恐怕就容易解决了。"若深谈不下去了，也可以直接提出有关话题的某方面问题，引出大家的交谈兴趣，比如说："事出有因，产生这种情况的原因究竟是什么呢？"

第二，补充举例法。在交谈过程中，如果发现对方的谈话有不够全面、不够深刻之处，可以抓住机会予以巧妙的补充，从而促使交谈话题得到全面深刻的展开。还有些对象不善言谈，对某些问题的阐述总是干巴巴的，几句话一出便无话可说。这时可列举一些事例来说明和论证。因为说话和做文章一样，都需要借助具体材料来说明和展开论点。适当的举例可以表示对对方论点的赞同，可使对方感到交谈很投机，从而利于话题的拓展。有时就是列举反对或否定对方论点的事例，也可引起对方的思考，进而也有益于交谈话题的深入讨论。要引起特别注意的是，千万不要为显示自己的地位显要和见解高明而没有什么补充也要"补充"一通。

（三）话题结束

在交谈中，人们普遍重视开头，而对如何结束谈话，却往往未予以足够的重视。一般情况下，一声简单的"再见"确实就可以结束谈话，但在特殊的状态下呢？比如，一方话未说完，而对方已经显得非常不耐烦，这时谈话怎么结束？两人在交谈中争得面红耳赤又各不相让，又该如何？两人谈兴正浓，而客观条件又不容许再谈下去，又如何是好呢？

1．掌握好时机

切忌在双方热切讨论某一问题时突然将对话结束，在准备结束谈话之前，要先暗示一下，给对方一个反应的时间，以便从容地结束交谈。

2．出现分歧时，应主动作出让步

比如可以转换一个话题，谈一些其他的内容，待气氛缓和时，再适时地把谈话告一段落。

3．要留意对方的暗示

如果对方对谈话失去兴趣时，可能会利用"身体语言"做出希望结束谈话的暗示。比如，有意地看看手表，或眼神游离，或频繁地改变坐姿等。遇到这些情况，最好知趣地结束谈话。

4. 笑容是结束谈话的最佳句号

在结束谈话的同时，一定要向对方微笑示意，并伴以一些赞美祝愿的话。例如，一方可以说，“非常感谢您给了我这么多好的建议和意见”，另一方则可以说，“不必客气，以后有什么需要我帮忙的，尽管说”。这样往往会使气氛非常融洽，增强交谈的效果。

任务三　社交口才实用技巧

一、称赞与批评

（一）称赞

【情景案例】

托尔斯泰曾经说过：“就是在最好的、最友善的、最单纯的人际关系中，称赞和赞许是必要的，正如油滑对轮子是必要的，可以使轮子转得更快。”

美国“钢铁大王”卡内基，在1921年付出100万美元超高年薪聘请一位执行长夏布。许多记者问卡内基：“为什么是他?”卡内基说：“因为他最会赞美别人，这也是他最值钱的本事。”甚至，卡内基为自己写的墓志铭是：这里躺着一个人，他懂得如何让比他聪明的人更开心。

俗话说“良言一句三冬暖，恶语伤人六月寒”，一句得体的赞美往往成为交际的“润滑剂”。在日常社交中，要使赞美的效果最大化，需要注意以下技巧。

1. 真诚具体

称赞他人必须是发自内心的，应该是面带笑容说出来。称赞的内容必须落到实处，虚情假意的奉承话不但不能使人产生愉悦感，反而会令人反感，甚至会使对方产生不信任。如有的人不管见到谁，都无一例外地冠以“久闻大名”“如雷贯耳”“才高八斗”“学富五车”“青年才俊”“时代精英”等华而不实的高帽，这些空洞的赞美毫无实际意义，难以收到交际效果。

2. 恰如其分

称赞应该掌握好分寸，实事求是地赞美。过分的赞美不但令人不相信，反而会使被赞美者认为是有意讽刺或调侃，这就有违赞美的初衷了。如对一个相貌平平的女子，你却夸她如仙女下凡、沉鱼落雁、闭月羞花，她一定以为你不怀好意；对一个能力一般的上司，你却恭维他才华横溢、前程不可限量，除非他缺乏自知之明，否则他也许会认为你另有图谋，从此对你心存戒意。

3. 选好方式

赞扬他人可以采用多种方式，有直接赞扬，就是当面或当众夸奖或肯定，如：“你做得很好！”“你的打扮很得体、很漂亮！”也有间接赞扬，就是有时赞扬的话不好当面对当事人直说，或是没有机会当面对当事人说，可在适当的时候对他的同事、朋友、亲属说出来，并确信这些赞扬的话一定会传到当事人耳中，这样效果也会很好。赞扬还可以借其他人之口说出来，如：“同学们都说你爱帮助人，今天老师亲眼看见了。”

4. 抓住时机

称赞他人的话最好能及时表达，这对当事人具有激励的作用，对周围的人也具有教育意义。要是待到时过境迁，当事人都已经淡忘了此事的时候再去赞扬，效果就会大打折扣。

5. 不拘小事

在生活中，立下丰功伟业的英雄模范固然值得赞美，但那毕竟是少数人，对大多数普通人来说，平凡才是他们真正的生活，那么，普通人有什么值得赞美的吗？回答是肯定的。孔子曰：三人行，必有我师。善于从普通人身上发现优点和长处，尤其是善于发现别人容易忽视的可贵之处，更能体现一个人谦逊的美德和广阔的胸怀。

（二）批评

【情景案例】

一个穷困潦倒的青年流浪到巴黎，期望父亲的朋友能帮自己找一份工作。“精通数学吗？”那人问。青年羞涩地摇头。“历史地理怎么样？”青年不好意思地摇头。“那法律呢？”父亲的朋友连连问话，青年只能摇头。“那你先把自己的住址写下来吧，我总得帮你找份工作呀！”青年惭愧地写下了自己的住址，急忙转身要走却被父亲的朋友拉住：“青年人，你的名字写得很漂亮嘛，这就是你的优点啊！”“把名字写好也是一个优点？”青年在对方眼里看到了肯定的答案。“能把名字写好，就能把字写得叫人称赞，就能把文章写好！”受到鼓励的青年，一点点地放大自己的优点，兴奋的脚步都轻松起来了。数年后，青年果然写出了享誉世界的经典作品。他就是家喻户晓的法国著名作家大仲马。

说到批评，有人就认为应该板起面孔，严厉斥责，否则就达不到教育的目的。其实，批评的目的是为了吸取教训，改正错误，只要能达到这个目的，不妨采取一些轻松、巧妙的方式，让良药不苦口，使忠言不逆耳，让受批评者心悦诚服，改正错误。

1. 掌握批评分寸

首先，批评要选择好时机。有时候，当场发现错误，当场提出批评，可以避免犯更大的错误。但有时候，等事情过后一段时间，当事人有所悔悟时，再趁热打铁，重锤轻敲，可能效果更好。其次，对场合的选择也应注意，有的人自尊心特别强，如果当众批评会让他羞愧难当，颜面扫地，对这样的人最好避开众人，单独进行，相信他在感激你顾全面子的同时，会乐意接受你的批评的。另外，对批评的轻重程度也要掌握好。对一贯态度马虎、草率儿戏、对什么事情都无所谓，或犯有严重错误、影响极坏而又屡教不改的人，批评要严厉些，因为轻描淡写的批评对他无疑是隔靴搔痒，不能触及灵魂。而对所犯错误不很严重，本人亦有悔过认识的人，批评不妨温和些。

【情景案例】

1984 年，里根为了竞选总统，与对手蒙代尔展开了一场电视论辩。在论辩中蒙代尔自恃年轻力壮，竭力攻击里根年龄大，不适宜担此重任。里根回答说："蒙代尔说我年龄大而精力不充沛，我想我是不会把对手的年轻、不成熟这类问题在竞选中加以利用的。"如此一句绝妙的回答立即博得全场的热烈掌声。因为，面对如此年轻气盛的蒙代尔的攻击，作为年长者的里根如果以牙还牙，破口对骂，就必然会有失作为长辈的沉稳持重、老谋深算的优势；但如果逆来顺受、装聋作哑，那么在蒙代尔的锐气面前，则又显得老气横秋、难有作为了。为了争取电视观众，里根根据自己的长处和对方的短处，采取了将计就计、以守为攻、以柔克刚的策略，即在否定对方的声色之中，以己之长，显彼之短，不仅最大可能地显示出了作为年长者的足智多谋、宽宏大度，又委婉地抨击和映衬对方作为年轻人的浅薄和狭隘。论辩结束之后，里根胜利地当选总统。

2. 采取灵活方式

由于不同的人有不同的性格、不同的知识水平，其认识过错的程度也有不同，因此，批评也要因人制宜、因材施教：或动之以情，或晓之以理；或直截了当，或旁敲侧击；或一针见血，或和风细雨；或正话反说，或幽默趣说。

【情景案例】

美国总统约翰·卡尔文·柯立芝发现他的女秘书长得非常漂亮，但工作经常出现差错。一天早晨，柯立芝看见女秘书走进办公室，便对她说："今天你穿的这身衣服真漂亮，正适合你这样年轻漂亮的小姐。"女秘书受宠若惊，柯立芝接着说："但你不要骄傲，我相信你处理的公文也能和你一样漂亮。"果然，从那天起，女秘书处理公文时很少出错。一位朋友知道了这件事，好奇地问柯立芝："这个方法很妙，你是怎么想出来的？"柯立芝说："这很简单，你看见理发师给人刮胡子吗？他要先给人涂肥皂水。这是为什么呢？就是为了刮起来使人不疼。

3. 融入真情实感

批评是为了治病救人，而不是为了整人，因此，态度要满腔热情，言辞要情真意切，要让对方感受到批评者的良苦用心，从而诚恳地接受批评。

二、劝慰与说服

（一）劝慰

"人有悲欢离合，月有阴晴圆缺，此事古难全。"人生不如意者十之八九，当遇到不幸事、伤心事、烦恼事时，我们总希望得到别人的理解和安慰，反过来也一样。因此，学会劝慰别人，使之从悲伤、郁闷、怨恨、苦恼等不良的情绪中解脱出来，重拾信心，重整旗鼓，这也是增进感情、巩固友谊、搞好人际关系的一种手段。怎样劝慰他人才有效呢？下面介绍几种方法。

1. 设身处地

要劝慰他人，首先要设身处地为他人着想，对其不幸遭遇或苦恼感同身受。只有充分理解了他人的感受，才能发自内心地萌生帮助他人走出困境的愿望，才能对症下药，找到劝解的良方；而需要劝慰的人也只有相信你能理解他的感受，才容易接受你的劝告，否则，就可能是隔靴搔痒，或使人产生“饱汉不知饿汉饥”的抵触心理，劝慰就很难奏效。

【情景案例】

《红楼梦》中，王夫人的丫鬟金钏儿跳井后，宝钗对王夫人的劝慰：

宝钗叹道：“姨娘是慈善人，固然这么想。据我看来，他并不是赌气投井。多半他下去住着，或是在井跟前憨顽，失了脚掉下去的。他在上头拘束惯了，这一出去，自然要到各处去顽顽逛逛，岂有这样大气的理！纵然有这样大气，也不过是个糊涂人，也不为可惜。”王夫人点头叹道：“这话虽然如此说，到底我心不安。”宝钗叹道：“姨娘也不必念念于兹，十分过不去，不过多赏他几两银子发送他，也就尽主仆之情了。”

像丫鬟自杀这种事情，当事人情感上总不好过去，如果事情因自己而起，就更可能日思夜想怪罪自己，王夫人这样说明显有自怨的意思。宝钗显然是站在王夫人的立场上，设身处地地体会到了王夫人的难处，所以宝钗先说王夫人本是个“慈善人”，先减轻王夫人的内疚感，再把金钏儿投井说成可能是自己失足，转移化解王夫人的内疚，然后出主意多赏点东西就“尽主仆之情了”。这样就最大可能地维护了王夫人的脸面，也宽慰了她的内心。

2. 转移话题

对沉浸在伤痛或失落中的人来说，往往很难从伤痛或失落的回忆中走出，这时，劝慰者最好能转移话题，把他的注意力引到好的方面来，以淡化其不良情绪。如去医院探望住院的病人，询问病情是必要的，但最好不要总是谈论病情，可以谈论病人关心或感兴趣的话题，带给他一些新鲜有益的信息，这对激发病人战胜疾病的勇气、保持乐观开朗的情绪都是大有裨益的。

3. 分析利弊

陷入心理困境的人受不良情绪左右，不容易保持心态平衡，对事情的是非曲直和利弊得失无法做理性分析，这就需要劝慰者站在公允的立场，以平和的心态对事情进行客观理性的分析，以平复被劝者的情绪，使其恢复平常心态。

【情景案例】

小李到位于某大城市的某公司工作一年后，被公司派到一个较偏僻落后、工作和生活条件较差的小城市开拓业务，小李心里很不乐意，向好朋友阿明大发牢骚。阿明对小李说：“恭喜你！你的才能已经被你的上司发现了，派你到条件差的地方去，正是上司相信你可以胜任工作。那个城市的业务目前还是空白，你去开拓，干多干少都是你的成绩，干好了，还是你将来晋升的资本呢！何况两年后就可以回来了，年轻人锻炼锻炼没什么不好！”一席话让小李转忧为喜，愉快地奔赴新的岗位。

4. 适当比较

“比上不足，比下有余”，是人们的一种普遍的平衡心态，当身处逆境时，要与比自己境遇还要糟糕的人比，这样才会产生知足的心理；要是向上比，那只能是“人比人，气死人”。如果凡事追求完美，处处争强好胜不甘人后，当愿望无法实现，目的难以达到时，就容易产生嫉妒、失落甚至绝望的情绪，对这样的人，劝慰者就应该引导对方端正心态，做适当的比较，必要时不妨来点“阿Q精神”，自我安慰。

【情景案例】

小王做双眼皮埋线手术出了点问题，觉得自己毁容了，伤心了好几个月。后来为了散心就去朋友家“避暑”。有一天，小王又坐在客厅一个人一直抱怨，朋友放弃劝她，回自己房间听音乐打游戏了。这时，朋友的奶奶出来了，招呼她去卧室说要帮她看眼睛。看了之后说：喔，确实有一点。小王听了哭得更伤心了，觉得人生都毁了。这时，朋友奶奶说：“小王啊，你看我的眼睛，白内障很多年，本来保守治疗也可以，我说去做个手术，然后手术台上的时候我就知道手术失败了。本身我不做手术，眼睛还能看见，现在这个眼睛基本就是毛玻璃。你还很年轻，埋线只是一个很小很小的手术，人生那么长，你能保证自己永远不生病吗？你以后要遇到的事还有很多，这么一点点问题就难过成这样了，那以后怎么办呢？”听了奶奶的一番话，小王顿时觉得自己确实有些矫情了，跟奶奶的失明相比，自己的这点事又算得了什么呢？

5. 激发斗志

有些人遇到失败和挫折容易意志消沉，一蹶不振，这时劝慰者不但要“劝”，更要“激”，激发其信心、勇气、斗志，激起其责任感、使命感，使之跳出失败和不幸带来的阴影，产生新的动力。

【情景案例】

长在孤儿院中的男孩儿，常常悲观地问院长：“像我这样没有人要的孩子，活着竟有什么意思呢？”院长总笑而不答。有一天，院长交给男孩儿一块石头，说：“明天早上，你拿这块石头到市场去卖，但不是‘真卖’，记住，不论别人出多少钱，绝对不能卖。”第二天，男孩儿蹲在市场角落，意外地有好多人要向他买那块石头，而且价钱越出越高。回到院里，男孩儿兴奋地向院长报告，院长笑笑，要他明天拿到黄金市场去叫卖。在黄金市场，竟有人出比昨天高十倍的价钱买那块石头。最后，院长叫男孩儿把石头拿到宝石市场上去展示。结果，石头的身价比昨天又涨了十倍，更由于男孩儿怎么都不卖，竟被传扬成“稀世珍宝”。男孩儿兴冲冲地捧着这块石头回到孤儿院，将这一切禀报院长。院长望着男孩儿，徐徐说道：“生命的价值就像这块石头一样，在不同的环境下就会有不同的意义。一块不起眼的石头，由于你的珍惜、惜售而提升了它的价值，被说成稀世珍宝。你不就像这块石头一样？只要自己看重自己，自我珍惜，生命就有意义，有价值。”

(二)说服

人与人之间不可能事事都认识一致，见解相同，若要取得共识，解决矛盾，得到别人的赞同、支持、谅解和帮助，就必须要做说服工作。由于说服的效果远胜于强迫，因此，说服被广泛应用于现实生活的各个领域，如思想教育、推行主张、传播知识、推销谈判、经营管理等。说服是一门艺术，需要高超的技巧。怎样才能说服别人呢？

1. 晓之以理

要说服别人，就要讲清道理，要对事情进行符合逻辑、入情入理的分析，得出正确的结论，对方认为你“言之有理”，自然会点头称是了。

【情景案例】

魏徵在朝廷上与唐太宗争得面红耳赤。“总有一天，我非杀了这个乡巴佬不可！”太宗回到后宫后愤愤地说。“这个乡巴佬是谁？”长孙皇后连忙问道。“当然是魏徵！他总是当着众臣的面侮辱我，实在是让我难堪！”长孙皇后听后立即退了下去。过了一会，她换了一身上朝的礼服，走到太宗面前叩拜道贺。“你这是什么意思？”太宗疑惑地问。“我听说，只有明君之下才会有忠直的臣子。”长孙皇后认真地说，“现在魏徵敢于直言进谏，是因为陛下贤明之故，我怎能不庆贺呢？”太宗恍然大悟，此后更是“励精政道”，虚心纳谏，对魏徵倍加敬重。魏徵也进谏如故，“思竭其用，知无不言”，从不畏龙颜之怒。由是，君臣合璧，相得益彰，终于开创了大唐“贞观之治”的辉煌盛世。

2. 动之以情

人非草木，孰能无情。所谓“动人心者，莫先乎情”，说服语言如能从“情”字入手，拨动对方内心深处情感的琴弦，融理于情，情理交融，以情动人，则能收到很好的效果。

【情景案例】

有个出租车女司机把一男青年送到指定地点时，对方掏出尖刀逼她把钱都交出来，她装作害怕样交给歹徒200元钱说：“今天就挣这么点儿，要嫌少就把零钱也给你吧。”说完又拿出30元的零用的钱。见“的姐”如此爽快，歹徒有些发愣。“的姐”趁机说：“你家在哪儿住？我送你回家吧。这么晚了，家人该等着急了。”见“的姐”是个女子又不反抗，歹徒便把刀收了起来，让“的姐”把他送到火车站去。见气氛缓和，“的姐”不失时机地启发歹徒：“我家里原来也非常困难，咱又没啥技术，后来就跟人家学开车，干起这一行来。虽然挣钱不算多，可日子过得也不错。何况自食其力，穷点儿谁还能笑话我呢！”见歹徒沉默不语，“的姐”继续说：“唉，男子汉四肢健全，干点儿啥都差不了，走上这条路一辈子就毁了。”火车站到了，见歹徒要下车，“的姐”又说：“我的钱就算帮助你的，用它干点正事，以后别再干这种见不得人的事了。”一直不说话的歹徒听罢突然哭了，把200多元钱往“的姐”手里一塞说：“大姐，我以后饿死也不干这事了。”说完，低着头走了。在这个事例中，“的姐”说话充满了真情，以情感动了这个歹徒，最终达到了说服的目的。

3. 衡之以利

人都有趋利避害的本能，因此，当事情牵涉到一个人的利益时，他就会慎重考虑了，所以，在说服对方时，向他讲清利害关系，权衡利弊得失，比较容易达到说服的目的。

4. 教之以方

说服别人时，光讲道理，却提不出解决问题的具体方法，也很难令人信服。如果能在讲清道理的同时，又告知以切实可行的方法，恐怕对方就很容易乐于采纳你的意见了。

三、拒绝与道歉

【情景案例】

罗斯福在当选美国总统之前，曾任美国海军部部长。一天，一位老朋友向他打听海军在大西洋的一个小岛筹建基地的秘密计划。罗西福特意向四周望了望，然后压低声音问：“你能保守秘密吗?”老朋友以为罗斯福叫他保密，于是很笃定地说：“当然能。”“那么，”罗斯福微笑着说，“我也能。”

现实生活中，当出于某些原因导致你无法做或不愿意做某事时，就应该拒绝。因此，要学会对违背自己意愿的事情说“不”。但有时碍于情面或利害关系，不能直截了当地说“不”，就需要用委婉的方式来表达自己拒绝的意愿，而不至于使对方不满意、不愉快，也不至于影响双方的关系。其实，拒绝并不是一件可耻的事情，只要掌握分寸，合情合理，反而会有利于沟通。不要把拒绝某人等同于你不喜欢这个人，你只是在这个情况下，不能答应他的请求，要以平常心对待。说的时候要真诚、平静，并且要有礼貌。你的真实想法，别人会感觉到。比起敷衍了事或是口是心非，别人会更乐意接受一句真诚的谢绝。下面介绍几种婉拒方法：

(1)暗示法。用口头语言或态势语言来暗示拒绝的意思。如面对突然造访的不速之客，可以说：“真不巧，我正要出门去办事。”如果不想继续与对方的谈话，可以用频频看表、打呵欠或做其他小动作来提醒对方。

(2)拖延法。给自己留个退路，没有直接说不同意，而是强调今天或是现在不行，暂时拖延。因为过几天，可能你就会改变主意。如：“今天我不能跟你去打球了，我想下个星期再找个时间吧。”

(3)说理法。首先对对方的邀请、请求表示感谢或理解，然后再给对方一个有诚意且站得住脚的理由，告知你不能赴约或无法做到且没办法商量了。如：“我不能和你一起吃晚饭，因为我有一个报告今晚一定要完成。”

(4)模糊法。对拒绝的理由，有时要说清楚需花很多口舌，有时那些道理不说对方也知道，或有时情急之下找不出巧妙合适的话语，这时候可以不置可否，只需微微一笑，其中含义由对方来揣测好了。

【情景案例】

一个超市在节假日搞促销活动，部分品牌商品可以买一赠一，要求是必须消费够一定额度，而且赠品是供货商指定商品。大部分顾客对此次的活动力度比较满意，购物也比较踊跃，只有极个别顾客，在没有满足购物额度的前提下，依然要求有赠品相送。面对这样的诘问，导购就说：“您的建议很重要，我们可以反馈给我们的主管，等我们再次举办类似活动时，尽量予以考虑。”这种说法比较模糊，怎么理解都可以，并且也巧妙地暗示了拒绝之意。

(5)转移法。将对方的请求回绝后，可以把话题转移到其他方面，表明尽管这件事情你不太想做，或许有其他的事情是你乐意做的，给对方留有余地。如：“我今天不能和你吃午饭了，除了这个新提议之外，你是不是还有别的事想说?”

因自己无心的过错给他人造成损失、伤害或造成不良影响时，需要用真诚的道歉去取得对方的谅解与宽宥，这是搞好人际关系的又一重要手段。人总是免不了犯错的，而知错能改、真心悔过，这是性格成熟、人格完善的表现。因此，有了过错要勇于致歉。道歉要注意以下几点。

1. 发自内心

道歉必须是发自内心的自觉的行为，迫于压力而不得不进行的道歉是言不由衷的，表明了当事人并没有真正认识到自己的过错，当然也无法得到对方的原谅，因此，道歉时应该态度真诚，言辞恳切。道歉并不会让人丢了面子，失掉尊严，相反，勇于认错所体现出来的胸襟和气度会赢得人们的尊重和敬佩。

2. 及时道歉

当过错发生后，要在最短的时间内及时道歉，尽快消除对方的不快，或把给对方造成的损害减少到最低程度，否则，越拖下去，对双方越不利。对过错方来说，拖的时间越长，道歉话越难说出口；对受害方来说，如果事发后过错方及时认错，就比较容易接受，或者是想发脾气也碍于情面不好意思发作，而时间拖久了，他就会认为对方缺乏诚意，心中的怒气恐怕就不那么容易消除了。

3. 讲究方式

因不同的事、对不同的人道歉应该选择不同的方式。有的人器量大，别人的一句简单的“对不起”就可以不计较对方的过错了；而有的人则得理不让人，不依不饶，恐怕要多费些口舌，甚至一次道歉不能达到目的，还要有再次、多次道歉的勇气；有时可以当面单独致歉，有时最好通过合适的第三方牵线搭桥；有时言语不足以表达歉意，可以用鲜花等小礼物传情达意；还可以通过电话、信函等方式致歉，以避免双方面对面的尴尬。

【拓展训练】

1. 结合自己的社交体会，谈谈你对“社交原则”的理解。

2. 回答以下问题：

(1)你有过在旅途中与邻座的陌生人交谈的经历吗？你是怎样引起话题的？

(2)丽云是某高校大二学生，暑假快到了，她打算与同班的几个同学一起到某省的一个边远山区搞社会调查，可这事遭到她父母的极力反对，父母认为丽云从小娇生惯养，担心她吃不了苦。如果你是丽云，你将如何说服他们？

(3)王桦发现他最要好的同学小武近来闷闷不乐，经了解，原来小武跟他的一个网友断交了。请你给王桦出个主意，他该怎样劝慰小武？

(4)你认为目前自己的社交能力怎样？还有哪些需要改进之处？

3. 阅读以下案例，并完成文后的训练。

案例一：陶行知任上海育才学校校长的时候，处理过这样一件事。有一天，他在校园里看到一个小男孩手拿砖头在追赶另一个同学，就赶忙制止了，并告诉小男孩过一会儿到校长室去。等陶行知回到办公室的时候，看见小男孩已经在等他了。陶行知从兜里掏出一块糖递给他：“这是奖给你的。因为你比我来得早。”小男孩惊奇地接过糖。陶行知又掏出第二块糖：“这也是奖给你的。我不让你打人，你立刻住手了，说明你很尊重我。”小男孩将信将疑地接过糖果，慢慢地低下了头。陶行知又说：“据了解，你打同学是因为他欺负女生，说明你有正义感。”陶先生遂掏出第三块糖给他。这时小男孩哭了：“校长，我错了，同学再不对，我也不能用砖头砸他。”陶先生又拿出第四块糖说：“你已经认识到自己的错误，这很好，再奖你一块。我的糖奖完了，我们的谈话也该结束了。”

（选自《演讲与口才》，2006 年第 3 期）

(1)为什么陶先生自始至终没有一句批评的话，却使小男孩认识到了自己的错误？

(2)陶先生的“四块糖”教会了小男孩什么道理？

案例二：有一个名叫圣安・玛莉娅的女孩，生于英国南部一个贫困家庭。两岁时，她的左脸上长出了一颗十分难看的黑痣。自此，人们歧视的眼光时时向她射来，令她痛苦不堪。幸好，她对读书有着浓厚的兴趣，在她看来，只有徜徉于书海，才能抛却萦绕于四周的那些冷漠的眼光和可怕的孤独感。

有一天，牛津大学的一位著名教授，意外地发现了这位正陶醉于书海中的女孩。她那如痴如醉的神情，让教授深感惊奇。他情不自禁地对随行的人和聚拢在四周的农人说道：“哎呀，简直不可思议，这位小女孩双目炯炯有神，智慧一定非凡过人，将来定是这个小镇上最有出息的人。瞧，她脸上的那颗黑痣，就是她日后卓然不凡、超群脱俗的标志。”

我们无法揣测这位牛津教授的初衷，但他这句话传开后，小女孩的命运果真发生了戏剧性的变化，她的父亲从此格外疼爱起她来，而先前那些歧视和冷漠的目光，也换成了艳羡的眼光。甚至还有富人主动为她出钱，给她提供当时最好的求学条件。小女孩也像换了一个人一般，变得格外勤奋和自信起来。她付出的心血和汗水，为她不断换来令人羡慕的成绩，这一切似乎都在一板一眼地印证着牛津教授的预言。

小女孩果然不负众望，获得了剑桥大学博士学位，日后又成为英国著名的高等学府——爱丁堡大学最年轻的女教授。并成为一名资深的年轻社会活动家，同时还担任了伦敦市长助理一职。

牛津大学教授的一席话，使原本可能平庸一生的女孩脱胎换骨，创造了人生的辉煌。

人，本身就是一座难以估量的、蕴藏丰富的矿山，如何最快捷、最充分地开掘它，有时并不需要挖掘机和炸药，而只需要师长或朋友一句真诚的赞语！

（选自《演讲与口才》，2004 年第 5 期）

(1)给这篇短文的结尾加一段议论的话，说明是什么改变了小女孩的命运。

(2)你习惯于称赞别人吗？试留心观察身边的人的优点或长处，并尝试由衷地称赞他，看看有什么效果。

项目二

求职应聘口才

【导入案例】

有一位中专毕业生王庆到人才招聘会找工作，但是，所有的用人单位的招聘条件都要求有大专以上文凭。王庆并不灰心，他看中了一个生物肥推销员的职位，心里打定了主意，耐着性子等到招聘公司快收场时，才来到他们的桌前。公司人力资源部李部长冷冷地说："你怎么现在才来？"王庆笑着说："刚才你们忙着接待大学生，现在才有时间接待我这个中专生呀！不过，我觉得贵公司的招聘条件有点问题。"李部长来了兴趣，说："哦，是吗？你说说看！"王庆不慌不忙地说："贵公司要招聘推销员，的确需要相关的专业知识，但最关键、最重要的条件应该是敬业精神、吃苦耐劳的精神和良好的身体素质，对吗？"李部长点点头，示意他继续说下去。王庆说："贵公司的产品——生物肥的销售对象是农民，推销员必须要走村串户，深入乡村，工作环境和条件都很艰苦，而大学生起点高，不一定愿意吃苦。我的文凭虽低，但在学校里也掌握了相关的专业知识，而且我来自农村，吃苦耐劳是我的特长，我会比大学生更珍惜这个工作机会的。如果你们用月薪600元聘用一个中专生就可以胜任工作，为什么要花1000元来聘用一个大学生呢？"随后，王庆拿出他的简历、获奖证书等，递到李部长手里。就这样，王庆成功地得到了那份工作。

【案例思考】

这个故事给了我们什么样的启示？求职口才的基本要求是什么？在求职问答中有哪些注意事项呢？

在我国，每年有高达300多万的大学毕业生实行自主择业，在就业形势严峻和竞争激烈的现代社会，谋职困难是无法回避的事实，这对即将面临毕业的大学生来说，既是一场考验，也是一种挑战。求职不仅需要具备较强的个人竞争实力，也需要掌握求职的方法、策略及技巧，更需要出色的口才来进行完整的交流和顺畅的表达。

任务一　求职口才的基本要求

求职应聘中，招聘方除了要综合考察求职者各方面的条件和素质之外，常常需要通过双方之间的面谈来进一步确定取舍。这种面试往往是在特定场合进行的，因此，求职者在应聘面谈时要善于根据这一特定场合的特点，充分展现自己的素质和能力，而真诚自信、条理清晰、大方得体的谈吐就显得尤为重要。

1. 真诚自信

真诚，就是要实事求是，尊重事实，以诚实的态度展示自己，不要恶意隐瞒、欺骗或编造虚假材料。自信，就是应聘者对自己的实力有充分的估计和坚定的信心。相信“天生我材必有用”，相信自己的水平和实力，相信自己能够干出一番事业，相信自己有实力胜任某项工作，从而表现出坚定的态度和从容不迫的谈吐，因而赢得考官们的赏识和信任。与此相关联的还有面试中不卑不亢的态度。有的考生自恃学历高或工作经验丰富或其他成绩骄人，在面试考场上不注意基本的交际礼节，随意打断考官的话，或者不遵从考场工作人员的指挥等，这样的考生展现的并不是自己的风采与锋芒、信心与勇气，而是目空一切、恃才傲物。另外一些考生过分强调对考官的尊重，一味低声下气、唯唯诺诺、小心翼翼。这样被动的应试风格，也会让考官提不起兴趣，甚至故意拿起架子，而考生只会给考官留下无趣、无味、无风度、无魅力的印象。

【情景案例】

北京某独资企业招聘员工，总裁在失望之余打算最后再面试一位。这是位举止得体不卑不亢的年轻人。进门点头后，他很自然地问：“我能坐下吗?”总裁不由得上下打量了他一番。前几十位应聘者，不是显得过于拘谨木讷，便是一副任你挑选、听天由命的样子，有些甚至“足将进而趑趄，口将言而嗫嚅”。而面前这位，即自信又自尊，既能争取主动又显得有教养。总裁含笑示意他坐下，问他能胜任何种工作，他说：“相信我就是你要聘的人。我虽然没有三头六臂，但我能胜任多种工作。我大学中文本科毕业，可胜任文秘工作；大学英语已过六级，可胜任翻译工作；学过驾驶，已取得驾照，能胜任司机工作；会武术，能兼职保镖工作。您可以在实践中检验我的能力。”回答得简洁干脆，总裁当场拍板录用。

2. 简洁严谨

第一，求职面试过程中，一般情况下回答问题要结论在先，议论在后，先将自己的中心意思表达清晰，然后再作叙述和论证。第二，在有限的面试时间内，求职者在情绪紧张的条件下也应尽量保证讲话的层次和条理，最好在说话之前在脑子里梳理一下思路，然后再条分缕析地将要表达的意思一一道出。第三，要保持适当的谨慎。首先表现在面试中一定要采取适当的方式搞清楚主考官的问题，或者请主考官给予更加具体的提示，切忌想当然，答非所问。其次不能不懂装懂、自我炫耀。另外，考官提出的有些问题可能略显刁钻，或者似是而非，有的问题背后隐藏着考官的真正意图，这些都需要考生以冷静的态度谨慎思考后，再作回答。也许这就是对考生的“应变性”“机敏性”等的测评。

【情景案例】

在全省公务员选拔考试中，王大勇以优异的笔试成绩进入了“三选一”的面试阶段。面试中，主考官先问了一个常规性的问题：你单位要组织五人去外地考察学习，为期三天，由你组织安排，你觉得在哪些方面要重点考虑？主考官话音刚落，王大勇就说：我在学校一直担任学生会干部，组织过很多次大大小小的活动，对于这方面比较熟悉。要组织好一次活动，首先是资金的到位，充足的资金是活动顺利进行的保证。然后就开始谈他在学校组织的一次语言艺术大赛，如何在他的努力下，拿到了一个服装品牌的赞助……主考官提醒他：偏题了，请回到面试问题上来。王大勇接下来说：考察学习有特定的目的，但绝不是为了学习而学习，学习过后的行动才是目的，就像某某部长曾说过……主考官打断他：时间差不多了，面试结束。其实，针对提问言简意赅地回答是最重要的，你所说的正好是面试官想知道的，你所展示的能力正好是职位所需要的，这样回答才对路才有效；而不合题意的滔滔不绝，答非所问，故意卖弄，只会与考官的意图南辕北辙，效果适得其反。

3. 机智幽默

面试过程中，当遇到难以回答的问题时，机智幽默的语言有助于化险为夷，展示自己的从容风度和人格魅力。例如，有时主考官会问一些很“大”的题目，比如“说说你自己”，至于说哪些方面并没有限定。此时，求职者不能不加选择地、毫无目的地说，而是要“大”题“小”做：应围绕求职应聘来谈，可以说说与应聘岗位相关的知识、技能、经验方面的内容，把话题拉到自己的专业能力、学识、经验等方面的相关问题上来，不能错失自我展示的良机。另外，适当时候的幽默可以使谈话保持轻松愉快的气氛，既可以缓解面试时紧张的气氛，也会给人留下亲切随和、精力充沛的良好印象。

任务二 求职面试常见错误及其对策

在求职面试中，没有人能保证不犯错误。只是聪明的求职者会不断地修正错误，走向成功。下面列举一些面试时常见的错误及其对策，望求职者引以为戒。

(1)不善于打破沉默。面试开始时，应试者不善于打破沉默，而等待面试官打开话匣。面试中，应试者又出于种种顾虑，不愿主动说话，结果使面试出现冷场。即便能勉强打破沉默，语音语调亦极其生硬，使场面更显尴尬。实际上，无论是面试前或面试中，应试者主动向面试官致意与交谈，会给面试官留下热情及善于与人交谈的良好印象。

(2)与面试官“套近乎”。具备一定专业素养的面试官是忌讳与应试者套近乎的，因为面试中双方关系过于随便或过于紧张都会影响面试官的评判。过分“套近乎”亦会在客观上妨碍应试者在短短的面试时间内做好专业经验与技能的陈述。聪明的应试者可以列举一至两件有根有据的事情来赞扬招聘单位，从而表现出你对这家公司的兴趣。

(3)为偏见或成见所左右。有时候，参加面试前自己所了解的有关面试官或该招聘单位的负面评价会左右自己面试中的思维。误认为貌似冷淡的面试官或是严厉或是对应试者不满意，因此十分紧张。还有些时候，面试官是一位看上去比自己年轻许多的小姐，心中便开始嘀咕：“她怎么能有资格面试我呢?”其实，在招聘面试这种特殊的采购关系中，应试者作为供方，需要积极面对不同风格的面试官——客户。

(4)慷慨陈词却举不出例子。应试者大谈个人成就、特长、技能时，聪明的面试官一旦反问：“能举一两个例子吗?”应试者便无言应对。而面试官恰恰认为，事实胜于雄辩。在面试中，应试者要想以其所谓沟通能力、解决问题的能力、团队合作能力，领导能力等取信于人，唯有举例。

(5)缺乏积极态势。面试官常常会提出或触及一些让应试者难为情的事情。很多人对此面红耳赤，或躲躲闪闪，或撒谎敷衍，而不是诚实回答，正面解释。比如说面试官问：“您为什么5年中换了3次工作?”有人可能就会大谈工作如何困难，上级不支持等，而不是告诉面试官：虽然工作很艰难，自己却因此学到了很多，也成熟了很多。

(6)不善于提问。有些人在不该提问时提问，如面试中打断面试官谈话而提问。也有些人面试前对提问没有足够准备，轮到有提问机会时不知说什么好。而事实上，一个好的提问，胜过简历中的无数笔墨，会让面试官刮目相看。

(7)对个人职业发展计划模糊。对个人职业发展计划，很多人只有目标，没有思路。比如当被问及“你未来5年事业发展计划如何”时，应试者可能会回答说，“我希望5年之内做到全国销售总监一职”。如果面试官接着问“为什么”，应试者常常会觉得莫名其妙。其实，任何一个具体的职业发展目标，都离不开你对个人目前技能的评估，以及你为胜任职业目标所需拟定的粗线条的技能发展计划。

(8)假扮完美。面试官常常会问：你性格上有什么弱点?你在事业上受过挫折吗?有人会毫不犹豫地回答：没有。其实这种回答常常是对自己不负责任的。没有人没有弱点，没有人没有受过挫折。只有充分地认识到自己的弱点，也只有正确地认识自己所受的挫折，才能造就真正成熟的人格。

(9)主动打探薪酬福利。有些应试者会在面试快要结束时主动向面试官打听该职位的薪酬福利等情况，结果是欲速则不达。具备人力资源专业素养的面试者是忌讳这种行为的。其实，如果招聘单位对某一位应试者感兴趣的话，自然会问及其薪酬要求情况。

(10)不知如何收场。很多求职应聘者面试结束时，因成功的兴奋，或因失败的恐惧，会语无伦次，手足无措。其实，面试结束时，作为应试者，您不妨表达你对应聘职位的理解；充满热情地告诉面试官你对此职位感兴趣，并询问下一步是什么；面带微笑地谢谢面试官的接待及对你的考虑。

【拓展训练】

1. 阅读下面材料，回答材料后面的问题。

(1)有一位女大学生去一家中外合资公司应聘，顺利通过了一道道关卡，最后只剩下她和一位男性求职者。经理是位外国人，在与这两位求职者的闲聊中，随便问了三句话：“会打球吗?”男生说：“会!”女生说：“打不好。”(其实她是个不错的羽毛球选手)经理又问：“给你俩每人一辆小轿车，限一星期内有没有把握学会驾驶?”男生说：“有!”女生说：“不敢保证。”(其实她曾学过驾驶)经理再问：“厨房里有充足的蔬菜，你俩能不能给我做几样拿手好菜，我这个人不挑剔。”男生说：“没问题。”女生却腼腆地说：“做不好。”(其实她的烹调技术很不错)结果，这家公司聘用了那位男生。

问：公司为什么选择的是那位男生？女生的主要失误在哪里？你从中得到什么启示?

(2)某公司进行招聘营销人员面试，主考官对几位应试者问了同一个问题：“请你顺着窗口往外看，你看到了什么?”

第一个应试者回答说：“我看到了马路、汽车、房子、田野。”

第二个应试者回答说：“我看到了田野那边的山、河流、沙滩。”

第三个应试者回答说：“我好像看到了我的朋友、亲人在那里为我祝福，希望我应试成功。”

第四个应试者回答说：“我除了看到前面几位看到的东西外，我似乎还看到了窗外有很多人、很多车，在排队购买我们公司的产品。我想，如果我被聘用的话，我会和你们一道，把这种预想变成现实的。”结果公司聘用了第四个应试者。

问：公司为什么选择的是第四个应试者，其应聘成功的主要原因是什么?

(3)某经营机构招聘女秘书，要求才高貌美。一丑女前往应聘。总经理：“难道你没有看清我们的招聘条件吗?”丑女：“看了。”总经理：“那你为什么还要来应聘?”丑女：“您如果聘用了我，既显出您别出心裁，又显出您人格高尚，因为闹出绯闻的总是漂亮的女秘书。何况，人不可貌相，漂亮的人未必有才气；而长相不漂亮的人必有其过人之处。我很丑，可是我很优秀；况且，正是貌不如人，所以我会更加努力地工作。”

问：如果你是那位总经理，你会聘用这位“丑女”做秘书吗？为什么?

(4)某公司在招聘公关部主任职位时，主考官向应聘者提了这样一个问题：“我们公司目前经理与员工的关系紧张，你如果当了公关部主任，打算站在哪一边?”应聘者略一思索，回答说：“对这个问题，我尚未听说过，更谈不上调查，是非有无都不清楚，当然说不上站在哪一边。不过，我想既然是在同一个单位，不管是员工还是老板，都应该把走到一起共事视为一种缘分，不应该闹得关系那么紧张。如果硬要我站的话，我想我最好是站在中间，像一根红线将两方面连接沟通，用我的工作来消除双方的误解，以实现公司上下的友好合作和精诚团结。”结果，应聘者顺利得到了这个公关部主任的职位。

问：主考官所提问题的主要目的是什么？其中暗含了什么样的“陷阱”？而应聘者

又为什么能顺利过关?

(5)35 岁的下岗女工李某前往某大宾馆应聘保安员岗位，下面是李某与宾馆人事部经理对话的片段：

经理："你为什么要到我们宾馆工作?"

李某："贵宾馆是国内外知名的五星级宾馆，有豪华的建筑、一流的设施、幽雅的环境……能有幸在这样的环境中工作，一定令人心情舒畅。当然，贵宾馆吸引人的还有优厚的待遇。我原先工作的企业由于经营不善，已经倒闭，我被迫下岗，生活拮据，何况我还要负担在××重点中学就读的女儿的生活与教育费用，所以我很希望找到收入较好的工作。"

经理："这次我们招聘的岗位有大堂经理、公关助理、餐饮、客房部领班、服务员等，你为何选择保安员这个岗位?"

李某："我知道贵宾馆用人的标准非常严格。您所说的那些岗位我觉得都不错。但是我已经失去了年龄上的优势，也没有相关的工作经验，自知缺乏竞争能力。我倒觉得我比较适合做保安员工作，因为我在原单位曾担任过保卫科干事，熟悉保安工作的规律和特点。虽然责任重大，但工作挺刺激，富有挑战性，很适合我的性格。"

经理："我们宾馆保安部一向只招男性员工，不知道女同胞是否合适?"

李某："我想，既然宾馆是为男女老幼各色人等服务，总也有用得着女保安的地方。何况女性善于察言观色，第六感觉特别好。您知道'麦考尔警官'比'亨特'(美国电视连续剧中的人物)可细心多了。我原先在保卫科工作时，受过一些专门训练，学过擒拿格斗的基本技巧，而且业余还学过柔道。经理先生，您没发现我的体格很健壮吗?"

问：请分析应聘者李某对各个问题应答的技巧。如果你是该经理，你会聘用李某吗?为什么?

2. 在求职应聘面试中，我们有可能遇到下面一些比较刁钻的问题，不同的应聘者会作出不同的回答。请分析面试者提问的目的，然后分析哪一种应答更能获得面试者的赞许。

(1)没有工作经验，你认为自己适合我们的要求吗?

应聘者 1：可是你们就是来招聘应届大学生的啊。

应聘者 2：听说有一只幼虎因为没有狩猎经验，而被拒绝在狩猎圈之外，你认为它还有成长的可能吗?

(2)为什么你读哲学，却来申请做审计?

应聘者 1：你们已经说明"不限专业"，所以我想来试试。

应聘者 2：据说，外行的灵感往往超过内行，因为他们没有思维定式，没有条条框框。

应聘者 3：我之所以跨专业谋职，是为了给自己提供这样一种动力，终生学习才不会被社会淘汰。

(3)你穿的西装好像质地不怎么样啊!

应聘者 1：穿着并不影响我的表现，何况我还没工作，买不起更好的。

应聘者 2：昨天我怀揣买西装的钱路过书店，发现两套对我来说至关重要的书，可能为今天的面试提供帮助，我于是花掉了凑来买西装的钱。

(4)假如明天你就要死了，你希望自己的墓碑上刻上一句什么话？考官实际是想问你，这一生你希望自己能达到怎样的成就。

应聘者1：找了份好工作，找了个好老公等“老婆孩子热炕头”式的“人生理想”，或者请安息吧，我是个好人之类不着边际的空话。

应聘者2：我这一生在很多不同行业工作过，这让我很满足。

(5)你不认为你做这项工作太年轻了吗？

应聘者1：我虽然年轻，但我有干劲，敢于接受挑战，相信我一定能做得很好。

应聘者2：事实上下个月我就满23周岁了。尽管我没有相关的工作经历，但我却有整整两年领导学校学生会工作的经验。您可以想象，负责组织管理全校3000多名学生并非易事，没有一定的管理才能和领导艺术，是无法胜任的。所以，我认为，年龄固然能说明一定的问题，但个人素质和能力更为重要。因为这是一个部门经理所不可缺少的。

3. 运用所学的求职应聘知识和技巧，进行模拟应聘训练。

由任课教师与学生分别扮演面试官及求职者，模拟相关用人单位招聘有关职位，可采用问答的形式进行。

4.“做一个合格的应聘者”自测题。

怎样在应聘中战胜对手？根据许多人的实际经验设计出的这套自测题，将会帮助你更好地把握求职应聘的一些小“窍门”。

(1)面对考官你将穿一套(　　)。

A. 牛仔装　　B. 职业装　　C. 西装加领带

(2)你的第一句话是什么？(　　)

A. 等主考官问你再说

B.“我叫×××，是来应聘×××职位的。”

C.“您好！我是来应聘×××职位的，我可以自荐吗？”

(3)你为什么离开你先前的雇主？(　　)

A. 不能发挥自己的专长

B. 工资太低，不能养活自己及家人

C. 原先的老板人格太差

D. 工作环境恶劣

(4)你有信心胜任这项职位吗？(　　)

A. 应该有　　B. 有信心　　C. 绝对有

(5)应聘时，你的手(　　)。

A. 放在桌上　　B. 边说边做手势　　C. 放在桌下

(6)应聘时，你的眼睛(　　)。

A. 盯着对方的脸　　B. 注意对方的表情　　C. 盯着对方头顶

(7)你希望什么时候上班？(　　)

A. 马上　　B. 一周以后　　C. 一个月左右

(8)如果有上中下三等工薪，你申请哪一等？(　　)

A. 上等　　B. 中等　　C. 下等

(9)回答问题时，你准备用哪一种话音？(　　)

A. 普通话　　B. 当地话　　C. 家乡话

(10)如果主考官和你都坐在沙发上谈，你准备(　　)。

A. 跷起二郎腿同他谈　　B. 他怎么个坐相我就怎么个坐相

C. 坐如钟　　D. 放松地坐着谈

记分如下：

(1)A +1　B −1　C +2　　(2)A −1　B 0　C +1

(3)A +1　B 0　C −1　D−2　　(4)A 0　B +1　C −1

(5)A +1　B −1　C 0　　(6)A 0　B +1　C −1

(7)A +1　B 0　C −1　　(8)A −1　B +1　C −1

(9)A +1　B 0　C −1　　(10)A −2　B −1　C 0　D +1

如果你的得分在 6 分以上，那么你极有可能成为竞争中佼佼者；得分 3～5 分，说明你还得训练应聘素质；3 分以下，说明你不适应应聘。

5. 下面一些常用句式和“万用语”是求职应聘者在面试场合经常会用到的，请认真学习揣摩，提高口头表达能力和应聘技巧。

“坦率地说……”

“我能适应这份工作是因为……”

“我是这样考虑这个问题的……”

“我真诚地希望您能对我的情况表示满意……”

“我希望您能理解……”

“您的问题让我很难回答，因为……”

“我之所以这样做，是因为……”

“我很高兴您能欣赏我的观点……”

“我盼望着将来继续和您合作……”

“这是我为什么这样做的理由和想法……”

“听完我的解释后，您也许会同意我的观点。”

“当时我想不出更好的办法……”

“您认为我的回答应该从哪里开始呢？”

“这样理解您的话对吗？”

“在我回答您的问题之前，我必须强调……”

“您对我的建议正是我准备实现的目标。”

“这是从中总结到的教训，相信以后我不会再发生同样的过失。”

“的确”，“是的”，“当然”。

项目三

销售口才训练

【导入案例】

有一次，布莱恩·崔西推销图书的时候遇到了一位非常有气质的女士，那时候崔西才刚开始运用赞美这个技巧。和大多数的客户一样，当那位女士听到布莱恩·崔西是推销员时，脸一沉说："我知道你们这些推销员都一样，尽说些奉承人的话，不过，我不会听你的鬼话的，我劝你还是节省点时间吧！"崔西仍面带微笑，和蔼地对她说："是的，您说得很对，推销员都喜欢拍顾客的马屁，有的没的都能说，像您这样的客户我倒是很少遇到，不喜欢听别人的片面之词，还特别有主见，从来不会受别人的支配。"听完了这句话，女士阴云般的脸色已经变了，她微翘的嘴角泄露了她此刻的心情。然后问了一些关于图书的问题，崔西都一一作了回答。最后，崔西还不忘告诉她："您真的很有高贵的个性，您的语言、敏锐的头脑都体现了您良好的修养。"那位女士听后开心地笑出了声，她爽快地买了一套书籍。后来，这位女士成了崔西的忠实客户。

【案例思考】

布莱恩·崔西是怎样将图书销售给顾客的？他采用的是什么样的销售表达技巧？从这个案例中，我们可以学到哪些销售表达经验？

任务一　认识销售口才

口才是销售员梦想成功的基石。拥有口才，不愁商品推销不出；拥有口才，不怕市场拓展不开。一名优秀的销售员就像是一位无所不能的魔术师，他能用绝妙的语言技巧将顾客吸引住，用精彩的示范表演赢得顾客的信任，用热情的销售态度去打动顾客。做到这一点并不难，只要在实践中注重加强口才训练，掌握正确的训练方法，即使你天生笨嘴笨舌、不善言谈，也会成为一名善于说服顾客、懂得如何与客户沟通的出色的销售高手。

一、销售的含义

销售是指社会组织或个人向消费者销售产品或提供某种服务的一种行为。销售是一个较为复杂的过程，销售活动分为销售准备、寻找顾客、接近顾客、访问顾客、向顾客介绍产品、排除异议、达成交易等几个阶段。销售者要围绕顾客利益，运用种种销售技巧来说服对方，以促成交易。

“顾客就是上帝”，企业的宗旨就是要让顾客满意且保持忠诚。“满意的客户不一定忠诚，但忠诚的客户一定是满意的客户”，因此，企业经营者必须意识到，只有培养、选用能说会道的高级人才去开发市场、促进销售，才能占领市场、扩大市场，企业才能做到“生命之树常青”。销售人员力求提供客户满意的服务，防止客户流失，让更多的客户成为回头客；牢固树立起良好的服务品牌，使企业财源滚滚，从而迅速成长壮大。

【情景案例】

某火锅店的服务员在送别顾客时说：“先生，吃了我们的火锅还满意吧？如果满意，欢迎您全家人也来尝一次，花钱不多，到这里过一个快乐的周末吧。”这种充满人情味的销售语言，就容易使人满意。即使顾客消费结束，付款结了账，也要用规范服务语言送客，给顾客留下良好的印象。这就有可能使顾客成为“回头客”。

二、销售的基本原则

（一）以顾客为中心的原则

顾客的需要和欲望是市场营销的出发点，也是销售人员的出发点。设身处地为对方着想，急顾客之所需，主动说明顾客购买某种东西所带来的好处，对这些好处作详细、生动、准确的描述，才是引导顾客购买商品的关键。“如果是我，为什么要买这个东西呢？”这样换位思考，就能达成顾客所期望的目标，满足顾客的需要。这就是顾客中心原则。

【情景案例】

8月的某天下午，有对年轻夫妇直接走到老凤祥黄金专柜的手环摆放处，一名叫宋倩的店员迎上前去：“下午好！喜欢哪一款可以试戴一下。”他们挑选了一只空心手环试戴，从他们对款式评价时的言谈，宋倩了解到他们为一位60多岁的老人选购生日礼物，她便为其推荐了一款龙凤手环，并告诉他们：“空心手环的圈口是固定的，若老人的手腕的粗细与手环圈不合适的话，戴着会不舒服，而实心手环的圈口是可以大小自调的，并且不怕碰撞，这款龙凤花型也是老年人比较喜欢的。如果买回去不喜欢的话，也可以在一百天之内，商品不残不损的情况下免费调换一次新款。”他们比较了一番后说，“我们再到其他专柜看一下”，大约过了十分钟后，这对年轻夫妇又回到了老凤祥专柜，很快就决定购买刚才宋倩推荐的龙凤手环。

（二）禁忌语原则

在保持积极的态度时，沟通用语也要尽量选择体现正面意思的词，选择积极的用词与沟通方式。要保持商量的口吻，不要用命令或乞求语气，尽量避免使人丧气的说法。

例如：

“很抱歉让您久等了。”（负面词）→“谢谢您的耐心等待。”（积极的说法）

“问题是那种产品都卖完了。”→“由于需求很多，送货暂时没有接上。”

“我不能给你他的手机号码！”→“您是否向他本人询问他的手机号码？”

“我不想给你错误的建议。”→“我想给你正确的建议。”

“你叫什么名字？”→“请问，我可以知道你的名字吗？”

“如果你需要我们的帮助，你必须……”→“我愿意帮助你，但首先我需要……”

“你没有弄明白，这次听好了。”→“也许我说得不够清楚，请允许我再解释一下。”

（三）倾听原则

“三分说，七分听”，这是人际交谈基本原理——倾听原则在推销语言中的运用。在推销商品时，既要“观其色”，还要“听其言”。除了观察对方的表情和态度外，还要虚心倾听对方言论，洞察对方的真正意图和打算。要找出双方的共同点，表示理解对方的观点，并要扮演比较恰当、适中的角色，向顾客推销商品。

(1)耐心。不要打断客户的话头。客户喜欢谈话，尤其喜欢谈他们自己。他们谈得越多，越感到愉快，就越会感到满意。人人都喜欢好听众，所以，要耐心地听。要学会克制自己，特别是当你想发表高见的时候。多让客户说话。

(2)关心。带着真正的兴趣听客户在说什么，客户的话是一张藏宝图，顺着它可以找到宝藏。不要漫不经心地听。要理解客户说的话，这是你能让客户满意的唯一方式。让客户在你脑子里占据最重要的位置，始终与客户保持目光接触，观察他的面部表情，注意他的声调变化。一线服务人员应当学会用眼睛去听。如果你能用笔记本记录客户说的有关词语，这会帮助你更认真地听，并能记住对方的话。不要以为客户说的都是真的。对他们说的话打个问号，有助你认真地听。

(3)虚心。永远不要假设你知道客户要说什么，因为这样的话，你会以为你知道客户的需求，而不会认真地去听。在听完之后，问一句：“您的意思是……”“我没有理解错的话，您需要……”等，以印证你所听到的。

有一种方法可以让烦躁的顾客慢慢平静下来，那就是聆听。很多服务人员在听顾客诉说的时候，是一边听，一边紧张地在想对策：我要证明他是错的，我要为我或我的公司进行辩解，我要澄清问题的症结所在，甚至不等顾客说完就急急忙忙地打断顾客的话。其实，这只能令顾客的怒火越来越大。

【情景案例】

推销员：“先生，通过观察贵厂的情况，我发现你们自己维修所花的费用比请我们干还要多，是这样吗?”

客户：“我也认为我们自己干不太划算，我承认你们的服务不错，但你们毕竟缺乏电子方面的……”

推销员：“对不起，请允许我插一句。有一点我想说明一下，任何人都不是天才，修理汽车需要特殊的设备和材料，比如真空泵、钻孔机、曲轴……”

客户：“是的，不过，你误解了我的意思，我想说的是……”

推销员：“我明白您的意思。就算您的部下绝顶聪明，也不能在没有专用设备的条件下干出高水平的活来……”

客户：“但你还没有弄清我的意思，现在我们负责维修的伙计是……”

推销员：“现在等一下，先生，只等一分钟，我只说一句话，如果您认为……”

客户：“你现在可以走了。”

上述案例中，推销员几次三番打断客户的述说，犯了推销口才中的一大禁忌。如果采用上述这种对话方式，推销是根本没有成功的希望的。

(四)“低褒微感”原则

“低”就是低调。态度谦恭，和蔼平易，尊重顾客。

“褒”是褒扬赞美。推销商品时要多说赞美的话语。

“微”是微笑。营业员要常带微笑，给顾客带来好的心情。

“感”是感谢。由衷地感谢顾客的照顾。

如“谢谢您，这是我们公司的发票，请收好。”“谢谢您，我马上就通知公司。”“谢谢您，正好是××元。”

任务二　销售口才技巧

一、销售口才的要求

语言表达能力是现代人才必备的基本素质之一。在现代社会，由于经济的迅猛发展，人们之间的交往日益频繁，语言表达能力的重要性也日益增强，好口才越来越被认为是现代人所必备的能力。对于销售人员来说，口才当然更加重要，很多销售人员在和客户谈业务的过程中，不会说话，引起客户反感，自己还不知道，结果被客户三两句话就打发掉了。因此我们应在销售过程中做到以下几点：

(一)有的放矢，针对性强

推销商品过程中所使用的语言必须有的放矢，要具有明确的目标和内容。只有根据这些因素考虑推销语言的使用，才能最大限度地发挥语言艺术的作用。

不同的顾客，在购买动机、性格习惯、收入水平、文化水平、年龄、性别等方面都有所不同，要“见什么人说什么话”，要根据不同的顾客选择不同的语言。只有选择顾客最熟悉、最容易接受的语言，才能说服顾客。不同的时间和场合，由于顾客的需求强度不同、要解决的问题不同、洽谈环境不同、洽谈气氛不同，自然会有不同的谈话方式和内容，这就需要使用不同的语言艺术。不同的推销目标、不同的推销内容，决定推销对象的不同，同样要选择恰当的表达方式应对。

（二）客观实在，目的明确

销售语言的客观性，要求在运用语言艺术表达见解、传递信息时，必须以客观事实为依据，在介绍产品、讨价还价、签订合同、履行合同等环节上，应当以事实为基础。客观性是销售语言应具备的最基本的特征。不具有客观性的销售语言，不仅直接损害顾客的利益，而且将间接损害销售者的利益。

客观实在的销售语言，给人以良好的印象，会将不确定的消费者变成“回头客”。当然，客观性并不排斥运用语言艺术对产品的特点进行突出宣传和重点介绍。销售语言的目的也应明确，一方面使销售者自己得到利润，另一方面也是在为消费者服务。销售也应站在消费者立场说话，将心比心地考虑以下问题：如何让顾客省钱，如何让顾客省时间，如何让顾客方便舒服，如何让顾客健康，等等。

（三）逻辑清晰，委婉含蓄

销售语言的逻辑性特征要求在推销过程中运用语言艺术要概念明确，判断恰当，推理符合逻辑规律，证据确凿，说服有力。逻辑性主要反映在问题的陈述、回答、提问、辩论、说服等各个方面。陈述问题时，要注意概念、术语的同一性，前因后果的衔接性，资料数据的全面性和具体性。回答问题时要切题，一般不要答非所问。提问时要有的放矢，紧扣主要议题。说服对方时要使语言、声调、表情都能恰如其分地反映人的逻辑思维过程。要安排好述说顺序，做到层次分明、条理清晰、有理有据。此外，销售员应善于发现和利用对方在语言逻辑上的混乱和漏洞，及时“驳击”对手。

销售语言的含蓄性特征要求运用语言艺术时要根据特定的环境与条件，委婉地传递信息，让潜在顾客明白你的产品的优点。虽然我们强调销售语言要具有针对性、客观性，但这并不是说在任何情况下都必须直言不讳。相反，在销售过程中，根据不同情况，掌握和运用含蓄性的语言表达方式，更有助于达到目的。语言艺术的含蓄性首先表现在口头语言中，要有取有舍、有直有弯、有提示、有暗示。其次，含蓄性还表现在行为语言上，许多行为语言均隐含着某种信息和情绪。

二、销售口才的基本技巧

推销洽谈过程包含多个语言环节，既要说，又要问，还要听，此外还要识别和使用行为语言。为了提高推销过程中语言的使用效力，推销人员应该掌握一些基本的语言技巧。

（一）接近顾客的语言技巧

1. 主动接近顾客

推销人员应设法主动接近顾客，使自己从“不速之客”变成受欢迎的人。初次接触顾客，选择恰当时机和话题是决定成败的关键。广交朋友是获取信息、打入市场、推销商品的有效方法。友谊是保持长久关系的关键，要建立真正的友谊，必须做到以下几点：第一，主动热情，乐于助人。时不时表达关切之情，给对方留下一份情谊，而不要临时抱佛脚，用得着的时候才想起对方。第二，宽宏大量。在保证企业利益不受损失的情况下，宽宏大量，给人留下公正、大方、讲理、可深交的印象。第三，守口如瓶。对顾客的事情守口如瓶，不谈论对方的个人隐私，使顾客认为推销者完全可以信赖。

2．争取顾客好感

可采用服务式和交流式：

(1)服务式。提供资料，介绍产品，结合顾客需要和产品特征，提出技术方面或经济方面的问题进行讨论，供顾客购买决策参考。

(2)交流式。一位资深寿险经纪人这样介绍他的经营之道："您以为我是怎么去推销那些种类繁多的保险商品的啊？我的客户90%都没有时间真正去了解他们保了一些什么，他们只提出希望有哪些保障，他们相信我会站在他们的立场，替他们规划。所以呢，对我而言，我从来不花大量的时间解释保险的内容和细节。我认为，我的销售就是学习、培养、锻炼一种值得别人信赖的风格。"

3．接近顾客的方式

常见的有以下六种方式：

(1)陌生拜访法：直接登门拜访完全陌生的准客户，又叫直冲式拜访。

(2)缘故法：即因亲友、邻里、同学等社会关系，发展成为业务关系。

(3)介绍法：利用关系网，滚雪球式地扩大营销空间。

(4)通信法：通过书信交谈，与潜在客户结为知己，创造与顾客面谈的机会。

(5)咨询法：设咨询柜台，为顾客排忧释疑。

(6)电话约谈法：省时、便捷。要讲究礼节礼貌，通过电话传达出自己的热情和修养。

4．适宜的开场白

要达到接近顾客的特定目的，最重要的首先是讲好开场白。"万事开头难"，推销员与顾客的接触中，最难的就是开篇一席话，既要创造良好的推销气氛，又要尽可能多地了解对方，洞察对方的内心世界，有针对性地开展推销活动，这实在是交际中的难点。而一位专业推销员，总会准备好适宜的开场白，以收到成功的效果。

专业营销中，推销员初次面见客户时的话语至关重要。通常是在礼貌用语之后，以轻松愉快的语言方式开始接近潜在顾客，一两句赞美或略带幽默的话语，则可以很快缩短与准客户的距离。

【情景案例】

一位业务员这样接近客户：

业务员："先生，您好！"

老板："您是谁？"

业务员："我是××公司业务员，今天我到贵府，有两件事专程来求教，您是这附近最有名气的老板。"

老板："附近最有名气的老板？"

业务员："是啊！根据我打听的结果，大伙都说这个问题最好请教您。"

老板："哦，大伙真的这么说？真不敢当，到底什么问题？"

业务员："实不相瞒，事情是这样的……"

老板："站着不方便，请进来说吧。"

每个人都渴望别人的重视和赞美，只是大多把这种需要隐藏在内心深处罢了。因此，只要说"专程来请教您这位附近最有名的××"，几乎百试不爽，没有人会拒绝。

（二）面谈时的语言技巧

在销售过程中，销售人员需要灵活运用销售语言技巧，向客户介绍产品或服务等方面的情况，以便成功地促使顾客决定购买或消费。而当销售过程中顾客有异议时，恰当的语言表达技巧又是转移或搁置矛盾、缩小或化解分歧的主要手段。同时，在阐述意见和要求时，采用合理的语言表达方式，既可以清楚地说明自己的观点，又不至于引起对方的不良反应。如能想客户之所想，帮助客户得到更多、更好的服务，经营者就会发现，顾客不仅仅只是满意，而很有可能成为"铁定"的回头客。

1. 叙述技巧

销售叙述就是在销售过程中，销售人员向客户进行产品或服务方面的清晰而简明的介绍。其目的在于以下三个方面：

(1)让客户清晰地了解自己的需求。销售人员应适时且及时地找出其购买动机，为下一步的销售叙述作铺垫。

(2)创造消费、享受的氛围，让客户有满足的感觉。当客户有了购买的动机后，往往需要咨询相关商品的技术原理、使用技巧和复杂设备运行的可行性等。销售人员应积极、主动地充当专家的角色，为顾客做产品介绍、评估和提供相关服务。这种销售叙述是销售过程的核心部分。

(3)通过销售叙述化解客户异议，进入购买程序，实现商品销售。销售叙述讲得好，将对促进顾客愉快消费产生重要影响。

【情景案例】

书店里，一对年轻夫妇想给孩子买一些百科读物，推销员过来与他们交谈。以下是当时的谈话摘录。

客户：这套百科全书有些什么特点？

推销员：你看这套书的装帧是一流的，整套都是这种真皮套封烫金字的装帧，摆在您的书架上，非常好看。

客户：里面有些什么内容？

推销员：本书内容编排按字母顺序，这样便于资料查找。每幅图片都很漂亮逼真，比如这幅，多美。

客户：我看得出，不过我想知道的是……

推销员：我知道您想说什么！本书内容包罗万象，有了这套书您就如同有了一套地图集，而且还是附有详尽地形图的地图集。这对你们一定会有用处。

客户：我是为孩子买的，让他从现在开始学习一些东西。

推销员：哦，原来是这样。这个书很适合小孩的。它有带锁的玻璃门书箱，这样您的孩子就不会将它弄脏，小书箱是随书送的。我可以给你开单了吗？

（推销员作势要将书打包，给客户开单出货。）

客户：哦，我考虑考虑。你能不能留下其中的某部分比如文学部分，我们可以了解一下其中的内容？

推销员：本周内有一次特别的优惠抽奖活动，现在买说不定能中奖。

客户：我恐怕不需要了。

这位推销员的失误之处在哪？非常显而易见：不明白客户购买此书的动机；没有掌握一些的产品介绍叙述技巧；自始至终以自己为主，忽略客户的感受。

2. 提问技巧

销售员在提问时应贯彻以下四个基本原则：

(1)应具有鼓励性，让对方有话可说。提问前要进行充分准备和考虑，做到“心中有数”，提问应鼓励顾客作出较深入、较详尽的回答。如果推销员提出的问题只有“是”或“否”这样简单的答案，那么，这样的提问是不恰当的。因为它无法使顾客发出更多的信息，也很难使顾客真正参与洽谈。

好的提问应该能够引发顾客较深入、较详尽的回答，来鼓励顾客发出更多信息，业务员也就能够从中获取较多的信息。例如：“你是否听说过这种产品？”这个问题的答案只有“是的”与“没有”。而“有关这种产品，你了解哪些情况？”这个问题就好得多。而不好的提问，问句常常十分简短，问句本身又没有实际含义。例如：“是吗？”“真的吗？”“后来呢？”，等等。

【情景案例】

顾客问：“这台设备有遥控装置吗？”推销员可以反问顾客：“您想要一台有遥控装置的设备吗？”如果顾客说“是”，推销就成功了大半了。

(2)应具有导向性，让顾客接受服务。即推销员要讲究提问的角度，有目的地诱导顾客作定向回答的发话艺术。

【情景案例】

一名推销员到一个家庭中推销某种家具，当推销员介绍和展示产品时，妻子对丈夫说：“亲爱的，你的妈妈10号要来。如果我们今天看中了，就应该在10号以前买下来。”

稍过一会儿，推销员微笑着对他的妻子说："我能看出来您像是喜欢这个式样，您母亲5号要到这儿来了，是吗?"这位妻子说："不，是10号来。"推销员说："那么说，8号给您送货最合适了?"她如果真想买，就会答应，推销员便可以说："让我把这地址记下来。"

(3)要具有明确性，注意提问策略。即应使所提问题容易被顾客理解和回答，应避免提出过于复杂的问题和过于冗长的问题。还要善于选择提问时机，注意提问策略，讲究巧妙、含蓄，有时候说些轻松愉快的话题也会引起顾客的兴趣。

不要把几个问题混在一起，使提问复杂化；不要把问题拉得很长，使顾客听起来费力劳神；要善于提问，讲究含蓄艺术，不要因提问让顾客厌烦。所以，提问应尽量简单、明确，不拖泥带水；也要讲究艺术性，随机应变，见缝插针。

(4)应具有客观性，替顾客着想。提问的主要目的应该是了解顾客的真实想法，而不是诱使顾客作出某种承诺或强迫顾客接受推销员的想法。如果提出的问题只有一个可能的答案，而这个答案又明显有利于推销员，那么，这个问题就不具备客观性。例如："为什么你认为这是一个优秀的产品?"这样的问题鼓励肯定回答，没有否定答案，且有明显的主观倾向，很容易引起顾客的反感。即使得到了想要的答案，推销员也不能把握顾客的真实想法。要站在顾客立场发问，引起对方好感，达到推销目的。

3. 答复技巧

答复是销售员处理顾客提出的异议、疑问，处理顾客投诉的一种常见方法。销售中不可避免的顾客的异议、疑问、投诉，可分为正确、中肯和误解、偏见，甚至是恶意中伤、借口拒买等常见类型。针对问题的类型与内容实质，销售员应该以积极态度对待顾客的问题。

一般答复问题的技巧和策略有：保证充分的思考时间去准备和答复顾客的异议；遇棘手问题，要适当以资料不全等借口拖延答复；搞清顾客异议的真正含义后才予以答复；先主后次地作回复、答疑；个别答复可选留有余地的具有弹性的答案作答；答复中永远讲求适度，正确的答复未必是最好的答复；先让对方阐明其问题实质后才从容作答；对不值一提的问题可弃而不答等。

需要强调的一点是：你必须明白，只要顾客还在不断地提出问题和异议，他们就一直存在着购买商品的兴趣。

(1)复述法。重复对方说话里的重要文字，加上开场白，如："您是说……""您刚才说……"复述顾客的话，可以让顾客有被尊重的感觉，说明销售员在认真倾听顾客的讲话，同时也能够为销售员的回答提供更多思考时间，避免出现理解上的差异。

【情景案例】

顾客：我想买一款功能多点、外观时尚点的手机。

销售员：小姐，您是说您想买一款功能多点的，样子好看点的手机，是吗？您都关注哪些功能呢？

顾客：音乐多点，游戏多点。

销售员：小姐，您是想买音乐和游戏功能多点的手机，对吧？您看看这款怎么样？

(2)先跟后带法。在回答顾客问题时，这是一个广泛应用的方法，它非常简单，也非常有效。具体来说就是：一方面销售员表示同意顾客的意见，另一方面又解释了顾客产生意见的原因和顾客看法的片面性。大多数顾客在提出对商品的看法时，都是从自己的主观感受出发的，也就是说，都是带有一种情绪的。而先跟后带的方法可以稳定顾客的情绪，可以在不同顾客发生争执的情况下，委婉地提出顾客的看法是错误的。当顾客对商品产生了误解时，这种方法是有效的。

应用要点：先附和对方的观点，然后再带领他去你想去的方向，求同去异。

【情景案例】

顾客想要一款白色的手机，但是恰巧商场现在没这种颜色的机子，所以销售员打算推荐银色的手机。

顾客：我想要一款白色的，你们有货吗?

销售员：小姐，看得出来您肯定比较喜欢颜色清爽一点的，这样跟您的气质很匹配。其实，只要淡色系的手机，我个人觉得都比较适合你。

顾客：是的，我这个人是比较喜欢清爽点的。

销售员：小姐，其实您可以尝试用一下银色的，和白色一样都属于淡色系的，而且更有时尚感一点，您觉得呢?

顾客：嗯，给我拿一款看看吧。

(3)“高视角、全方位”法。顾客可能提出商品某个方面的缺点，销售员则可以强调商品的突出优点，以弱化顾客提出的缺点。采用这种方法，实际上就是把顾客提出的缺点转化为优点，把销售的阻力变成购买的动力。

【情景案例】

一位推销员在推销照相机时，顾客提出异议：“这架照相机太复杂了，用起来不方便。”推销员马上说：“这是一架高级照相机，操作是稍复杂一点，但是，只要掌握了使用方法，用起来还是很方便，而且效果特别好。”最后，顾客买走了这架照相机。

(4)感性回应法。感性回应是把自己的感受提出来与对方分享，如对方接受，他也会与你分享他的感受。能够分享感受是一个人接受另一个人的表示。

应用要点：把对方的话加上自己的感受再说出来。

【情景案例】

顾客(怒气冲冲)：我要投诉，大热天害得我又跑一趟，你们商场怎么回事，说好了昨天给我装空调的，怎么到现在还没给我送来呢? 还让不让人活了。

销售员：这位先生，实在对不起，对不起。我非常理解您现在的心情，这种事情发生在谁的身上都会发火。您稍等片刻，我马上帮您处理一下，看看到底是哪个环节出了问题。

(5)"介绍第三者体会"法。这种方法是利用使用过商品的顾客给自己店寄来的感谢信来说服顾客的一种方法。一般说来，人们都愿意听取旁观者的意见。所以，那些感谢信、褒扬商品的来信等，是销售商品的活教材。

【情景案例】

顾客：你们这种预存活动都是骗人的，我就不信等"十一"的时候到你们这里来买家电，你不给我预存的优惠。

销售员：这位先生，您说得很对，很多人都有您这样的想法。"五一"的时候有位李先生，他也认为预存的优惠什么时候都可以有，结果错过了提前预存的时间。您知道五一的时候生意太好了，光预存客户的订单我们都满足不了，毕竟这种优惠力度是商家和厂家联合开展的，结果最终他没能拿到优惠，后悔莫及。

可见，只要熟练掌握以上技巧，巧妙地答复顾客，使销售圆满成功并不是一件很困难的事情。

(三)消除异议的语言技巧

所谓异议，就是顾客的不同意见。其实质是客户对于产品或服务的不满意。客户对产品或服务提出异议，这是很常见的。客户表达异议的方式多种多样，客户可能直接说对产品没兴趣，也可能借口要开会或需要和其他人进行商量。这些异议有可能是真的，也有可能是假的。但即使是假的异议，背后也往往隐藏着真的反对意见。客户的异议往往如同冰山，异议本身只是客户全部意思表达中很小的一部分，真正的异议是客户隐藏起来的那更大的部分，需要销售人员去进行深入发掘。异议的存在和积累往往造成交易的失败。只有正确理解争议，才能顺利化解异议，进而解释客户的疑惑，化解客户的不满。

1. 化解异议的语言方式

面对顾客的挑剔和不满，聪明的销售者往往善于给顾客一个"台阶"，让对方恢复心理平衡，这样既能赢得顾客，也平息了双方的矛盾，使顾客在购买自己的产品时有愉快的心情。

(1)劝说式。当遇到顾客坚定的异议时，优秀的销售人员善于采用说服的方式，进行"劝说式的销售"。也有人可能选择暂时搁置的处理方法，但这仅仅是一种缓兵之计，还需要积极探明顾客的真实需求，依循"顾客中心"原理来争取解决问题。而平庸的销售人员则往往是坚持己见，这就会导致交易的失败，要不然就走另一个极端——让步太多而最终导致卖方利益大大受损。

(2)竞争式。竞争型的销售员着眼于最大的利益，主张找到问题，即客户的真正利益所在，然后加以化解。但往往客户也坚持最大的利益，最终可能由于双方利益的严重冲突而导致交易的失败，甚至商家会永远失去客户。

(3)合作式。通常主张双方共同协商找到解决问题的办法，从而克服异议。合作型的销售人员更注重考虑双方共同的利益，采用双方都能接受的、较为妥善的方法解决分歧，共同获得最大的利益，达到“双赢”。合作型的销售人员善于给自己的主张限定一定的范围，只要双方达成的协议进入自己的范围就可以接受，并非一定要坚持使自己获得最大的利益。

2. 消除异议的语言技巧

一般分为以下几种：

(1)肯定法。一般来说，顾客愿意被肯定，而不愿意被否定。销售人员要尽可能用肯定的语气说话，使对方听起来比较顺耳。销售人员在表达不同意见时，最好不要开门见山地直接提出反对意见，要尽量用“是的……如果……”的句式，体现出更多的柔性。用“是的”同意顾客部分的意见，用“如果”来表达另外一种更好的状况。一位潜在的团购客户：“这个金额太大了，不是我们马上能支付的。”销售人员：“是的，我想大多数人都会像您这么想。眼看就要到九九重阳节了，您如果把这个产品作为离退休人员的福利品来采购，支付起来大概就不成问题了。”

“是的……如果……”，源自“是的……但是……”的句法，由于“但是”这个字眼转折语气过于强烈，很容易让顾客感觉到你说的“是的”并没有多大诚意，而强调的是“但是”后面的诉求，因此改用“如果”这种表示假设的句式，会更委婉。

【情景案例】

一名推销员在推销书时，客户对这位推销员说：“我家小孩根本不爱念书，买了也没用！”推销员说：“是的，现在很多孩子都不爱念书，可是，做妈妈的都放弃的话，还有谁来关心孩子的作业呢?！……那盆茉莉开得真漂亮，是您种的吧?”客户说：“是啊！”推销员说：“每天都要浇水吧！您对一盆花都那么爱惜关心，为何会对孩子的事不管呢？孩子也跟花一样，花需要浇水施肥才会开得漂亮，否则很快就枯死了。同样的，孩子也需要有人细心呵护，不断供予养分，如果因为孩子不爱念书就不买书给他，那孩子只会更不想念书，您说是吗?”

(2)忽视法。即顾客提出一些不同意见，但并不是真的想要讨论或获得解决，这些意见和眼前交易没有直接关系，你只要面带笑容地予以同意或不予理睬就行了。比如在介绍产品的过程中，顾客抱怨说：“这种药的广告上为什么要强调是玻璃瓶的?”碰到诸如此类的无关紧要的异议，没有必要对这个问题详加解释。对于一些“为反对而反对”或“只是想表现自己的看法高人一等”的顾客意见，若是认真处理，不但费时，还有可能节外生枝。因此，你只要让顾客满足其表达的欲望，就可以采用忽视法，迅速引开话题。忽视法常用方法有：微笑点头表示同意；表示听到了，如“您真幽默”，“嗯，真是高见”；不予理睬。

(3)太极法。太极拳中有一种招式是借力使力。当顾客提出异议时，销售人员直接引证顾客所说的话，予以回复：“这正是我认为您……的理由！”即将顾客的反对意见进行直接转换，达到反守为攻的效果。顾客：“这个牌子的产品广告做得太多了，还不如把钱省下来，让价格再低些。”销售人员：“就是因为这个厂家投下大量的广告费用，您才会知道有这个品牌适合您。这不就节省了您挑选的时间了吗，毕竟您的时间也很宝贵呀!”这种方法能处理的异议多半是顾客的一些借口，或他们并不十分坚持的异议，目的是让销售人员借助处理异议陈述它带给顾客的切身利益，以引起顾客的兴趣。

【情景案例】

一位旅游公司的采购员在买望远镜时说：“这种望远镜太重了，用起来不方便。”推销员回答说：“这种望远镜是比较重，它的外壳是双料的，所以很牢固，你们公司用这种望远镜向顾客出租正合适。”

(4)补偿法。当顾客提出的异议有事实依据时，你应该承认并欣然接受，不可竭力否认事实。如顾客抱怨说：“下次再也不订你们的货了，上次送货竟晚了一个多月。”你应该首先向顾客道歉，然后问清情况，能解释就解释，但不要强调理由。听听顾客的牢骚，让其消消气，取得心理上的平衡，并表示愿意向公司汇报，在今后改进。这是一种补偿法，有利于拉住老客户，维持良好的供求关系。还有一种补偿法，即让顾客产生产品性价比相对合理的感觉。对顾客而言，产品的优点十分重要，产品没有的优点则不太重要。顾客说：“这个产品别的方面还不错，就是包装有些粗糙。”销售人员回答：“您说得没错，这个包装确实不太精致，但如果质量好再加上豪华的包装，价格恐怕要高出不少呢!”顾客要求产品的优点当然越多越好，但真正影响顾客购买与否的关键点并不多，补偿法能有效地弥补产品本身的弱项。

(5)询问法。通过询问，确认顾客提出不同意见的原因、性质、重点及程度。透过顾客的思考和回答，把握顾客真正的异议点。如果不加甄别就直接回答顾客的反对意见，往往可能引出更多的异议。销售人员不要怕问顾客“为什么”，即使有足够的销售经验，也不要过于自信，自认为自己能猜出顾客的心思。要通过询问，让顾客自己说出来。当你问“为什么”的时候，顾客会回答自己提出反对意见的理由，说出自己内心的想法；销售人员也会再次检视顾客提出的反对意见是否妥当。此时，销售人员能听到顾客产生异议的真实原因，有较多的时间思考如何处理顾客的异议。销售人员也可以通过反问顾客的技巧，直接化解顾客的异议。如顾客：“我希望价格再降10%。”销售人员：“我相信您一定希望我们给您100%的服务，难道您希望我们给您的服务也打折吗?”

(6)协商法。当顾客的异议是虚假的，或受购买习惯、社会成见、广告宣传等因素影响，存在认识上的误区时，可以经过协商，使其动心。如，一家商场经理断然拒绝业务员：“我们从来不卖按摩器，这东西不好卖。”答：“我们在贵地几家小商场试销走势都很好，你们是否试销一下？如果销路好，就继续销；如果不理想，就终止，您看如何？你们可以预付50%款，销完再付50%；若滞销，退货还款。”几经协商，经理订购了一批产品。

(7)反驳法。多数情况下，销售人员如果直接反驳顾客，容易不知不觉地陷入与顾客无休止的争辩中，往往事后懊恼，但已无可挽回。《黄帝内经》里有一句话“上工治未病”，意思是说，让人不生病的医生才是最高明的医生。把顾客得罪了，事后再怎么挽救，也不如一开始就做到“零缺陷”。反驳法大多是提供有关信息，以事实和证据说服人。如，顾客说："你们的电池爆炸了，我们不买。"推销员答："您误会了，不是电池爆炸，是他们的电池盒设计不合理，温度升高后，电池盒胀破了。这个问题已解决，工商部门还为此发了文件，我拿给您看。"当顾客对商店的诚信有所怀疑时，当顾客引用的资料不正确时，有必要反驳以澄清顾客的误解，纠正顾客不正确的观点。因为如果顾客对商店服务和诚信有所怀疑，而商家不能旗帜鲜明地表明态度，那么即使在其他方面做得再好，也难以消除顾客的误会。顾客引用的资料不正确时，如果你以正确的资料佐证自己的观点，顾客反而会对你更加信任。在运用反驳技巧时，应特别注意遣词用语，态度诚恳，对事不对人，勿伤害顾客的自尊心，要让顾客感受到你的专业与敬业，而不是傲慢。

任务三　销售语言的风格

语言本身就是一门技巧，平时的生活和工作中，谁没有运用过？只是销售口才更讲究技巧，因为销售员所见的顾客往往是以前所不认识的，要在短时间内让顾客对你产生信任，购买你所销售的产品，这是相当困难的，需要充分运用销售员的口才。下面我们来详细谈谈销售过程中常见的几种语言风格。

一、直言

只有发自肺腑的话语才能打动别人的心。在销售过程中应该说真心话，也许不加粉饰的逆耳之言，会取得意想不到的好效果。直言是销售者真诚的表现，也是为对方着眼的表现。

直言不讳并不意味着粗鲁，一定要根据讲话对象的不同而有所不同。还要特别配上适当的语调、语速和表情、姿态，直言的效果会更好。比如，直言时语调温和，还略带抱歉的笑意，就容易使人接受。

【情景案例】

小王是一名服装导购员，一次有一位体态肥胖的中年妇女要选购一件上衣，妇女试了几件，看中了一件非常瘦小的红色上衣，征询她的意见。小王在认真考虑之后，直言不讳地说："这件衣服并不适合您，因为你的体态偏胖，如果您买一件休闲款式的黑色上衣，我想效果会更好！"令人意外的是，这位妇女在听了小王的意见之后，非但没有生气，反而听从了小王的意见，买了一件黑色的休闲上衣，并对小王的服务赞不绝口。

二、含蓄

含蓄是说话人高雅、有修养的表现，也是对对方的一种尊重。在推销过程中，销售员和顾客往往是第一次见面，彼此不是很信任，有很多话不能向对方透露，需要对方自己去体会，去揣摩。

【情景案例】

在古代，有一位长者想买一只“夜壶”(尿壶)，他在一个摊子上接连挑了几个，虽然不错但都嫌大。卖夜壶的商贩一心想做成这笔生意，但他没有直说，而只是说了一句：“冬天到了，夜长着哪!”意思不言而喻，语言又不失文雅，而且还十分幽默。一笔生意也因此做成。

三、避免争论

避免争论，创造真诚合作的气氛，是销售谈判取得成功的基本前提；建立良好的人际关系，则是保持长期业务联系的重要条件。销售人员语言艺术水平的高低很大程度上决定着销售气氛和人际关系的好坏。

在销售过程中，有经验的销售员总是使用恰当的语言艺术创造一种轻松愉快的气氛，以便消除顾客的排斥心理，迅速转入正常的业务洽谈阶段。当双方产生意见分歧时，恰当的语言艺术又是转移或搁置矛盾、缩小或化解分歧的主要手段。在发生分歧时，销售员应尽量用委婉、请求的语气与顾客交谈，避免与顾客进行激烈的争辩甚至争吵。

【情景案例】

一位自动办公设备的推销员在到一个大公司进行产品推销时，恰巧碰到另一个办公设备公司的推销员正在不遗余力地向公司老总进行产品推销，语言极尽刻薄，并充满了对相关公司的不敬。这位推销员听到这样的话，并没有马上出言反击，而是选择了一张椅子坐了下来，并且拿出纸和笔，将刚才那个推销员的话认真记了下来。当那个推销员走了之后，公司老总问他为什么要将刚才那个推销员的话全都用笔记下来。“我不想以后和他犯一样的错误!”公司老总听了之后哈哈大笑，很愉快地听取了他的产品介绍，并和他达成了购买意向。

四、委婉

大量的跟踪研究表明，顾客的认识和情感有时并不完全一致。正是由于这个原因，顾客往往在感情上难以接受销售员直言不讳的话，即使这些话是完全正确的，也很可能导致销售失败。在这种情况下，如果销售员把话语磨去“棱角”，变得软化一些，也许对方就能既从理智上，又在情感上愉快地接受你的意见。例如，可以多用“吗、吧、嘛”等软化语气的词。

【情景案例】

在灯具店里，一位顾客虽然接受了导购员的建议，但是最终提出要和家里人商量一下，没有作出购买决定而准备离开，这时导购对顾客说：是的，您有这种想法我可以理解，毕竟买一件好灯具也得好几千块呢，肯定要与老公商量一下，这样买了才不会后悔。这样好吗？您再坐一会儿，我多介绍几款给您，您可以再多看看，多比较一下，这样考虑起来才会更加全面一些……

如果顾客说出自己的想法后，导购直接说：那好吧，欢迎你们商量好了再来。只要这样的话一说出口，顾客为了避免留在原地的尴尬，就只有顺着台阶离开门店。这个销售就失败了。这名导购首先认同顾客这种说法的合理性，争取顾客的心理支持，然后以此为理由顺理成章地为顾客介绍其他几款货品，目的是延长顾客的留店时间，了解顾客的真实情况并为建立双方的信任打基础。

五、模糊

销售员在销售时，有时会因各种情况不便或不愿将真实情况或想法告知顾客。在这种情况下，销售员常运用一种被称为“模糊”的口才技巧。其实这些技巧平常我们经常可以看到。

如，答非所问。为了不直接说出自己的意见，故意答非所问。

或不置可否。有人问你：“你说你们产品好还是某某的产品好？”答曰：“各家有自己的特点。”

又如，顾客问：“你看这家工厂的产品质量是否降低了？”回答是：“不太清楚，我一下子看不出来。”

六、幽默

幽默是销售员在销售过程中常用的技巧。幽默在销售中起着非常重要的作用，它可以使紧张的气氛变得轻松，使彼此间产生信任。它可以让人觉得说话人温厚而有善意。幽默能活跃交往的气氛。在销售各方正襟危坐、言谈拘谨时，一句幽默的话往往能妙语解围，举席皆欢，气氛顿时活跃起来了。有时候，一句得体的幽默语句会消除一场误会，一席巧妙的幽默对话能胜过许多平淡乏味的攀谈。

幽默往往是紧张情境中的缓冲剂，它既能使对方摆脱窘境，又能自我解嘲。在销售中，如果有人蓄意攻击和侮辱销售员，幽默又可以是一种十分有效的反击武器。据说德国大文豪歌德一天在公园散步，碰到了曾恶意攻击过他的一位批评家。那位批评家傲慢地说：“我是从来不给傻瓜让路的。”歌德立即回答说：“我却完全相反！”说完，他就让到一边去了。这种幽默的回答，充分表达了歌德的机敏。在错综复杂的销售过程中，需要因时因地恰当地运用幽默策略战胜对手。

【情景案例】

一位营销人员在市场上推销灭蚊剂，他滔滔不绝的演讲吸引了一大堆顾客。突然有人向他提出一个问题：“你敢保证这种灭蚊剂能把所有的蚊子都杀死吗？”这位营销人员机智地回答：“不敢，在你没打药的地方，蚊子照样活得很好。”这句玩笑话使人们愉快地接受了他的推销宣传，几大箱子灭蚊剂很快就销售一空。

七、有针对性

一般的语言交往，要注意区分对象。销售员尤其要注意，顾客性格是内向型还是外向型？是喜欢幽默还是拘谨古板？是豪爽还是谨小慎微？通过简短交谈与观察后，掌握对方的特点，再有针对性地选择恰当的语言，可以提高销售的成功率。

【情景案例】

一位老太太每天去菜市场买菜买水果。一天早晨，她提着篮子来到菜市场。遇到第一个小贩，卖水果的，问：你要不要买一些水果？老太太说你有什么水果？小贩说我这里有李子、桃子、苹果、香蕉，你要买哪种呢？老太太说我正要买李子。小贩赶忙介绍我这个李子，又红又甜又大，特好吃。老太太仔细一看，果然如此。但老太太却摇摇头，没有买，走了。

老太太继续在菜市场转。遇到第二个小贩。这个小贩也像第一个一样，问老太太买什么水果，老太太说买李子。小贩接着问，我这里有很多李子，有大的，有小的，有酸的，有甜的，你要什么样的呢？老太太说要买酸李子，小贩说我这堆李子特别酸，你尝尝？老太太一咬，果然很酸，满口的酸水。老太太受不了了，但越酸越高兴，马上买了一斤李子。

但老太太没有回家，继续在市场转。遇到第三个小贩，同样，问老太太买什么，(探寻基本需求)老太太说买李子。小贩接着问你买什么李子，老太太说要买酸李子。但他很好奇，又接着问：别人都买又甜又大的李子，你为什么要买酸李子？(通过纵深提问挖掘需求)老太太说，我儿媳妇怀孕了，想吃酸的。小贩马上说：老太太，你对儿媳妇真好！儿媳妇想吃酸的，就说明她想给你生个孙子，所以你要天天给她买酸李子吃，说不定真给你生个大胖小子！老太太听了很高兴。小贩又问：那你知道不知道这个孕妇最需要什么样的营养？(激发出客户需求)老太太不懂科学，说不知道。小贩说，其实孕妇最需要维生素，因为她需要供给这个胎儿维生素。所以光吃酸的还不够，还要多补充维生素。他接着问：那你知不知道什么水果含维生素最丰富？(引导客户解决问题)老太太还是不知道。小贩说：水果之中，猕猴桃含维生素最丰富，所以你要经常给儿媳妇买猕猴桃才行！这样的话，确保你儿媳妇生出一个漂亮健康的宝宝。老太太一听很高兴啊，马上买了一斤猕猴桃。当老太太要离开的时候，小贩说我天天在这里摆摊，每天进的水果都是最新鲜的，下次来就到我这里来买，还能给你优惠。从此以后，这个老太太每天在他这里买水果。

在这个案例中，我们可以看到：第一个小贩急于推销自己的产品，根本没有探寻顾客的需求，自认为自己的产品多而全，结果什么也没有卖出去。

第二个小贩有两个地方比第一个小贩聪明，一是他第一个问题问得比第一个小贩高明，是促成式提问；二是当他探寻出客户的基本需求后，并没有马上推荐商品，而是进一步纵深挖掘客户需求。当明确了客户的需求后，他推荐了对口的商品，很自然地取得了成功。

第三个小贩是一个销售专家。他的销售过程非常专业，善于察言观色，有针对性地投其所好进行销售。他首先探寻出客户深层次需求，然后再激发客户解决需求的欲望，最后推荐合适的商品满足客户需求。他的销售过程主要分了六步：第一步，探寻客户基本需求；第二步，通过纵深提问挖掘需求背后的原因；第三步，激发客户需求；第四步，引导客户解决问题；第五步，抛出解决方案；第六步，成交之后与客户建立客情关系。

八、长话短说

对任何一个销售员来说，能说善道是非常必要的。但是销售员又不可以说话过多，发表长篇“演说”，搞“一言堂”，因为这样很容易引起顾客反感。一名优秀的推销员一定要清楚顾客的购买意图，长话短说，有针对性地进行宣传。

【情景案例】

张三想要买一套沙发，本来已经决定了要购买的品牌和款式，到了商场，恰巧碰到其他品牌的销售正在进行产品促销介绍，最后，他决定放弃自己开始挑选的那个品牌，选择了这家价格稍贵，但售后服务好，有保修年限的品牌，只因销售人员说了句：“图便宜买劣质商品，是会‘赔了夫人又折兵’的呀!”这句话既可增加听者兴趣，又可节省许多语言，达到“言有尽而意无穷”的效果，令顾客深思、反省。

九、善说反语

反语就是将自己心里想说的话用相反的话语表达出来，在销售过程中，正确使用反语往往会取得意想不到的效果。但要注意，在使用反语之前，一定要确定顾客是否已经与你产生了一定的默契，否则将会适得其反。

【情景案例】

《晏子春秋》中有一个故事，说烛邹不慎让一只打猎用的鹰逃走了，酷爱打猎的齐景公下令把烛邹推出斩首，晏子就上前拜见景公，开始了下面一段对话：

晏子：烛邹有三大罪状，哪能这么轻易杀了呢？请让我一条一条列数出来再杀他可以吗？

景公：当然可以。

晏子：（指着烛邹的鼻）烛邹，你为大王养鸟，却让鸟逃走，这是第一条罪状；你使得大王为了鸟的缘故而要杀人，这是第二条罪状；把你杀了，天下诸侯都会责怪大王重鸟轻士，这是第三条罪状。

景公：别杀他了，我明白你的意思。

晏子用的反语，表面上是数落烛邹的罪状，实际上批评齐景公重鸟轻士，并指出这样做的危害，既收到批评效果，又没使身居高位的君王难堪，可谓使用反语策略成功的典型案例。

【拓展训练】

1. 谈谈销售有哪些基本原则。

2. 职业适应能力测试。

说明：本测试可用来测试你的职业适应能力。本测试由 20 道题组成，每个题目只有一个正确答案，请选择最符合自己实际状况的答案，然后填写到题后的括号内。

答案选择标准如下：

A. 非常符合　B. 有点符合　C. 无法确定　D. 不太符合　E. 很不符合

评分标准如下：

选择答案 A 得 5 分；选择答案 B 得 4 分；选择答案 C 得 3 分；选择答案 D 得 2 分；选择答案 E 得 1 分。得分在 20～40 分：能力差；41～60 分：能力一般；61～80 分，能力良好；81～100 分：能力优秀。

(1)能在压力下保持清晰的思维。（　　）

(2)我能承认自己在工作中的失误。（　　）

(3)我能履行承诺和遵守诺言。（　　）

(4)我不会把自己的工作转嫁给他人来完成。（　　）

(5)我在工作中不会因为粗心而犯错误。（　　）

(6)我擅长出新主意。（　　）

(7)我有努力实现自己目标的强大干劲。（　　）

(8)我喜欢确定具有挑战性的目标。（　　）

(9)我总设法学习如何改进自己的业绩，包括向比我年轻的同事请教。（　　）

(10)我随时准备为实现一个重要的集体目标做出“牺牲”。（　　）

(11)公司的任务是我理解并支持的事情。（　　）

(12)当我个人的价值与公司价值相矛盾时，我会作出明确选择：个人价值服从公司价值。（　　）

(13)我积极寻找机会促进组织的总体目标实现，并争取他人的帮助，绝不一人蛮干。（　　）

(14)障碍和挫折会使我耽搁一阵子，但他们阻止不了我的前进。（　　）

(15)我认为在工作中大踏步，避开繁文缛节和过时的规则有时是必须。（　　）

(16)我追求新观点，即使那意味着尝试全新的事情。（　　）

(17)在工作时我能抑制住我的冲动或者沮丧情绪。（　　）

(18)当情况发生变化时我能够迅速改变策略。（　　）

(19)我会寻找把工作干得更好的最佳途径。（　　）

(20)我怀着期望成功而不是害怕失败的情绪做事情。（　　）

3. 表达能力测试。

说明：本测试可用来测验你是否具有足够的表达能力。本测试由 20 道题组成，每个题目只有一个正确答案，请选择最符合自己实际状况的答案，然后填写到题后的括号内。

答案选择标准如下：

A. 非常符合　B. 有点符合　C. 无法确定　D. 不太符合　E. 很不符合

评分标准如下：

选择答案 A 得 5 分；选择答案 B 得 4 分；选择答案 C 得 3 分；选择答案 D 得 2 分；选择答案 E 得 1 分。得分在 20～40 分：能力差；41～60 分：能力一般；61～80 分，能力良好；81～100 分：能力优秀。

(1)我在表达自己的情感时，很容易选择准确恰当的词汇。（　　）

(2)别人很容易准确地理解我口语和非口语所要表达的意思。（　　）

(3)我善于和与我观念不同的人交流感情。（　　）

(4)我对连续不断的交谈感到乐意。（　　）

(5)我能比较自如地用口语表达我的情感。（　　）

(6)我不回避表达自己的感受。（　　）

(7)在给一位不太熟悉的人打电话时我不会感到紧张。（　　）

(8)向别人打听事情对我而言不是困难的事情。（　　）

(9)我喜欢和别人聊天。（　　）

(10)我觉得和陌生人说话不会有困难。（　　）

(11)在同老师和上司谈话时，我从不感到紧张。（　　）

(12)我在演说时思维不混乱或是连贯。（　　）

(13)我能在交谈中很好地识别对方的情感。（　　）

(14)我喜欢在大庭广众下讲话。（　　）

(15)我的口头表达能力远比文字表达能力强。（　　）

(16)我能在一位内向的朋友面前轻松自如地谈论自己的情况。（　　）

(17)我善于说服人，只要我觉得有道理。（　　）

(18)我能自如地用非口语(眼神、手势、表情等)表达感情。（　　）

(19)我善于赞美别人，并且会把话说得自然亲切。（　　）

(20)我乐意与异性朋友交谈。（　　）

4.“读名师真传，拜名师学艺”，提高销售水平。

布莱恩·崔西说：我能要求你每天都问自己这样的问题吗？

(1)我看起来快乐吗？

这并不表示你得强迫自己从早微笑到晚。只要让你的眼睛发光，并且自然消除浑身冷冰冰的感觉。

(2)我的声音听起来悦耳吗？

感觉得到人们是否用快乐的心情听你说话吗？用录音机录下自己所说的话，加以分析，帮助自己改变说话的声调和速度。

(3)我说话的音量适当吗?

深沉、沉稳的声音有时比大声说话有用。刺耳的声音是不会有吸引力的，要随时调整说话的音量。

(4)我说话时很活泼吗?

你不一定要又快又大声地解说产品。我所认识的最好的推销员，大多是声音低沉者。因为他们说话的音量很低，所以人们得集中精力去听清楚他所说的每句话。许多人都承认这个招数很成功。

(5)我很用心注视顾客吗?

你的热情可以用专注、深沉的注视传达出来。

(6)我的姿势合适吗?

如果你赖在椅子上，表示连你自己都对产品没兴趣。要尽量往顾客的方向前倾，显出很认真的样子。

(7)我的说明够简洁吗?

通常连我们自己也不清楚在说些什么时，就会有多说话的倾向，要尽量简短、清楚地说明各类细节，吸引顾客的注意力。

(8)我的行为合适吗?

略带戏剧化的举止的确有助于推销，但不能太夸张。当顾客不专心时，我经常会突然站起来。试试看，绝对管用。

5. 推销提问口才技巧训练。

案例一：关于某名牌手表的推销，就有如下不同的说法，结果也不一样："我是名牌手表的推销员，这是我厂生产的名牌手表，销量居世界前几位。"结果是顾客无动于衷。另一种问法是："经理，久仰大名，知您日理万机，我想为您准确运筹时间提供一个从不偷闲的好帮手。"经理听后觉得被人理解很欣慰，又心生疑惑——"好帮手"是什么?"这是世界有名的走时准确的名牌手表，对于时间就是金钱的您，少得了吗?"推销员及时诱导与别开生面的推介，使经理有"正中下怀"之感，双方于是成交。同样的商品，不同的提问给人的感觉就不一样。

营业员的销售语言是一门艺术，一句话可以让人跳，一句话也可让人笑。如果营业员不掌握顾客的基本心理活动，说话失当，就会冷了生意。请就上文，谈谈自己的看法。

案例二：如果遇到顾客直接拒绝商品推销，可针对顾客的反对意见，直接询问以了解对方的真实想法，再对症下药。

美国的一位推销女士总是从容不迫、平心静气地向顾客提出3个问题："如果我送给您一小套有关个人效率的书籍，您打开书会发现十分有趣，您会读一读吗?""如果您读了之后非常喜欢这些书，您会买下吗?""如果您没有发现其中的乐趣，您可以把书重新塞进这个包里给我寄回，行吗?"后来这3个问题被该公司全体推销人员所采用，成为标准的接近方法。请说明这种接近顾客的语言技巧好在哪里?

问题：当我们碰到“不要”“今天不买”“再说吧”等托词时，拒绝的背后可能隐藏着各种因素：(1)因为时机不理想，现在不急着买；(2)因为价格问题，在货款方面有顾虑；(3)不喜欢推销员；(4)不喜欢制造商；(5)不喜欢这个牌子；(6)已经订购了；(7)真正无意购买。体会“案例二”的提问方法，就以上因素设计七个提问。

6. 试说说下面表述的弦外之意。

(1)某商店为配合夜市，准备让职工晚间在路边设摊推销商品，开会请大家发表意见，献计献策。一位中年妇女这样说：“这个活儿我们干不了，可以到寺院里请一批和尚来担任夜市营业员。”

(2)里根在担任美国总统时，提出削减预算的方案，讨论时议员们议论纷纷。里根笑着说：“有人告诉我，紫色的软糖都是有毒的。”然后拿起一粒紫色的软糖塞进嘴里。

(3)阿凡提与皇帝一起洗澡。皇帝问：“凭我这模样到奴隶市场能卖几个元宝?”阿凡提说：“10个元宝。”皇帝火了：“胡说！光我那条绣花围巾就值10个元宝!”阿凡提说：“正是呀，高贵的陛下!”

7. 试述推销口才的基本要求。从推销口才劝述及顾客心理的角度说说下面案例中推销成功的原因。

案例一：日本丰田汽车公司一名推销员在美国底特律汽车市场，面对徘徊犹豫的顾客，以流利的美式英语即兴发挥：

“现在油价这样高，买轿车当然是最不划算的。可以说，只有根本不会算账的傻瓜才会买的。我想来想去，最好的办法就是买辆自行车上下班，既便宜又不耗油，岂不两全其美?”

“上个月，我兴冲冲地骑车上班，路上花了整整4小时！我的妈呀，一到公司我累得大汗淋漓，躺在办公室的沙发里，打我都不想动。可一想，不行啊，被经理看见，非停我生意不可，只得拼命支撑，起来工作。好不容易熬到下班，累得我全身骨架像散了一样。当我拖着深重的脚步走到公司门口，突然想起还要顶风骑回去，伤心得真想大哭一场。这时，我才明白一个真理：轿车无论如何不能少，买轿车的傻瓜是非做不可的。而最佳的选择只能是买省油的车。本公司的丰田车是最省油的，而且价格便宜。因此，买丰田轿车的人其实不是傻瓜，而是最聪明的人……”果然，一席话说得顾客们纷纷称道，争相订购“丰田”，“丰田”的销路由此大增。

案例二：一次难忘的推销(李金安)

2014年暑假，我有幸在姐姐开的服装店里当了一回营业员，亲身体验了一次推销的滋味。

那天，时间已经快到中午，店里还没有做成一笔生意。进来“看看”的人倒不少，就是没有一个真正停下来谈价钱。

正当我发愁的时候，来了一位戴眼镜、穿着较为朴实的年轻人。瞧那神情，我断定，这又是一位没有诚意的“顾客”。但是，我不能放弃这哪怕只有万分之一的希望。我全神贯注地捕捉着对方反馈给我的每一个瞬间的信息。有门道了，他的眼神不易觉察地在那件浅灰色带拉链夹克上停留了片刻。

“想买吗?”我笑着问。

“啊，不不，看看。”他连忙将“路”封死，似乎担心我要他马上“一手交钱，一手交货”。

“没关系，不买不要紧。”我一边显得十分轻松地说着话，一边从衣钩上将衣服取下来，“我取下来给你仔细瞧瞧吧，你若去别的店子买也好有个比较。”听我这一说，他也就不好再推脱了。

年轻人边看衣服边低声说：“颜色太浅了。”

“看你年纪也不过二十三岁吧?”我立即接过话头，“对于年轻人，颜色还是浅点好，颜色深了，看上去老气横秋的多扎眼!”他沉默了一会儿，又提出这衣服上拉链不好看，要是钉纽扣的就好了。可是，也真不巧，店里钉纽扣的夹克昨天刚卖完。当时，我灵机一动，将话题一转：

“看你的气质，准是个知识分子。在什么单位工作?”

他苦笑了一下：“中学教书。”

我一听，可高兴了：“也难怪你喜欢打纽扣的。是不是嫌这条拉链太活泼了？你想将自己打扮得严肃点?”我一把将他拉过来：“来先别说什么拉链纽扣的，穿上去试一试。”

经不住主动进攻，他竟然顺从地脱去外衣，将夹克穿上。

“你看，多有精神!”我的劲头更足了，“实话对你说吧，我也是个学生。做学生的，都希望老师与自己的心理距离缩短一些。特别是中学生，他们更渴望得到老师的理解和认同。你若成天为了维护‘尊严’，将自己装扮成‘套子里的人’一样——对不起，只是打个比方，不就等于人为地在自己与学生之间构筑了一道陌生的围墙吗？还到哪里去寻找心灵的沟通呢？我想，你若穿着这件衣服上讲台，准会赢得学生们的掌声。”

他一边脱衣服，一边笑着说：“你真会说话，在什么学校读书?”我告诉他，我是湖南财经学院的学生，恰巧他又是湖南师大毕业的，两个大学，背靠背，中间隔着岳麓山。套这种近乎，无形中将两人感情距离拉近了不少。

正当我思考着如何进行下一步的价格谈判时，他又突然提出不买了，原来，这件衣服的左胸前配了一个带拉链的小口袋，而右边却没有。这且不说，更要命的是，这个小口袋是用一种深黄色的布料做的，由于左右不对称，看上去极像一块小补丁。拿过来一看，糟了，这可怎么办？可是，总不能让这个小“补丁”给坏了“大事”，眼看要功败垂成，我急中生智地说：“这一点看来你还不了解，表面看来，这似乎是一个缺陷，也可以说是一种失误；然而殊不知，它正好反映了服装设计师的精明独到之处，体现了他那与众不同的审美意识。在我们国家，自古至今，从幼到老，传统的习俗是什么都讲究上下左右对称。比如说修一座石拱桥吧，桥头总是左右两边各蹲一个张开大口的石狮子，这是一种对称美。”

“可也有一种单调美，它虽然没有被人们普遍重视，但它确实存在于我们的生活中。不知你是否注意到，在我国沿海一些开放城市，从大型的建筑设计到居室装潢，许多具有开拓、创新精神的造型艺术形象正在悄悄崛起。这件衣服就是从深圳批发回来的，所以在内地人看起来难免有点‘别扭’。你看，我在班门弄起斧来了。”

“不敢说我赞同你的理论，从内心上讲，我很佩服你的口才和热情。好吧，这件夹克我买了。”他如数付了钱。出门时，他握了握我的手，半开玩笑半当真地说：“好好训练，一定会成为一名出色的演讲家。”

案例三：商场里，人山人海，摩肩接踵。瞧商品、看热闹的人多，而买商品的人少，这是大家共同的感受。此时此地，推销员不能等顾客上门，而应主动贴近顾客，与顾客亲切攀谈：“唷，您穿这套衣服挺合适，显得高雅，大方。”食品柜台内的一位中年女营销员笑眯眯地同站在调味品柜台边细细看各类胡椒的顾客交谈起来了。顾客把目光从陈列胡椒的柜台上收回来，满意地看自己的衣服了。“哪买的？像是特为您做的！”

“是吗？大家都说合适。”

“肯定是您先生在大城市里为您精心选的，您先生真有眼力！”顾客会心地笑了起来，自豪感油然而生。

“想买胡椒回去为先生、孩子做顿好吃的？”话意转为推销产品，捕捉购买信息。

“不，我是随意看看，老人说胡椒、生姜、葱头、盐、白糖煎汤喝，对受寒有治疗效果。”

“是的，这是传统单方。有时单方比药还灵——买这瓶粉式的吧，拿回去就能用，省事多了。”

“粉式的怕不真。”

“我们的产品是经过严格检验的，假货必罚，不信，您买去试一试，我天天在这儿上班，我们是朋友了。”就这样，顾客高高兴兴地买去了一包胡椒粉。

案例四：一次，我走进红星美凯龙市场的一家卫浴店。门口的一个女店员，马上冲我点头微笑说：“您好！欢迎光临红星美凯龙必进卫浴店。”这家卫浴品牌并不叫“必进”，于是我好奇地问她为什么这么说。女店员笑道：“经过调查研究，我们发现所有来到红美凯龙市场的客人都会到我们卫浴店来看一看、转一转，所以我们把卫浴店称为必进卫浴店。”“这是我见过的最新颖的迎宾语。你们家所有的迎宾语都这样吗？”女店员又笑道：“只有我自己才这样说。”顾客来到卖场，很多时候追求的就是新、奇、独、特的感觉，当店铺陈列或店员说话方式与众不同时，就能吸引顾客的关注。上述案例中，女孩没有墨守成规，没有采用与别人一样的销售方法，而是进行了创新，因此成功地引起了顾客的注意。总之，在营销中，只有不断创新，才能让人耳目一新，才能吸引顾客。

案例五：美国新泽西州一对老夫妇准备卖掉他们的住房，他们委托了一位房地产经纪商承销。这家房地产经纪商请老夫妇出钱在报纸上刊登了一则广告。广告的内容很简短：“出售住宅一套，有六个房间，壁炉、车库、浴室一应俱全，交通十分方便。”

广告刊出一个月之后无人问津。老夫妇又登了一次广告，这次他们亲自拟写广告词：“住在这所房子里，我们感到非常幸福。只是由于两个卧室不够用，我们才决定搬家。如果你喜欢在春天呼吸湿润新鲜的空气，如果您喜欢夏天庭院里绿树成荫，如果您喜欢在秋天一边欣赏音乐一边透过宽敞的落地窗极目远方，如果您喜欢在冬天的傍晚全家人守着温暖的壁炉喝咖啡时的气氛，那么请您购买我们这所房子。我们也只想把房子卖给这样的人。”广告登出不到一个星期，他们就搬家了。

案例六：一位年轻女士来到服装柜台前，仔细观看着挂在衣架上的几款“亚历山德拉”牌羊毛衫。一会儿，她从衣架上取下一款红黄相间的几何图案的羊毛衫，端详了一会儿对我说：“请问这件多少钱。”“八十元。”我回答。“好，我要了！”那位女士把毛衣放在服务台上，边掏钱包边对我说。

为她包衣服的时候，我恭维了她一句：“小姐真有眼力，很多人都喜欢这种款式的。”那位年轻的女士听了我的话，沉吟片刻，然后微笑着对我说：“抱歉，我不要啦！”

没想到，我一句恭维话居然使顾客中止了购买！我客气地问：“怎么，这样子您不喜欢吗？”“有点。”她也很客气地回答，然后准备离开。我立刻意识到，我刚才那句恭维可能是个错误，必须赶紧补救。我趁她还未走开，进而问：“小姐，您能否告诉我你喜欢哪种款式的？我们这几款羊毛衫是专门为像您这样气质高雅的年轻女士设计的，如果您不喜欢，请留下宝贵意见，以便我们改进。”

听了我的话，她解释道：“其实，这几款都不错，我只是不太喜欢跟别人一样的衣服。”噢！原来这是位追求时尚、喜欢标新立异、与众不同的顾客。

“小姐，请您原谅。我刚才说很多人都喜欢您看中的这种款式，但由于质量好，价格高一点，所以买的人并不多，您是这两天里第一位买这种款式的顾客。而且，这种款式我们总共才做了十件……”经过我的一番争取，那位女士终于买走了那件羊毛衫。

案例七：在香港跑马地黄泥甬道，并排着几家鞋店，其中一家赢利甚佳，而相邻的一家，却老是亏本，终于无力支撑，寻求买家易手。问题出在哪里呢？赚钱的那一家商店里，顾客试穿鞋子时，问：“你们的这双皮鞋做得跟讲口货一模一样。”此时一旁服侍的店员立刻答：“只有您如此眼光独到的人才能看出来。”顾客便会欢欢喜喜地买下这双鞋，不但从此固定在这家店里购买，而且乐意介绍自己的朋友前来光顾。同样的情况发生在另一家亏本的鞋店时，那服务员答：“太太，您是否识货？我们卖的是如假包换的意大利的鞋呀！”结果，当然是顾客生气离开。商店便会从此进入恶性循环：没有顾客→商店冷清→无生意成交→顾客更不上门。最后造成商店倒闭。

案例八：有一个化妆品推销员在他所分配的区域里，遇到一位很不喜欢这个推销员公司产品的怪异难缠的店老板。当他一进门正想推销化妆品时，这个店老板就嚷道：“你没有走错地方吧！我才不会买你们公司的产品。”这个推销员于是盖上了手提箱，谦虚诚恳地向店老板说：“您对化妆品一定很内行，对商品推销经验丰富，我是一个刚进入推销行业的新人，您能否教我一点什么秘诀？我到别的店里去时应该如何谈起？请您这位老前辈指导指导。”他看到店老板的脸色渐渐转变，再度打开了手提箱。“想当年，我开始做这一行……”这个化妆品的老板终于打开了话匣子，一口气讲了15分钟，在讲解过去推销化妆品的过程里，他越来越喜欢这个洗耳恭听、不断点头称是的年轻人，终于作出了购买这年轻人公司出产的化妆品的决定，这位怪异难缠的老板成了这位年轻推销员的长期客户。

案例九：有一个书商拿着刚出版的新书找到了总统，请教总统的意见。

出于礼貌，总统说："这书不错。"于是书商大加宣扬："看哪，这是一本受总统夸奖的书。"于是书被抢购一空。

第二本新书出版后，书商又找到了总统。总统吸取了上次的教训，说："这是一本最烂的书！"于是书商又大加宣扬："看哪，这是一本惹恼了总统的书！"书又被抢购一空。

当书商拿着第三本新书找到总统时，总统干脆什么都不说了。书商于是又大加宣扬："看哪，这是一本总统都难以下结论的书！"结果书还是被抢购一空。

项目四

旅游接待服务口才训练

【导入案例】

正值旅游旺季的一天，导游小王带领着一批游客到一家定点餐厅吃饭。当时游客很多，饭店服务员忙个不停。游客都饿极了，于是催着导游让服务员赶紧上菜。只见小王不耐烦地说："急什么？没见人家正忙着吗？""哎，你怎么这样说话，什么服务态度！"游客也更不耐烦了，于是，游客便与小王吵了起来。然而，在同样的时间里，在同样的餐厅中，游客也因急着吃饭而催着另一位导游小李。小李听了客户的催促却是这么说的："请稍候，先喝点茶解解渴，我会下厨房去催他们快些上菜的。"游客听了此话觉得心里暖融融的，都说谢谢导游亲自下厨房去催菜。这时游客内心的感受也是可想而知的。同一环境，同样是说话，却得到两种截然不同的结果。

【案例思考】

在这个故事中，作为导游的小王有哪些不当言行？在旅游服务口才中需要注意哪些问题呢？

任务一　认识旅游服务口才

近年来，随着社会经济的快速发展和人们生活水平的不断提高，旅游越来越成为人们生活的一项基本需求。它在满足人们的休闲、文化、娱乐需求的同时，还在刺激消费、回笼货币、扩大就业、促进国民经济发展、促进文化交流和商务往来等方面起到了不可替代的作用。

一、旅游服务口才的定义

在旅游活动中，旅游服务是一个不可缺少的环节。旅游服务是指旅游目的地的旅游从业人员以一定的物质为资料凭借，为满足游客在旅游活动过程中各种需求而提供的服务。这是与人打交道的工作，服务人员必不可少地要通过语言与旅游者交流，使旅游者通过游览增长知识、开阔眼界、愉悦身心，从而获得审美享受。可以说，语言表达是旅游服务人员的基本技能，语言表达的优劣直接影响旅游服务质量的高低。

旅游服务语言表达，即旅游服务口才，指的是在旅游服务活动中，提供服务的旅游从业人员的口语表达技能，包括旅游活动中的旅游接待服务口才和导游解说服务口才。和其他行业的口才相比较，它的功能是“树立旅游服务形象，沟通宾客情感，协调宾客关系，使宾客满意”。因此，要充分发挥这些功能，旅游服务人员就必须掌握好旅游服务口才的特点和技巧。

二、旅游服务口才的特点

1. 服务性

旅游服务顾名思义是一种服务工作，其最终目的是为顾客提供旅游活动中的各种服务，让顾客在旅游中有美好的享受。所以，旅游服务企业的服务宗旨是“主随客便”，以满足旅游者需求为己任。作为一名旅游服务人员，一定要树立“宾客总是对的”，“宾客永远是对的”服务理念，树立良好的服务意识，以宾客为中心，一切从宾客的需要和兴趣爱好出发，主动服务。这是一种复杂的高智能、高技能服务，从业人员必须具备较高的才智及高度的责任感才能胜任。

2. 大众性

旅游活动是一种具有社会性的活动，近年来，随着社会的发展，越来越多的人参与其中。因此，旅游服务人员面对的是千差万别的宾客，需要和各种各样的大众交流。旅途事宜安排、景点介绍都依赖于服务人员的口语表达，在这种情况下，若选用过于专业、生涩的语言则难以和旅客沟通。所以旅游服务语言应尽量大众化，应多用生活化的语言。例如，在旅客能听懂情况下可以加入些俚语、歇后语等，这样既能保证与旅客交流的畅通，还能拉近双方的心理距离。

【情景案例一】

这叫日晷，是我国很早就发明、秦汉时代即已广泛应用的一种计时器，它利用太阳的投影和地球自转的原理，借指针所生的阴影的位置以表示时间。在这晷盘中心的铁针上端是指北极，下端指南极，晷盘上下两边刻的是时辰，上面时辰由早到晚向左转，下面时辰则向右转。每年春分后看上面的针影，秋分后看下面的针影。这个日晷是明代和清代所置，虽然早已废弃不用，但仍闪烁着我国古代劳动人民的智慧之光。

【情景案例二】

这个由石头做的东西叫日晷，发音和日轨一样，是古人用来看时间的“石头钟”，它在秦汉时就已广泛应用，虽然没有现代的电子钟、石英钟轻便、准确，但有一定的科学性，它是借太阳光照在铁指针上的阴影位置来表示时间的。指针两端刻的这些字叫时辰，相当于我们现在的几点钟，但没有精确到分和秒。不过，在两千多年前，世界科学技术还十分落后的情况下，能造出这种计时器是不简单的，它说明我国古人的科学头脑是比较发达的。

例一和例二讲解的都是北京故宫太和殿中的同一件文物，但相比而言，例一虽然讲的比例二细致，但不及例二生动。其原因就是例二不是复述书面资料介绍，而是用自己的话进行表达，通俗浅白，生动活泼，其中“石头钟”这个词语也具有一定的创造性，听起来比较形象贴切。

【情景案例】

请看下面一段解说词：

(在太和门前)这个建筑叫太和门，是故宫里最大的木制大门。在这个大门的前面，放有一对狮子，这是明代用青铜器制作的。狮子强悍，吼声震天，使百兽惧怕，放在这里，代表着皇帝的威严。那里有个石头做得像个邮筒似的东西，大臣诸侯求见皇帝时，要先写申请书放在里边，由皇帝的仆人转达皇帝：“万岁，此人求见，可以吗?”“好。”“是，遵命。”就可以让进了。如果皇帝说：“不行!”那求见的人就会被撵走。和它相对称的那边，还有一个石头做成的东西，它的形状像一个大印，象征着皇帝的权力，也就是说，皇帝的权力坚如磐石，不管世间有何变动，皇帝的权力永远不会变!

3. 生动性

所谓生动性就是要做到绘声绘色，使听众如身临其境。旅游者抱着休闲、求知、锻炼、愉悦身心等目的去游览观光，旅游服务人员要为他们提供的是全方位、深层次的服务。因此，旅游服务语言要力求形象生动，风趣幽默，使游客身心愉悦。特别是导游讲解，更要注意语言优美生动、流畅自如、雅俗共赏，以激发游客的游兴。如果语言干巴呆板、平铺直叙，或生硬地照搬导游词，只会令游客兴致索然，反感厌恶。

【情景案例】

一次，一个导游要给游客讲解侗族的婚恋形式——“行歌坐月”。这个民俗的关键是情歌对唱，鉴于此，为了增加感染力，他即兴唱道：“嫁人不比换衣裳，新的没得旧的强，鸟恋山来鱼恋水，小妹永远恋情郎。”在他的调动下，游客的情绪马上高涨了起来。通过他的巧妙演绎，把枯燥的民俗解释变成了可观可感的艺术表现，让游客感受到了语言的韵律和风俗的有趣。

4. 互动性

语言尤其是口语，作为人类信息交流的一种工具，一般都是双向或多向的，是一个互动的过程。在旅游服务过程中，服务人员与宾客的交流是双向互动的，缺少任何一方的回应都会影响交流的效果，甚至会导致交流中断。双方在交流中处于互相影响、互相制约的交互状态，在这种状态中，旅游服务人员通常通过问答法来实现双方互动交流，如“客问我答”“我问客答”和“自问自答”等。巧妙的发问，是一种积极服务的语言，它能活跃现场气氛，激发宾客的兴趣，唤起宾客的参与意识，使之获得参与的成就感和愉悦感，也可以避免因服务人员“一言堂”式的灌输所造成的吃力不讨好的尴尬。

【情景案例】

有位导游员在杭州九溪十八涧对游客说：“这儿的路处处曲，路边的溪水叮咚响，远近的山峦绿葱葱。清代文人俞樾到这里时，诗兴大发，挥笔写道：‘曲曲环环路，叮叮咚咚泉，远远近近山……’前面已用了叠词，朋友们猜猜看，第四句写树时，俞樾用的什么叠词?”游客们议论纷纷，有的说“郁郁葱葱树”，有的说“大大小小树”，最后在导游的启发下猜出是“高高下下树”。大家都惊叹俞樾用词的精妙。这“高”和“下”贴切传神，写活了沿山而长的树林。游无锡蠡园时，导游员让游客先看春、夏、秋、冬四个亭中的春亭，指着匾说：“春亭挂的匾额是‘滴翠’，表达了春天的形象，有特色。那么，夏、秋、冬三个亭子会用什么题匾呢？各位朋友是否能猜中?”一石激起千层浪，游客边猜边看，猜中的笑逐颜开，未猜中的纷纷敬佩题匾者的文笔之妙。

5. 即兴性

在旅游服务的过程中，环境的流动性和服务对象的多变性要求旅游服务人员的语言要因地制宜、因人制宜，要以具体对象和具体的时间、地点为转移，根据宾客的思维特点、心理变化、情绪反应等，不断调节语言。包括遣词造句、语速语气、音量语调等，也包括表情手势等。应随机应变、即兴发挥、信手拈来，切忌死记硬背、照搬照套。如在游览自然风光时，导游员要根据不同的季节、不同的时差，通过自己的语言，引导旅游者抓住最美好的瞬间，去发现最美的景象；参观人文景点时，根据游客的兴趣爱好，有选择性地见人说人，见物说物，等等。

【情景案例】

一位导游员陪同一个法国旅行团去重庆，离开时因天气原因，飞机要延误四小时，客人们听到后心凉了半截。这时，导游员随机应变地对大家说：“真是人不留客天留客呀，也许是重庆太好客了，舍不得各位稀客匆匆离开，所以老天有意挽留大家一会儿。时间不长也不短，正好附近还有一处迷人的景点未来得及去参观，我们与其坐在这里干等，何不尽兴去游览一下呢!”游客们低落的情绪一下子被调动上来，都说这是个好主意，纷纷用掌声表示赞同。

任务二　旅游接待服务口才与技巧

接待是旅游服务行业的日常性工作，接待工作的好坏直接影响游客旅游的质量，也影响游客对服务企业的评价，因此，给客人以亲切热情、礼貌周到的接待服务是至关重要的。

一、接站服务口才与技巧

接站包括到机场、车站、码头等地点等候和迎接客人。这是接待人员与客人的初次见面，第一印象很重要，因此，要充分把握机会，尽量以热情周到的服务给客人留下良好的第一印象，让客人感受到“宾至如归”的温暖。试想，经过长途跋涉、旅途劳顿的客人，到达陌生的目的地后，心中不免焦虑和不安，如果一眼看到前来热情迎接的人，该是多么的欣喜！

1. 寒暄得体

客人来后，应面带笑容地说“一路辛苦了”或“欢迎您的光临”等问候语。如果看到有年老体弱或旅途不适的客人，应关切地询问，“您感觉还好吧”？在自我介绍时，一定要让每位客人都听清自己的姓名，如有名片，可以把名片递给领队。为了融洽气氛，可以说些符合当时情景的话，如，“昨天刚下了一场大雨，今天是晴空万里，看来，天公作美，是为了欢迎大家的到来啊！”

2. 简要介绍

接到客人后，从站点到宾馆之间一般都有一段距离，接待人员可利用这段路途的时间，简要地介绍食宿和日程安排，这是客人最关心的问题，务必要让客人清楚。如果路途较远，可对所在地的简况作大致的介绍，给客人一个概略的印象。若沿途有一些著名的景点、建筑或有特色的风土人情等，不要忘了介绍。有经验的接待人员还会通过唱歌、讲笑话等形式来活跃气氛，这既可以驱散客人旅途的疲劳，又可以消除双方的陌生感，拉近彼此的感情距离。

【情景案例】

下面是一位导游在行车途中的一段导游词：

女士们、先生们：大家好！首先，我对各位的到来致以最诚挚的欢迎！各位在来长沙旅游之前，想必已经对湖南有所了解了吧？那么您认为中国现代史上最著名的人物是谁呢？对，毫无疑问是毛泽东同志！那么毛主席在长沙生活期间，最喜欢去的是什么地方呢？就是我们将要到的岳麓山爱晚亭了。好，现在咱们就一块到毛主席“携来百侣曾游”的地方去看看。

评析：这是比较简略的现场叙述式开场白，虽然简略，但是却利用了名人效应，使开场白有声有色，情趣盎然。

二、酒店接待服务口才与技巧

酒店、宾馆是旅客暂时的“家”，对大多数人来说，这个“家”再高档，感觉总是不如在自己真正的家自在、方便。因此，服务人员要设身处地为宾客着想，尽量为他们提供热情周到的服务，使之感受到“家”的温暖。

1. 微笑服务

微笑是一种重要的交际手段，真诚、善意的微笑是信任的名片、友谊的桥梁、合作的纽带。“顾客是上帝”，从顾客踏入大门的那一刻起，微笑就应该是接待服务人员的唯一表情和最好标签。

2. 体贴入微

优质的服务往往体现在细节上，优秀的服务员不但要做到“想客人之所想”，而且要做到“想客人之所未想”，在客人尚未提出疑问和要求时就替他安排好。体贴入微可以体现在以下的细节：在门口迎候客人，很自然地送上亲切得体的问候，如：“黄先生是开车来的吗？您辛苦了。”对于初来的客人，要做好首次的迎接和引导，在介绍饭店设备使用方法和注意事项时可详细些；对再次光顾的客人，要表现出像对待老朋友般的热情，最好能记住其有关资料，如姓名、特征、特别要求、个人习惯等。如果再见面时能叫出客人的名字，会让客人感到受尊重和重视。

3. 妥善安排

宾客抵达饭店后，服务人员要为宾客提供如下程序性服务：办理住店手续、介绍饭店设施、监督行李进房、通知日程安排、安排用餐、商务服务等项目。力求安排妥当，让客人满意。如有的客人要求换房，若是理由充分、要求正当，就要尽可能满足，否则，就要解释清楚不能更换的原因。导游务必要将日程安排通知到每一位客人，同时别忘了提醒饭店定时叫早，确保不耽误宾客的安排……诸如此类，不可大意疏忽。

三、餐厅接待服务口才与技巧

饮食为人们日常生活之必需。游客外出旅游，除了观光览胜、了解当地的风土人情外，品尝当地风味美食、体验当地居民的生活方式，也是其中必不可少的重要环节。因此，为了让游客玩得开心、吃得舒心，服务人员为游客提供周到细致的餐饮服务就显得非常重要了。

1. 接待语言有“四声”

所谓“四声”，是指客人进门有迎声，入座有问声，问有答声，走有送声。迎客时可说：“您好！欢迎光临！”入座时可以与客人寒暄：“请问你们是第一次来吗？”“请问有几位客人？”“今天想用点什么？”“陈老板，看您和您的朋友春风满面，今天在这里请客，一定有什么喜事吧！”寒暄的话不宜太多，应尽快转入正题——让客人点菜。对第一次来的客人，要表示欢迎，并简要介绍饭店（餐厅）的特色菜肴；如果是熟客，要说些感谢关照的话，并推介最近的新菜式。对客人的询问，应该有问必答，语言要简洁、得体。送客时，要诚意致谢，并欢迎客人下次再来。无论是迎客、待客，还是送客，都必须热情有礼，殷勤细致，服务到位，招呼客人时既要突出主宾的身份，又要照顾好其他宾客。

2. 做顾客的参谋

要把顾客当作自己的好朋友来诚实款待，千万不可抱着敲竹杠的心理，否则就只能做一次性生意，不会再有回头客。比如，当顾客拿不定主意点什么菜时，服务员可以为他介绍菜谱，训练有素的服务员会根据宾客的言谈举止来判断宴请的大致规格和档次，从而可以根据客人的喜好、就餐人数的多少提供点菜的参考意见。做好顾客的参谋，要替顾客着想，可以说："你们有6位客人，8菜一汤应该够了。如果不够还可以再加，点多了浪费就不好了，您说呢?"或者说："今天您宴请贵宾，来点精致些的菜式如何?"或者："今天的花蟹小了点儿，要不换个青蟹吧? 我们饭店的清蒸蟹味道也很不错哦!"只要顾客感受到你的诚恳、热情，并处处为他着想，一般来说，他会乐于听从你的意见的。

3. 讲究服务礼仪

客人进餐时，服务员要站立一旁，随时准备为客人服务，如上菜、斟茶倒酒、撤换碗碟等。上菜时报菜名要清晰，如果是重点推介的菜式更是要让每位客人都听清楚，给客人留下深刻印象。要多使用礼貌用语，如："对不起，打扰您一下，给您上菜。""菜上齐了，请各位慢用。""很抱歉，您点的×菜今天卖完了，您要不要换个别的菜?""请您买单，一共是××元，谢谢!"

项目五

导游解说口才与技巧

【导入案例】

坐落在武汉月湖畔的古琴台，游客直观看，没有多大意思，导游采取述古式的介绍方法后，游客对琴台的了解就深入透彻多了。导游员说："这座古琴台相传是春秋战国时期的著名音乐家俞伯牙鼓琴的地方。有一次，楚国的俞伯牙坐船遇风，阻隔在汉阳，在这里，他遇见了一个叫钟子期的人，伯牙知道钟子期喜欢听琴，就用十弦竖琴弹了两支曲子，一曲意在高山，一曲意在流水。钟子期听完，很快把乐曲的含意说了出来，伯牙十分钦佩，两人从此成了莫逆之交。一年后，钟子期病逝，俞伯牙十分难过，特地到钟子期的墓前弹奏了一曲《高山流水》，弹完后就把琴摔掉了，发誓不再鼓琴，这就是后人所说的伯牙摔琴谢知音。北宋时，为了纪念他俩，就在当年他们鼓琴、听琴的地方建了一座琴台，取名伯牙台。"游客们纷纷被导游员述古式的讲解所打动，再看古琴台时，感受就不一样了。

【案例思考】

为什么上述游客再看古琴台时感受就不一样了？导游的解说口才有什么重要性？

旅游语言是导游工作的重要载体。导游话说得好，即能熟练地运用导游语言，不仅能够"达意"，还能让游客感到"愉悦"，从而产生"美感"，最终被认可为一种"语言艺术"。导游语言艺术就是导游对语言的提炼和优化，是融技能、观念、灵感、审美于一体的再创造活动。导游通过语言与游客沟通交流，满足游客求知、求解、求乐、审美等旅游需求。

任务一　导游口才的特点

1. 特殊的针对性

导游语言的特殊性是由导游服务对象的特殊性所决定的。导游每次所接待的旅游者是不同的，他们来自不同地方，民族、宗教、习惯、职业、年龄、文化程度和知识水平各有不同，导游进行解说时要因人而异。

【情景案例】

一天，北京导游图图接待了一个从上海来的教师旅游团。她这样向大家致欢迎词：各位老师，大家好(用上海方言，拉近与游客距离)！我叫图图，大家可以把我和动画片的大耳朵图图联系到一起，我是聪明的图图。见到各位老师我备感荣幸，本次旅程又给了我一次做学生的机会。接下来几天将由我这个学生，带领各位老师，领略祖国首都北京的风采。孔子曾说："有朋自远方来，不亦乐乎。"请允许我代表我所在的旅行社对各位老师的到来表示热烈的欢迎。……

评析：这是一个初次见面的欢迎词，导游首先使用游客的家乡话拉近距离感，其次针对教师的职业特点把自己称为学生，表达对游客职业的尊敬。并引用孔子的话营造出教师熟悉的旅游氛围。

2. 生动性

有人说"看景不如听景"。导游在描述自然和人文景观时，要想把游客导入诗情画意之境并使其产生共鸣，语言就要鲜明、生动。这就要求导游人员在掌握丰富的景观知识和语言词汇的基础上，注意修辞手法的多样化、灵活化；恰当地运用对比、夸张、借代、比喻、比拟等手法，使语言艺术化、口语化、形象化，创造出生动的语言画面，达到主客之间互相理解、产生共鸣。

3. 风趣性

导游语言的风趣性主要表现在其幽默或诙谐的言谈风格上。它通过比喻、夸张、象征、寓意、双关、谐音、谐意等多种手法，运用机智、凝练、风趣的语言，对现实生活中的各种矛盾以及不合理现象进行率直的揭示与批评。除此之外，还有一种独特形式的幽默，那就是轻松地开玩笑或善意地逗乐。就效果而言，导游对诙谐语言的灵活运用，对活跃团队气氛、充实导游活动具有相当明显的作用。尤其是在长途旅行中，这种做法更能显示出消除疲劳、振奋精神的效果，使游客在欢声笑语中度过快乐的时光。

【情景案例】

在苏州西园的五百罗汉堂里，导游人员指着那尊"疯僧"塑像逗趣说："朋友们，这个疯和尚有个雅号叫'九不全'，就是说，有九样毛病：歪嘴、驼背、斗鸡眼、招风耳、瘌痢头、跷脚、鸡胸、斜肩胛，外加一个歪鼻头。大家别看他相貌不完美，但残而不丑，从正面、左面、右面看，你会找到喜、怒、哀、乐等多种感觉……另外，那边还有五百罗汉，大家不妨去找找看，也许能发现酷似自己的'光辉形象'。"风趣的话，逗得游客笑声不断，游兴顿增。

4. 情感性

语言的情感性表现为导游要随景而动、喜游乐导，动之以情，以情感打动旅游者。

导游语言应切忌简单直陈、抽象或程式化，而应该形象生动、富有情感色彩。在导游过程中，要想唤起游客的共鸣，就得在讲解中“动之以情，晓之以理”，也就是说，要情真意切。敬语和谦语有助于增进友谊和感情，但应注意尊重对方的风俗习惯和语言习惯，也要适合自己的身份。东西方的成语、谚语、名人名言往往能起到画龙点睛的作用，还可以提高讲解品位，使导游员的谈吐高雅自如，令游客产生好感。但注意要运用得正确、完整、恰到好处，不懂装懂、附庸风雅、故意卖弄只会适得其反。

语言的情感性不光是指有声语言所传导的情绪信号，还包括无声语言的直观性情感表现，如眼睛、手势与面部表情等。这是因为人的喜怒哀乐、七情六欲往往可以从眼神、手势的力度与面部表情的变化中显露出来。

任务二　导游口才的常用表达技巧

1. 制造悬念

导游在讲解时常常用制造悬念的手法，即导游向游客提出令人感兴趣的问题，激起游客急于知道答案的欲望，但故意引而不发，让游客先思考、判断、猜测，最后才讲出结果。这种欲扬先抑的手法可以活跃气氛、激发游兴、加深印象。但它不能滥用，不要故作神秘，也不要乱设“悬念”，以免适得其反。

【情景案例】

一位导游员在讲解虎丘塔的建造年代时说：“虎丘塔距今究竟有多少年呢，几百年还是几千年？说法一直不一致。这事直到50年代初才弄清楚。”导游员停了下来，大家在想，是怎样搞清楚的呢？“有一次，建筑工人在加固塔基的时候，在塔内一个窟窿里，发现了一个石头箱子。”导游员停了下来，然后说：“工人们把它搬出来，打开一看，里面还有一个小木头箱子，大概有那么大……”导游员比画着，“再把小木箱打开，里面有包东西，是用刺绣的丝织品包着的，解开一看，是一包佛经。取出这包东西，只见箱底写着年代，你们猜是什么年代?”游客纷纷猜测，过了一会儿，导游员说：“这年代是中国北宋建隆二年，也就是公元916年。由此可见，虎丘塔距今正好是一千多年的历史，而苏州的丝绸刺绣工艺至少也有上千年的历史。”玄虚式的导游讲解把本来不怎么吸引人的建塔年代说得有声有色，令人着迷。

2. 恰当道歉

在导游工作中，导游人员难免会因一些小事得罪旅行团队中的某些客人，这时如何得到游客的谅解呢？在道歉的艺术中，首先要学会使用微笑。微笑是传递歉意的“无声”载体。在道歉时，运用微笑并不意味着奴颜婢膝，而是对他人一种和蔼、友善、真诚的表示。其次，可以及时而真诚地向游客直接道歉，勇于检讨自己在言行方面的失误和过错。其要求是，第一，态度要和气，语言上要使用敬语（如请原谅、对不起、很抱歉等）。第二，行动可以更为机动和灵活。写一张字条、赠送一束鲜花，都可以把歉意表达得巧妙而到位。值得一提的是，导游在向游客道歉时应注意尺度，要对自己过失的大小、性质以及产生的后果有较为准确的评估，以免对工作造成不必要的麻烦。

【情景案例】

在导游工作中，导游难免会因一些小事得罪旅行团队中的某些客人，而导游出于某种原因又不便公开道歉，这时，就可采用迂回致歉的方法。比如，导游对甲女士关照过多，却忽略了乙女士，并引起了乙女士的不悦。察觉之后，便要“特别”关照乙女士，如下车时扶她一把，提醒她一句，都能使她明白你的体态语言中所含有的歉意，从而达到使她冰释前嫌的目的。

3. 巧妙拒绝

在必须向客人就某个问题表示拒绝时，先肯定对方的动机或表白自己与对方一致的主观愿望，然后再以你无可奈何的客观理由为借口予以回绝，这样先是后非、婉言谢绝，对方较为容易接受。

【情景案例】

一个旅行团正按预定的日程观光游览，有几位客人途中要求增加几个观光点，但因时间关系，又不可能满足。这位导游员说：“这个意见很重要，如果有时间，我们将尽量予以安排。”这位导游员没有给予明确答复，只是用模糊语言暗示了拒绝之意。又如，一位美国客人表示要介绍陪同他们的导游到国外一个既能施展才干又能赚钱的职位，这位导游员谢绝说：“谢谢您的一片好心。我扎在中国的根太深了，一下拔不出来啊。”这位导游员没有直截了当地表明是同意还是不同意，而是用“谢谢您的一片好心”表示了否定的意思，随后又作了委婉拒绝的补充。

4. 恰用幽默

游客外出旅游就是为了玩乐和放松，导游使用生动幽默的语言能够锦上添花，让游客保持愉快的心情，其基本方法有：采用谐音、双关语、颠倒语句和自我解嘲等。

【情景案例】

一位导游人员与游客见面时，作自我介绍说：“初次为大家服务，我感到十分荣幸。我姓马，‘老马识途’的马。今天，各位到我们这儿旅游，请放心好了，有我一马当先，什么事情都会马到成功！……”客人们都乐了，初次见面的拘谨感一扫而光，主客关系一下变得融洽起来。

【情景案例】

一架客机失事后的第二天，一批游客将飞往那架飞机失事的所在地，客人们都有一种恐惧、不安的情绪。候机时，大家都沉默寡言。这时，导游人员微笑着对大家说：“请各位放心。我是大家的‘护身符’，今天陪大家一同前往，保证一切顺利。请允许我在此向大家透露一个信息，我干了十多年导游，坐过几十次飞机，还没有一次从天而降的经历。”客人们一听，都笑了。可见，幽默而机智的宽慰，比生硬、笨拙的劝说更有效得多，一下就为客人增添了精神力量。

【拓展训练】

1. 以导游口才的要求介绍你家乡最著名或最有特色的一处景点。

2. 情景模拟练习：一位同学扮演导游，另外一个小组的同学扮演外国游客，模拟导游从机场接团到入住宾馆的情景。

3. 假设你是旅游服务人员，遇到以下的情况，你将如何应对？

(1)一家饭店，中午时分食客如织。由于客人多，上菜慢，有几位顾客很不耐烦，嚷嚷着要走。这时，服务员应该怎样应对才能留住客人？

(2)有一个美国旅游者问导游：“你喜欢欧洲旅游者还是喜欢亚洲旅游者？”导游该如何回答才能恰当得体？

(3)有一位客人在酒店里随便吐痰，宾馆服务员看见了，该怎么说？

(4)让宾客结算并付清有关消费再离店，这是服务人员的职责。如果你遇到宾客用餐逃账的事，应该怎样应对？

4. 阅读以下案例，并完成文后的训练。

导游小洪接待了一个来自南方某城市的旅游团，其团员大部分都是男性游客。按照接待计划，该团在当地有两天的游览安排。第一天大家游览得很高兴，小洪讲解得也很认真。晚上，在下榻的饭店与旅游者告别的时候，全陪告诉小洪说，有些旅游者希望明天安排一个女导游来接待这个团队，请小洪与旅行社联系一下。小洪感到非常不高兴，随后给旅行社经理打了电话，把客人的要求汇报了一下。旅行社的经理告诉小洪，眼下正是旅游旺季，社内所有的正式导游和兼职导游都上团了，要换导游是根本不可能的。经理要求小洪把情况实事求是地向客人们讲清楚，求得客人的谅解，并继续做好服务工作。第二天上午出发时，客人们发现没有女导游前来接待他们，还是由小洪继续带队，就有点不高兴。而小洪则态度生硬地对他们说：“目前正是旅游旺季，别说女导游，就是男导游都调不过来，你们就再将就一天吧。”客人听了很不舒服，整天游览过程中都无精打采。这一天，小洪的讲解也很不到位，他只想把这个团早点送走。

(1)小洪的做法有哪些不妥之处？

(2)假如你是小洪，你会如何对游客解释这件事？

扫码查看普通话水平测试相关资料

常见经典面试问题应答技巧

参考文献

[1] 陈冲．世界上最有效的营销员手册[M]．北京：地震出版社，2003.

[2] 国家教育委员会师范教育司组编．教师口语[M]．北京：语文出版社，1996.

[3] 张永．推销员手册[M]．北京：中国人事出版社，2000.

[4] 郭碧莲．即兴口才·随身口才·灵感口才[M]．北京：中国言实出版社，2005.

[5] 邹东和．金牌推销员速成技巧[M]．北京：中国商业出版社，2004.

[6] 舒丹．实用口才必备手册[M]．北京：中国电影出版社，2005.

[7] 舒丹．实用口才培训手册[M]．北京：中国电影出版社，2005.

[8] 张健鹏，蒋光宇．上帝的笑[M]．北京：当代世界出版社，2001.

[9] 孙玉茹．演讲基本功训练(中)[J]．演讲与口才，2003(9)：26.

[10] 孙玉茹．演讲稿的作用及写前准备[J]．演讲与口才，2003(11)：18.

[11] 孙玉茹．演讲稿标题的制作[J]．演讲与口才，2003(12)：18.

[12] 孙玉茹．演讲稿的选材[J]．演讲与口才，2004(2)：26.

[13] 孙玉茹．演讲稿的开头[J]．演讲与口才，2004(4)：26.

[14] 马增芳．解读即兴演讲[J]．演讲与口才(学生读本)，2004(4)：19.

[15] 郭翠英．即席演讲的两种准备方法[J]．演讲与口才，2001(3)：26.

[16] 李志祥．如何运用特定材料进行即兴演讲[J]．演讲与口才，1998(10)：26-27.

[17] 李增源．话题式口头作文的开头训练[J]．演讲与口才(学生读本)，2005(7)：19.

[18] 贾锋昌．竞聘班长成功后的即兴演讲[J]．演讲与口才，2005(4)：38.

[19] 王神箭．在本人30岁生日宴会上的即兴发言[J]．演讲与口才，2002(2)：35.

[20] 杨清和等．启航一征程一港湾[J]．演讲与口才，2002(4)：29.

[21] 赵彩婧．你，与众不同[J]．演讲与口才，1994(4)：35.

[22] 罗欣．诚信，脆弱的珍贵[J]．演讲与口才，2005(3)：43.

[23] 王志清．含笑的泪水[J]．演讲与口才，1998(5)：45.

[24] 李俊．舞会开场白[J]．演讲与口才，2002(12)：40.

[25] 李天元．旅游学概论[M]．天津：南开大学出版社，2003.

[26] 李运华．广西旅游线路导游辞[M]．南宁：广西人民出版社，2004.

[27] 赵瑞林．幽默与写作思维训练[J]．语文教学通讯，2004(35)：48-50.

[28] 刘传清．浅谈言语交际中的幽默技巧[J]．三峡大学学报(社科版)，2004(1)：

78-80.

[29] 郑逸农．领悟 模仿 创造[J]. 中学语文教学，2000(9)：51-53.

[30] 欧阳友权．口才学[M]. 长沙：中南大学出版社，2002.

[31] 侯天奇．老狐狸口才[M]. 延吉：延边大学出版社，2003.

[32] 张绍含．你的口才价值百万[M]. 北京：海潮出版社，2005.

[33] 王沪宁，俞吾金．狮城舌战[M]. 上海：复旦大学出版社，2003.

[34] 李燕，张德明．辩论技巧与实战[M]. 北京：北影录音录像公司出版，2005.

[35] 黄干才．简明职业口才[M]. 南宁：广西民族出版社，1997.

[36] 宋志伟，杨昀，赵麦成．演讲与口才训练教程[M]. 呼和浩特：内蒙古人民出版社，2005.

[37] 吴佩琨．实用口语教程[M]. 昆明：云南美术出版社，1995.

[38] 黄桂辛．导游实务[M]. 南宁：广西民族出版社，2003.

[39] 唐由庆．旅游服务语言艺术[M]. 太原：山西教育出版社，2003.

[40] 熊文华．表达与听解[M]. 北京：国防大学出版社，2005.

[41] 杨现钦，陆琦．实用口才训练[M]. 北京：中国农业出版社，2006.

[42] 王华杰．新编普通话教程[M]. 郑州：河南科学技术出版社，2014.

[43] 张严明．演讲与口才艺术教程[M]. 郑州：郑州大学出版社，2006.

[44] 张宏亮，王君艳．演讲与口才[M]. 北京：北京交通大学出版社，2011.

[45] 许利平．职业口才训练教程[M]. 北京：北京交通大学出版社，2007.

[46] 姜良．演讲与口才[M]. 西安：陕西师范大学出版总社有限公司，2012.

[47] 王宏佳．演讲与口才[M]. 北京：教育科学出版社，2011.

[48] 潘桂云．口才艺术[M]. 北京：旅游教育出版社，2006.

[49] 苏彤．普通话口语交际[M]. 武汉：武汉大学出版社，2011.